mini Manuel de Marketing

W0309469

Cours + Exos

Alain Kruger
Docteur en sciences de gestion,
Maître de conférences à l'Université de Bourgogne – IUT de Dijon-Auxerre,
Professeur affilié à l'ESG Management School

Jean-Marc Ferrandi
Docteur en sciences de gestion,
Professeur de Marketing à ONIRIS, Nantes

Aurore Ingarao
Docteur en marketing,
Chercheur à l'ESG Management School

Laurent Carpentier
Docteur en sciences de gestion,
Maître de conférences à l'Université de Reims

DUNOD

ISBN 978-2-10-054737-1

Table des matières

Partie 1

Marketing : fondements et démarche

Table des matières

Partie 1
Marketing : fondements et démarche

La page d'entrée de chapitre

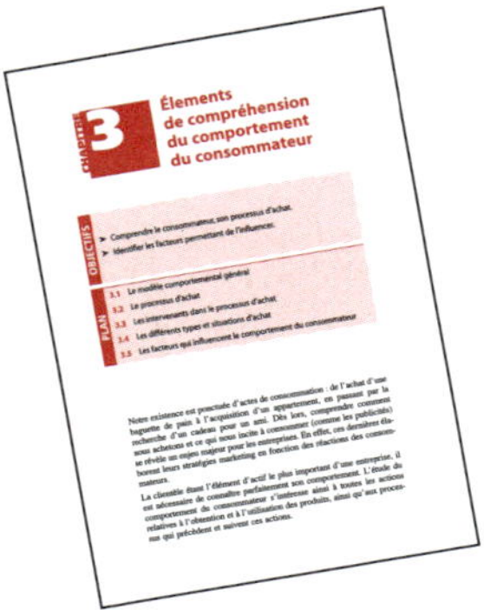

Elle donne le plan du cours, ainsi qu'un rappel des objectifs pédagogiques du chapitre.

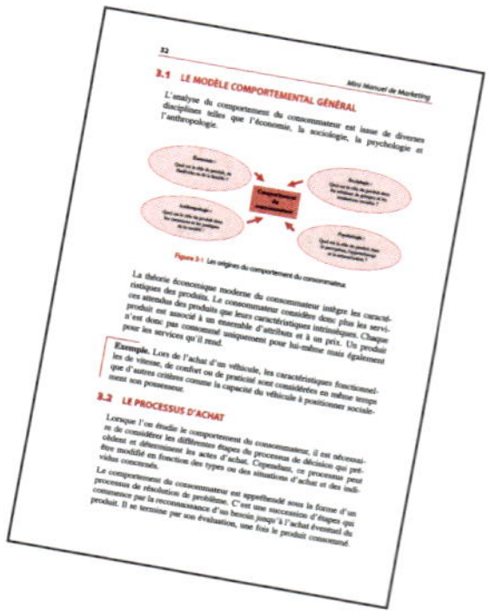

Le cours

Le cours, concis et structuré, expose les notions importantes du programme.

Les rubriques

Un peu de méthode

Un exemple pour comprendre

Les points clefs à retenir

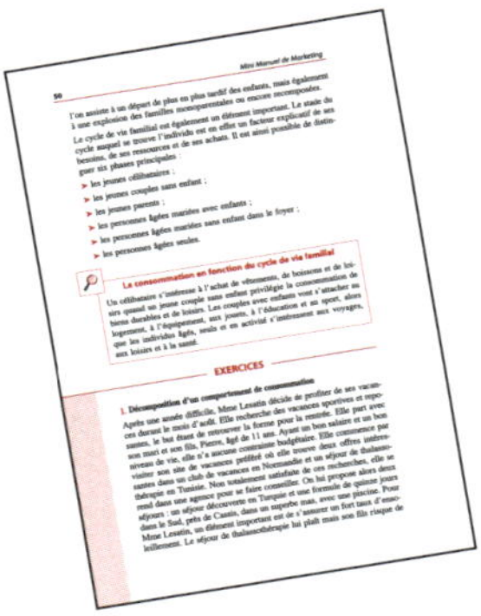

Les exercices

Ils sont proposés en fin de chapitre, avec leur solution, pour se tester tout au long de l'année.

PARTIE 1 Marketing : fondements et démarche

Le marketing, voilà un mot qui séduit, fait rêver ou encore fait peur ou agace. Pour certains, c'est une formule magique à disposition de l'entreprise destinée à dominer les consommateurs, les asservir et leur faire acheter tout et n'importe quoi ; pour d'autres, c'est une manière de sécuriser ses investissements et de développer ses activités. Avant de définir clairement ce qu'est le marketing, il semble important de faire taire à jamais quelques idées fausses.

Le marketing crée le besoin : cette idée est liée à l'image du marketing auprès du grand public. Elle suppose qu'une entreprise puisse imposer une offre sur un marché en créant de toutes pièces un besoin chez le consommateur. Nous pouvons nous en réjouir ou nous en désoler, le marketing n'a pas ce pouvoir. Sans besoin préalable aucune offre n'a une espérance de vie durable sur un marché. Mais la notion de besoin est elle-même complexe et évolue en permanence avec le niveau de vie et les avancées technologiques. Un téléphone portable va ainsi répondre à un besoin fondamental, celui de communiquer, mais il permettra aussi de se sentir en sécurité car en lien potentiel avec le monde en permanence. Le téléphone portable peut également répondre à un besoin de différentiation ou d'identification à une classe sociale, etc. Nous développerons ce point dans le chapitre 3 sur le comportement du consommateur.

Le marketing, c'est beaucoup de chance, un peu de hasard et pas mal de nez : le marketing est bien souvent raillé. Source de tous les maux, il se trouve affublé de sobriquets plus ou moins sympathiques : « bouffes la marge », crânes d'acier, charlatans etc. Cela s'explique essentiellement par une utilisation partielle, confuse et souvent désordonnée de l'outil marketing. Comme nous le verrons, le marketing obéit à une logique stricte. Les outils à notre disposition sont précis et ne souffrent pas d'interprétation. En revanche, le marketing est une activité humaine qui est donc par nature source d'erreurs. Il limite les risques mais ne peut garantir le succès à 100 %.

Le client est roi : cette idée sous-tend que c'est celui qui consomme ou qui achète le produit qui détient la totalité des pouvoirs. Cette vérité suppose cependant une condition indispensable : il faut que le consommateur soit en mesure de payer une somme qui permette à l'entreprise de rentabiliser son offre. Sans cela, le consommateur n'a strictement aucun intérêt pour l'entreprise. Cette idée ne s'applique cependant qu'aux organisations ayant un but lucratif.

CHAPITRE 1

Histoire et définition du marketing

OBJECTIF

➤ Comprendre le concept du marketing, son évolution et sa finalité.

PLAN

1.1 HISTOIRE DU MARKETING

Le marketing aurait connu ses premières heures au XVIIe siècle. La petite histoire voudrait qu'un marchand de vin du Bordelais ait commencé à adapter son offre en fonction des différents pays avec lesquels il commerçait, et ce, à la suite d'une simple observation. Ce négociant a ainsi fait du marketing sans réellement le savoir.

Plus objectivement, nous pouvons situer l'apparition du marketing au début du XXe siècle. À cette époque, les problématiques rencontrées par les entreprises sont liées à l'acheminement des produits. L'objet même du marketing – l'écoulement du produit – ne tient pas compte des attentes éventuelles des clients. La demande est alors globalement supérieure à l'offre surtout après la Seconde Guerre mondiale. C'est une époque bénie pour les industriels : les produits sont peu différenciés et se focalisent sur les besoins les plus rentables. Les préoccupations des entreprises peuvent se résumer ainsi : produire et distribuer. **C'est le marketing de la distribution**.

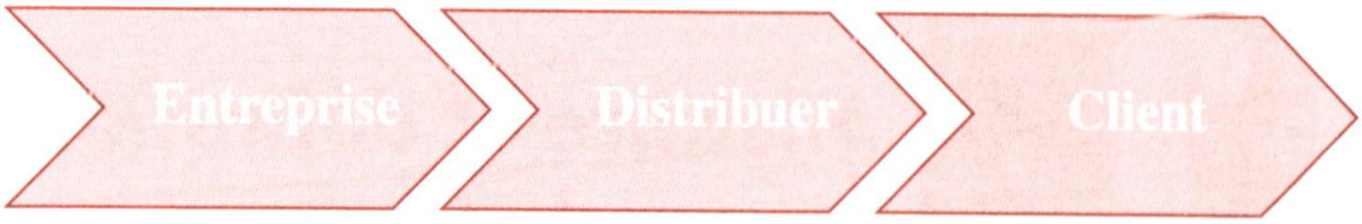

Figure 1-1

Le marketing connaît ses premières évolutions à partir de la crise de 1929 et pendant les trente glorieuses. Pour la première fois de l'histoire les capacités de production sont équivalentes à la demande. Les clients n'achètent plus spontanément les produits : il faut donc les inciter à le faire. L'entreprise ne s'intéresse toujours pas aux attentes des consommateurs mais va chercher à les influencer à travers la publicité et surtout grâce à des actions commerciales et au développement des forces de vente. **C'est le marketing de la vente**.

Figure 1-2

Cette période n'est cependant que transitoire et, très vite, l'offre devient supérieure à la demande. À partir du choc pétrolier de 1973, c'est une réalité qui s'impose sur l'ensemble des marchés, au fur et à mesure de leur ouverture à la concurrence. Le pouvoir se retrouve ainsi dans les mains des consommateurs. Pour optimiser ses chances de succès, l'entreprise – et de fait le marketing – n'a donc pas d'autre solution que d'évoluer en mettant le client et ses besoins au cœur de ses préoccupations. Dans ce contexte, l'offre émane de l'analyse des besoins des consommateurs, l'entreprise construit ensuite son offre et la déploie sur son marché. **C'est le marketing client**, que nous appellerons ici marketing.

Nous pouvons nous interroger sur l'avenir du marketing client. Sommes-nous dans une nouvelle phase transitoire ou pouvons-nous imaginer une évolution prochaine du concept du marketing ?

Aucune certitude n'est possible à ce sujet. Toutefois, à conditions de marché égales, le consommateur gardera le pouvoir. Dans ce contexte, le marketing client sera toujours celui qui domine.

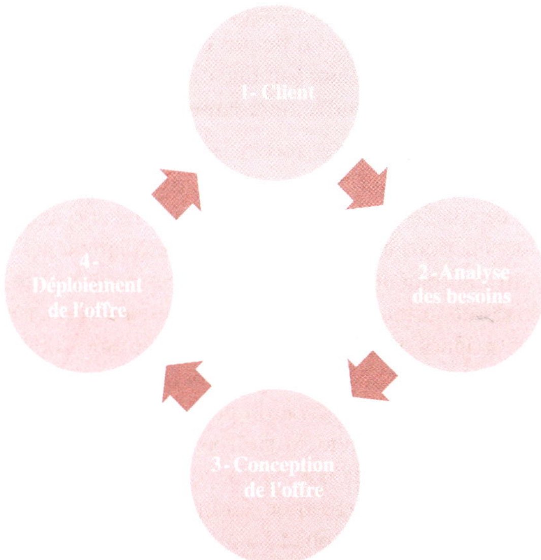

Figure 1-3

1.2 LES DOMAINES D'EXTENSION DU MARKETING

Le marketing était *a priori* destiné exclusivement à des entreprises à but lucratif. Depuis de nombreuses années, nous constatons toutefois que les domaines d'application du marketing se sont largement étendus.

Quel que soit le domaine d'intervention, l'idée reste la même : identifier les besoins, les motivations, les freins éventuels et essayer, par une meilleure compréhension de ces éléments, d'influencer positivement la connaissance, l'attitude ou le comportement des individus.

Le marketing politique vise à promouvoir tel ou tel candidat. À l'occasion de la dernière élection présidentielle américaine, le candidat démocrate Barack Obama a occupé en *prime time*, de 20 heures à 20 heures 30, six des principaux réseaux de télévision du pays (NBC, CBS, FOX, BET, TV One et Univision) ainsi que la chaîne du câble MSNBC. À cette occasion il s'y était acheté 30 minutes de temps d'antenne, pour une somme évaluée à environ 3 à 5 millions de dollars (environ 100 000 dollars la minute), afin de pouvoir plaider directement sa cause devant les électeurs qui devaient choisir le 4 novembre 2008 le 44e président des États-Unis. Abandonnant le clip de quelques dizaines de secondes pour un format proche d'un journal télévisé, le candidat Obama voulait clairement exposer ses idées. Mais sa victoire est surtout le résultat d'une utilisation plus pertinente d'Internet. À titre d'exemple, les vidéos de campagne de Barack Obama sur YouTube ont généré un temps de visionnage de 14,6 millions d'heures contre seulement 448 000 heures pour le candidat John McCain, soit une différence de plus 45 millions de dollars d'équivalent coût publicitaire entre les deux candidats.

Le marketing public vise à modifier un comportement donné d'un public donné. Ce dernier ne se résume pas au marketing du secteur public mais de manière générale à l'ensemble des organisations visant à légitimer leurs actions auprès des publics. Les campagnes de la Sécurité routière vont clairement dans ce sens. C'est pour mettre en garde les automobilistes et surtout les inciter à ne plus téléphoner en conduisant que celle-ci a lancé une campagne en novembre 2008 sur le thème « Téléphoner au volant, c'est être ailleurs que sur la route ». L'objectif est ici de porter à la connaissance du public un état de fait : lorsque l'on téléphone, les risques d'accident se trouvent multipliés par cinq. Nous savons en marketing que la connaissance a un impact sur le comportement. Par ailleurs, une image choc aura tendance à améliorer la mémorisation du message. C'est l'objet même du film : un homme conduit, il téléphone et, visiblement absorbé par sa conversation, il percute un autre véhicule qui, sous le choc, avance et vient couper la route à un motard.

Le marketing social vise, lui, à promouvoir une cause afin d'obtenir des dons. Pour la Croix-Rouge française, il est nécessaire de limiter les stratégies d'évitement des donateurs potentiels. Qui n'a jamais changé de trottoir pour ne pas être confronté à une personne qui demandait de l'argent ? En généralisant les perruques parmi les bénévoles et en communiquant sur le thème « Si Adriana n'est pas là, c'est Robert qui s'en chargera, ou Maxime... », la Croix-Rouge cherche à s'attirer la sympathie des donateurs potentiels et à limiter les stratégies d'évitement tout en dédramatisant le contexte de l'acte de don.

1.3 QUELLE PLACE POUR LE MARKETING DANS L'ENTREPRISE ?

La place du marketing s'est construite en référence à l'évolution de ce concept. Le marketing était d'abord une des composantes de l'entreprise – à l'image des services financiers, de production, des ressources humaines, etc. –, un des éléments contribuant au bon écoulement des produits de l'entreprise vers les consommateurs finaux.

Lorsque vendre est devenu plus difficile, la fonction marketing a pris un peu plus de pouvoir, dominant ainsi les autres fonctions historiques de l'entreprise. Cette situation a été renforcée avec la prise de pouvoir par le consommateur. Mettre le client au cœur des préoccupations de l'entreprise peut toutefois entraîner de beaux effets larsen si tout le monde interroge les clients ou s'adresse à eux directement.

Par ailleurs, le marketing n'a pas d'existence pour lui-même. Il est au service des autres fonctions de l'entreprise. Nous pouvons schématiser sa place de la manière suivante :

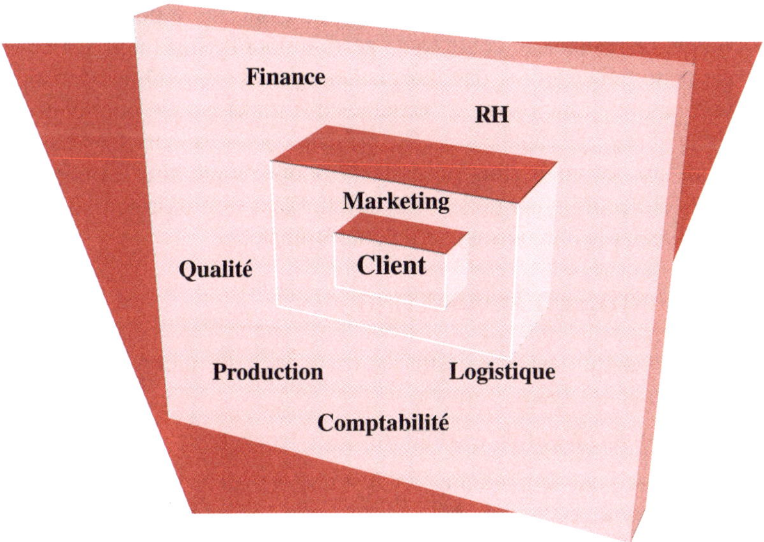

Figure 1-4 La place du marketing.

Le marketing se trouve dans une position d'intermédiation au sein de l'entreprise vis-à-vis du client.

Il a la charge de collecter les différentes interrogations des services de l'entreprise, de questionner ensuite les clients ou plus généralement le marché et de faire remonter l'information à l'attention des différents intéressés. À titre d'exemple, les fonctionnalités demandées intéresseront les services de conception des produits et la production, le prix d'acceptabilité concernera les financiers et les lieux d'achat, la logistique. Une perception à la baisse ou la hausse de la demande intéressera l'ensemble des acteurs de l'entreprise. La responsabilité du service marketing est donc lourde. Les informations réunies vont éclairer la majorité des décisions prises au sein de l'entreprise. Une erreur dans la collecte de ces informations sera souvent lourde de conséquences.

Le rôle du marketing ne se limite cependant pas à connaître les besoins des consommateurs. Une fois cette information « digérée », la fonction marketing doit mettre en œuvre opérationnellement l'offre définie au sein de l'entreprise et la rendre intelligible sur le marché.

Nous pouvons donc résumer le marketing en une double fonction : connaître et agir.

Cette position du marketing affirme clairement son côté pluridisciplinaire. L'homme de marketing doit être curieux, ouvert d'esprit et maîtriser tout un ensemble de concepts : la gestion financière pour analyser un compte de résultat, le contrôle de gestion pour définir un prix, l'économie pour cerner un marché, les mathématiques pour valider statistiquement des relations entre des variables et l'informatique pour concevoir des enquêtes, les analyser et en présenter les résultats. Des bases en sociologie seront parfois nécessaires pour comprendre les comportements collectifs ; des notions de psychologie sont indispensables pour appréhender le comportement du consommateur.

1.4 DÉFINITION DU MARKETING

Plusieurs définitions coexistent dans l'univers du marketing. L'idée ici n'est pas de les évoquer toutes.

Nous pouvons partir de trois questions :

- Qu'est-ce que le marketing ? C'est une démarche qui part du marché et retourne vers le marché.
- À quoi s'intéresse le marketing ? Fondamentalement, il s'attache aux besoins des consommateurs.
- Quels sont les objectifs du marketing ? Le marketing vise à modifier les connaissances, l'attitude ou encore le comportement du consommateur.

Nous pouvons ainsi donner la définition suivante : le marketing est une démarche qui s'intéresse au marché et plus spécifiquement aux besoins des consommateurs. L'analyse des besoins permet une meilleure compréhension du marché et doit aboutir à une segmentation. Des cibles sont ensuite sélectionnées au regard des forces et faiblesses de l'entreprise ainsi que des opportunités ou menaces présentes sur le marché. L'entreprise rend alors intelligible son offre *via* un positionnement ; c'est le marketing-mix : produit, prix, distribution, communication. Les résultats sont ensuite analysés et des actions correctives mises en place si nécessaire.

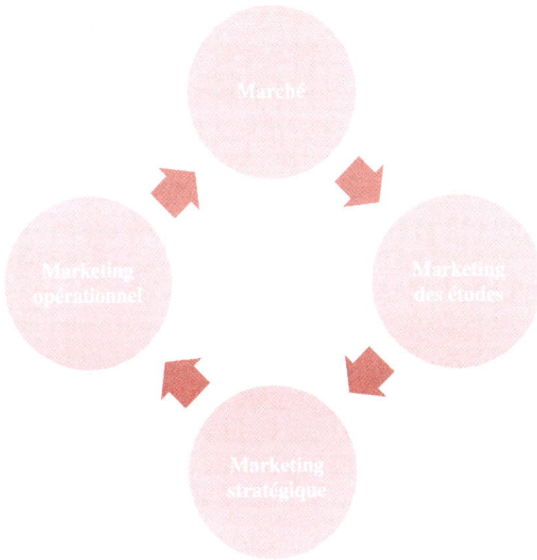

Figure 1-5

S'enchaînent ainsi les trois étapes fondamentales de la démarche marketing à savoir :

- Le **marketing des études** dont l'objectif est de comprendre. Cette étape est indispensable car elle permet d'éclairer la décision stratégique lors de la phase suivante. Le responsable des études doit rendre compréhensible le marché. Ignorer cette étape consisterait à se déplacer dans le noir dans une pièce remplie d'obstacles.
- Le **marketing stratégique** dont l'objectif est de choisir. C'est une étape essentielle car elle matérialise les choix qui vont orienter l'offre de l'entreprise. Le stratège sélectionne les segments qui changent alors de statut et deviennent des cibles. Pour chaque cible il conçoit un marketing-mix permettant de positionner clairement l'offre de l'entreprise sur le marché et de la rendre ainsi compréhensible du point de vue du consommateur. Ne pas faire de choix revient à « taper » au hasard sur le marché et laisser le client se sélectionner lui-même. Cette non-stratégie est source d'incertitude et coûteuse car elle mène, par exemple, à une communication bien trop large.
- Le **marketing opérationnel** dont l'objectif est d'agir. À ce stade l'entreprise lance l'offre élaborée lors de l'étape stratégique. Les équipes opérationnelles vont donc viser à modifier le comportement du consommateur en faveur de l'entreprise, le but majeur étant généralement de vendre le plus possible en maximisant les profits.

Nous pouvons ajouter une dernière étape indispensable : la vérification des résultats. Pour simplifier, deux situations peuvent se présenter :

- Les objectifs sont atteints ou dépassés. C'est une situation suffisamment rare et elle mérite donc d'être dignement fêtée. Ceci étant, ce succès modifie le marché. Les concurrents vont s'alarmer de cette évolution et réagir. Si nous possédons un avantage technologique, un savoir-faire particulier, si nous sommes protégés par un brevet, alors nous disposons d'un temps de répit. Dans le cas contraire, nos concurrents vont adopter la stratégie bien connue du « me too », c'est-à-dire « moi aussi ». Ils développeront ainsi une offre similaire à la nôtre.
- Les résultats sont loin de correspondre aux objectifs de départ. Il faut alors se remettre au travail au plus vite. Une ou plusieurs erreurs ont été commises lors de la démarche marketing, qui peuvent trouver leur origine dans une mauvaise analyse du marché, un choix de cible peu logique ou encore la mise en place d'un marketing-mix déséquilibré.

Dans les deux cas, il faut recommencer l'ensemble de la démarche. Le marketing peut donc s'apparenter au mythe de Sisyphe. L'homme de marketing se trouve ainsi condamné à utiliser sans fin la démarche marketing : aucune position sur un marché n'est acquise définitivement, aucun échec n'est irrémédiable.

Le lancement difficile de la Fortwo de Smart

Smart, la filiale du groupe DaimlerChrysler, a lancé en 1998 la Fortwo sous sa marque. Nicolas Hayek, connu pour son succès mondial avec la marque de montres Swatch, était à l'initiative de ce concept. C'était la combinaison idéale entre le savoir-faire d'un groupe automobile reconnu et le génie créatif d'un homme. Cependant, le modèle a connu un démarrage laborieux avec moins de 2 000 exemplaires vendus la première année, contre 20 000 attendus. Pour la première fois en dix ans, la marque est parvenue fin 2007 à son équilibre financier. Entre 2003 et 2006, elle avait perdu presque 4 milliards d'euros.

Comment expliquer un tel échec ? La démarche marketing est là pour nous éclairer.

L'analyse du marché a été un peu minorée. L'idée était pourtant bonne : proposer un véhicule dédié à la ville qui serait porteur de distinction sociale, une voiture facile à conduire, facile à garer et économe en carburant ; en bref, la voiture idéale du jeune urbain branché. Mais qui sont ces jeunes urbains branchés et surtout combien sont-ils ? Ce chiffre n'ayant pas été clairement établi dès le départ, le potentiel de vente reposait sur des hypothèses très légères.

Au niveau stratégique, le mix manque de cohérence et présente plusieurs faiblesses :

Concernant le **produit**, des défauts persistent à l'occasion du lancement : châssis baladeur, boîte de vitesses molle, stabilité « flottante » – à l'instar la Classe A de Mercedes, la Smart est victime du fameux test de l'élan et se retrouve sur le toit. Par ailleurs, la marque, souvent confondue avec le modèle, n'offre pas de vrai choix. Lorsque vous allez chez Smart, vous avez le choix entre une Fortwo et une Fortwo.

Au niveau de la **distribution**, le nombre de points de vente était particulièrement faible au moment du lancement : 110 pour l'Europe et seulement 16 en France. Par ailleurs, les points de distribution se trouvaient parfois en périphérie des grandes agglomérations, donc loin de la cible naturelle du véhicule. Enfin, la force de vente avait volontairement été sélectionnée en dehors de celle du circuit de distribution automobile « classique », l'idée étant de ne pas déformer le concept. Mais vendre un véhicule est une activité complexe qui nécessite à la fois une solide formation et un minimum d'expérience.

Le **prix**, lui, a été perçu comme terriblement cher. Le modèle de base est des plus dépouillé. Beaucoup trop d'éléments restent en option : bouchon antivol, miroir de courtoisie, horloge, compte-tours, kit fumeurs, etc. La facture dépasse vite 60 000 francs, ce qui correspondait à l'époque au prix d'une Twingo neuve qui, elle, offrait quatre places assises. La presse spécialisée se déchaîne, surtout en France, et le public boude.

En matière de **communication**, une campagne de publicité massive démarre dans toute l'Europe presque deux ans avant le lancement effectif, ce qui, de l'avis des spécialistes en communication, était trop tôt. Cet écart s'explique en partie par les problèmes techniques rencontrés lors de la mise en fabrication. Par ailleurs, avec comme seul slogan : *Reduce to the max* (« réduire au maximum »), la campagne n'est pas comprise. Les Français n'ont retenu de la publicité que l'aspect réducteur, sans saisir vraiment de quoi il était question.

Après l'éviction de Nicolas Hayek, le groupe DaimlerChrysler a cherché à redresser la situation. Les problèmes techniques sont réglés, de nouveaux points de vente sont créés, la force de vente est remaniée, le prix est revu à la baisse et la communication remet le véhicule en avant en favorisant la découverte et l'essai.

Afin de diversifier la gamme, le groupe lance le Smart Roadster, un modèle en cohérence avec la Fortwo. Mais le véhicule, lui aussi limité à deux places, est perçu comme cher, ce qui freine sa diffusion. Seuls 43 000 exemplaires seront vendus entre 2003 et 2005.

En 2004, c'est le lancement de la Forfour (« pour quatre »). Là encore les ventes sont décevantes et le véhicule est retiré du marché début 2006. Le lancement de ce modèle était plus discutable car il rentrait en concurrence directe avec les modèles d'entrée de gamme des constructeurs généralistes comme Renault avec le modèle Twingo.
En mars 2007, un nouveau modèle est présenté, plus long de 20 centimètres, notamment conçu pour pénétrer le marché américain. Le succès est là. Surfant sur la vague écologique, les ventes globales passent de 100 000 unités en 2007 à plus de 180 000 en 2008. En France, la marque profite pleinement de la mise en place du bonus/malus écologique. À titre d'exemple, le modèle de base qui émet moins de 100 grammes de CO_2 au kilomètre bénéficie du bonus écologique maximum, soit 1 000 euros.

EXERCICE

Suite à la mutation du son époux de Paris vers la région de Cassis dans le sud de la France, Mme Babinsky prend une décision majeure. Lassée de son travail d'employée de banque, elle décide de se lancer à son compte. Elle profite d'un plan de départ volontaire et dispose ainsi d'une somme de 72 000 euros.

Elle a depuis toujours une passion, les chaussures. Elle est au fait de toutes les modes et connaît presque l'ensemble des marques et des modèles. Sa préférence va clairement aux marques haut de gamme.

Dès leur arrivée dans la ville, en janvier 2007, elle se met à la recherche d'un local. Elle trouve exactement ce qu'elle recherchait : 25 m^2 avec une remise, en location, idéalement placée dans une rue qui donne sur le port. Les travaux s'annoncent limités. Il y a trois mois, le local était justement occupé par un magasin de chaussures pour femmes. Elle se rend à Paris et passe par des grossistes en achetant des lots de ses marques préférées. En souvenir de son ancien lieu de résidence, elle appelle son magasin « Paris Chaussures ».

Elle décide d'ouvrir mi-avril afin de bénéficier de la clientèle touristique qui afflue à l'occasion des vacances de Pâques. Prudente, Mme Babinsky fait le choix de commencer seule. Elle se contente de faire un peu de publicité dans la presse gratuite locale. Dès le départ, elle est surprise par le succès, la période des vacances est particulièrement profitable. Dès le premier mois, elle peut se verser un salaire. Elle commande à nouveau des chaussures et, fin mai, elle embauche une personne à mi-temps.

Le chiffre d'affaires progresse régulièrement pendant l'été et permet d'absorber le coût lié à l'emploi à mi-temps. Début septembre, la fréquentation et les ventes fléchissent légèrement sans toutefois alarmer Mme Babinsky. Elle décide de fermer une semaine début octobre. Avant de partir, elle a commandé la collection hiver, principalement des bottes car elles sont très à la mode cette année. À son retour, profitant d'une accalmie au niveau des ventes, elle décide de faire un inventaire de son stock. Le constat est douloureux. En achetant des lots, elle se retrouve avec certaines pointures en grand nombre alors que d'autres manquent cruellement. Les modèles en stock sont les plus chers. Elle contacte ses fournisseurs pour tenter de procéder à un échange. Ces derniers lui indiquent que les modèles n'étant plus de saison, une reprise n'est pas envisageable.

Le mois d'octobre est plutôt terne. En dehors de la semaine de la Toussaints, Mme Babinsky ne réalise que peu de ventes. Elle perd de l'argent pour la première fois fin novembre. Pour faire face à la baisse d'activité, elle décide de lancer une campagne de publicité avant les fêtes. Malgré une légère hausse, les ventes restent en berne. Le mois de janvier arrive et elle espère profiter de la période des soldes. Pour écouler son stock, Mme Babinsky accorde des remises significatives (jusqu'à 70 % sur certains modèles). Mais rien n'y fait, elle n'écoule que peu des modèles les plus onéreux. Après un mois de février lui aussi catastrophique, elle se décide à licencier la personne qui travaille avec elle. Elle perd à nouveau de l'argent en mars. Avril arrive : elle a encore beaucoup de chaussures de l'ancienne saison en stock, plus la collection hiver qui ne s'est pratiquement pas vendue. Elle fait le bilan de sa première année. Entre le capital qu'elle a investi, la valeur à l'achat de son stock actuel et l'ensemble des recettes, elle arrive péniblement à l'équilibre.

Travail à faire : Selon vous, au regard de la démarche marketing, comment expliquer l'échec de Mme Babinsky ?

SOLUTION

Aucune étude de marché

Pas d'analyse de la concurrence : nombre de magasins de chaussures, positionnement prix, produits proposés.

Pas d'analyse de la demande : aucune prise en considération de la spécificité de la demande, clairement une clientèle touristique en période de vacances et plus locale le reste de l'année. Cassis a une population nettement plus âgée que la moyenne nationale. Ainsi, les plus de 60 ans représentent 26,6 % de la population locale pour une moyenne nationale de 21,1 %. Cette population n'est pas du tout la cible naturelle de Mme Babinsky.

Par ailleurs, il aurait été intéressant de savoir pourquoi le magasin précédent avait fermé.

Aucune stratégie

Jamais la notion de cible n'est évoquée. L'ensemble des choix reposent sur les préférences personnelles de Mme Babinsky. Le positionnement de sa boutique se fait en référence à son expérience parisienne. Malheureusement pour elle, Cassis n'est pas Paris

Un marketing-mix discutable

L'offre *produit* ne correspond pas à la clientèle locale. De plus, son inexpérience l'amène à acheter des modèles dans des tailles quasi invendables.

Les *prix* s'avèrent être en partie trop élevés. Les modèles haut de gamme se vendent mal car ils sont trop chers dans le contexte d'un achat plaisir de vacances et peu adaptés à la clientèle locale.

En matière de *distribution*, l'emplacement semble être le point fort de la boutique. Cela étant, le nom « Paris Chaussure » est un peu élitiste, ce qui, une fois encore, risque de faire fuir la clientèle locale.

Enfin, pour ce qui est de la *communication*, le choix de la presse gratuite locale n'est pas du tout en phase avec le positionnement de magasin de chaussures. Il aurait été plus judicieux de communiquer dans la presse quotidienne régionale.

Maintenant que faire ? Pour le moment, Mme Babinsky s'en tire bien car elle n'a pas perdu d'argent. Seule une étude de marché lui permettra de la conforter dans son choix de continuer ou non. Une chose est certaine : elle devra tenir compte de la spécificité de la demande locale et proposer, de fait, des chaussures adaptées.

POINTS CLEFS

- Le marketing est une démarche qui met le besoin du consommateur au cœur de la réflexion de l'entreprise.
- Le marketing est composé de trois étapes ordonnées : le marketing des études, le marketing stratégique, le marketing opérationnel.
- Le marketing sécurise les décisions de l'entreprise permettant ainsi une meilleure allocation des ressources.
- Le marketing cherche à modifier le comportement du consommateur.
- Le marketing ne s'inscrit pas forcément dans une démarche lucrative.

CHAPITRE 2

Le marché : ce que je dois étudier et comprendre

OBJECTIFS

- Appréhender la globalité d'un marché.
- Être en mesure de le décomposer de manière à le rendre compréhensible.

PLAN

Le marché se décompose en trois éléments fondamentaux : la demande, l'offre et les facteurs environnementaux (ensemble de facteurs qui viennent influencer la rencontre de ces deux éléments). À la base du diagnostic de marché, cette décomposition est essentielle et débouche sur l'analyse des opportunités et des menaces.

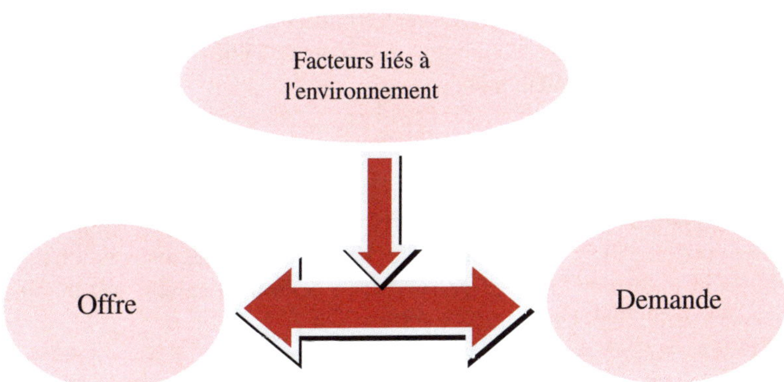

Figure 2-1 Modélisation générale d'un marché.

L'objectif est d'analyser la situation globale afin de cerner au mieux l'ensemble des acteurs présents sur le marché. Nous appliquerons l'ensemble des points traités dans ce chapitre au marché de la tablette de chocolat en France.

Mais avant d'aller plus loin dans l'analyse, deux éléments sont à collecter :

- la taille du marché en valeur,
- la taille du marché en volume.

L'idéal est de mesurer ces deux éléments sur deux années *a minima*. Cela permet de cerner l'évolution du marché sur la période considérée. Par ailleurs, le lien entre l'évolution en volume et celle en valeur donne des indications précieuses sur l'orientation du marché.

Ainsi, une évolution forte en volume avec une évolution moindre en valeur démontre une baisse du prix moyen de vente.

Le marché de la tablette de chocolat

Le segment des tablettes accapare à lui seul 45 % des ventes en volume et 36 % des ventes en valeur du marché global du chocolat.
Ventes en volume en 2008 : 91 523 tonnes (91 450 en 2007), soit une quasi-stagnation du marché.
Ventes en valeur en 2008 : 823,76 millions d'euros (792,08 millions en 2007), soit une augmentation de 4 %.
La consommation n'évolue pas en volume mais en valeur ce qui signifie une hausse du prix moyen de vente du chocolat. C'est une progression significative sachant que l'inflation en 2008 se situait à 2,8 %. Nous pouvons en conclure que le marché progresse en raison de l'augmentation du prix moyen de vente ou d'une montée en gamme de la consommation vers des produits plus chers ou encore par la combinaison de ces deux phénomènes.

2.1 L'OFFRE

L'analyse de l'offre peut elle-même se décomposer en trois éléments : les concurrents présents sur le marché, les canaux de distribution possibles et enfin notre propre entreprise (à condition qu'elle soit déjà présente sur le marché).

a) La concurrence

Elle se compose de l'ensemble des acteurs déjà actifs. Le premier élément collecté concerne le nombre de concurrents et leurs parts de marché respectives. Cette première analyse permet de mesurer le poids des différents intervenants. Plus le marché sera de nature oligopolistique (la majorité des parts de marché est détenue par un nombre limité d'entreprises), plus il sera difficile de s'y développer car des acteurs puissants sont toujours plus prompts à réagir face à l'offre d'un nouvel arrivant. Aujourd'hui, la majorité des marchés occidentaux sont de nature oligopolistique.

Il est impératif de collecter les éléments suivants concernant les concurrents :

- gamme actuelle ;
- politique tarifaire ;
- moyens de communications utilisés et message(s) véhiculé(s) ;
- politique de distribution ;
- il est également nécessaire de s'intéresser à la structure du capital de l'entreprise ; la filiale d'un groupe sera plus agressive qu'une entreprise isolée.

La première qualité d'une étude étant d'être achevée, il n'est pas nécessaire d'étudier l'ensemble des concurrents présents. L'objectif est d'identifier 80 % du chiffre d'affaires réalisé par les différents compétiteurs. Sur des marchés oligopolistiques, cela représente rarement plus de dix entreprises différentes.

b) La distribution

Aujourd'hui, l'accès au consommateur final est indispensable. Il convient donc d'identifier clairement les différents circuits de distribution à notre disposition ainsi que les acteurs de la distribution sur un marché (voir chapitre 11).

À ce stade il faudra s'intéresser aux informations suivantes :

- les différents circuits (Internet, magasins spécialisés, grandes surfaces, etc.) ;
- leurs caractéristiques (nombre de points de vente, parts de marché, positionnement du circuit de distribution, conditions de référencement et de paiement).

c) Notre entreprise

À partir du moment où nous sommes présents sur le marché considéré, il est nécessaire de s'inclure dans l'offre. À ce niveau, un travail similaire à l'analyse réalisée sur les concurrents est nécessaire pour notre entreprise (gamme actuelle, politique tarifaire, moyens de communications utilisés et message véhiculé, politique de distribution)

Le marché de la tablette de chocolat

Sur un segment où l'offre est très abondante et la **concurrence** vive, les spécialistes du chocolat jouent la carte de l'innovation, de la qualité et de la variété pour séduire un consommateur désormais habitué au renouvellement très fréquent de l'offre. C'est sur le créneau des tablettes que les marques sont les plus actives. Le cycle de vie des produits tend à se raccourcir, ce qui contraint les industriels à renouveler sans cesse leur offre pour fidéliser les consommateurs. Ainsi, en 2008, plus de 30 nouvelles recettes ont été recensées chez les leaders.
Les parts de marché se répartissent ainsi : Kraft (Côte d'Or et Milka) à 33 %, en progression de 3,5 % ; les marques de distributeurs à 19,7 %, en croissance de 7 % ; Lindt stable à 18,5 % ; Nestlé en baisse de 5 % avec 14,7 % du marché ; enfin Cadbury (Poulain) qui perd 10 % pour arriver à 7,2 %.
Nous sommes donc sur marché typiquement oligopolistique : en dehors des marques de distributeurs (MDD), les quatre principaux intervenants réalisent 73,4 % du chiffre d'affaires. C'est un marché où l'innovation produit est permanente, laissant peu de place à de nouveaux entrants. Les MDD connaissent une belle progression, principalement due à leur positionnement récent sur le segment des tablettes de dégustation.
Concernant la **distribution**, elle est assurée principalement par les grandes et moyennes surfaces alimentaires qui réalisent plus de 80 % des ventes de chocolat sur le segment des tablettes. La distribution spécialisée (chocolatiers, confiseurs ou enseignes spécialisées) trouve essentiellement ses débouchés sur le segment de la confiserie. Les acteurs de la distribution spécialisée, notamment les artisans, misent sur le concept de fabrication artisanale pour se démarquer de la concurrence et adoptent un positionnement prix plus élevé. L'apparition et le développement des réseaux franchisés modifient progressivement la donne (Jeff de Bruges, Leonidas, etc.). Ces enseignes mènent des stratégies offensives pour dynamiser leurs activités et cherchent à désaisonnaliser leurs ventes. Mais elles ne constituent pas de réels débouchés pour les fabricants de tablettes de chocolat. Les distributeurs

(Auchan, Carrefour, Leclerc pour ne citer que les principaux acteurs de la distribution en France) sont donc les intermédiaires indispensables et représentent parallèlement les concurrents actuels les plus sérieux *via* leurs MDD.

2.2 LA DEMANDE

Concernant la demande, trois points sont à analyser : les consommateurs, les acheteurs et les prescripteurs.

a) Les consommateurs

Il faut s'interroger en premier lieu sur le nombre de consommateurs actuels et sur leurs caractéristiques individuelles (âge, sexe, profession, etc.). Les éléments relatifs à leurs comportements sont analysés (fréquence de consommation, quantité consommée à chaque fois, lieux de consommation, etc.). Il est également nécessaire de cerner leurs besoins et motivations ou les éventuels freins à la consommation.

b) Les acheteurs

Consomment-ils ? Combien sont-ils ? Quels sont leurs caractéristiques individuelles et leurs comportements (fréquence d'achat, quantité achetée à chaque fois, lieux d'achat) ? De nouveau, nous nous intéresserons à leurs besoins et motivations ainsi qu'aux freins liés à l'achat.

c) Les prescripteurs

La première étape est de valider leur existence. Au sens strict du terme, un prescripteur est une personne qui vous impose son choix comme un médecin vous impose une posologie. Cependant, le prescripteur peut, de manière plus souple, être défini comme une personne ayant légitimité à s'exprimer sur une consommation de par sa propre expérience sans pour autant avoir intérêt à orienter le choix de celui qui est conseillé. Ainsi un ami cinéphile qui vous conseille un film aura un rôle de prescription. Là encore, il faudra s'intéresser aux caractéristiques individuelles, aux comportements et aux besoins ou éventuels freins de ces personnes.

Le marché de la tablette de chocolat

Concernant les **consommateurs**, 94 % des Français mangent du chocolat, 70 % déclarent en consommer au moins une fois par semaine et 33 % disent en manger au moins une fois par jour. C'est donc un marché où la demande reste forte. La moyenne de consommation de chocolat est de 6,7 kg par personne et par an.
Les principaux amateurs de chocolat sont les hommes et plus particulièrement les 18-34 ans et les cadres. Néanmoins, les femmes au foyer, les étudiants et les employés sont de grands consommateurs : le chocolat est donc un produit populaire.
Le chocolat préféré des Français reste la tablette. Les adultes en sont les principaux consommateurs (84,5 %).
Les tablettes ont connu des évolutions en valeur contrastées en 2008 : les « familiales » ont évolué de 2,6 %, les « à pâtisser » ont progressé de 6,7 %, les « dégustation » de 6,5 %, les « fourrés » de 6,1 % et les « blocs gourmands » ont baissé de 0,4 %.
En ce qui concerne les **acheteurs**, on note en 2008 une hausse de la fréquence d'achat de + 2,5 % et un panier moyen très élevé de 4,72 euros. Leurs motivations actuelles s'orientent vers des produits nomades (nouveaux formats) et bons pour la santé (produits bio et allégés). En revanche, les produits gourmands sont peu à peu délaissés car perçus comme potentiellement nocifs pour la santé.
Nous observons qu'il n'y a pas de **prescripteurs** concernant les tablettes de chocolat.

2.3 L'ENVIRONNEMENT

L'environnement intègre tout ce qui est susceptible d'avoir une influence sur la rencontre entre l'offre et la demande et, de fait, sur les résultats de l'entreprise. Il est particulièrement important d'analyser avec soin ces différents facteurs en les répertoriant, soit comme des opportunités, soit comme des menaces.

L'environnement peut être décomposé en deux éléments majeurs : le microenvironnement, constitué par les partenaires commerciaux ainsi que les différents publics, et le macroenvironnement.

Nous pouvons le schématiser ainsi :

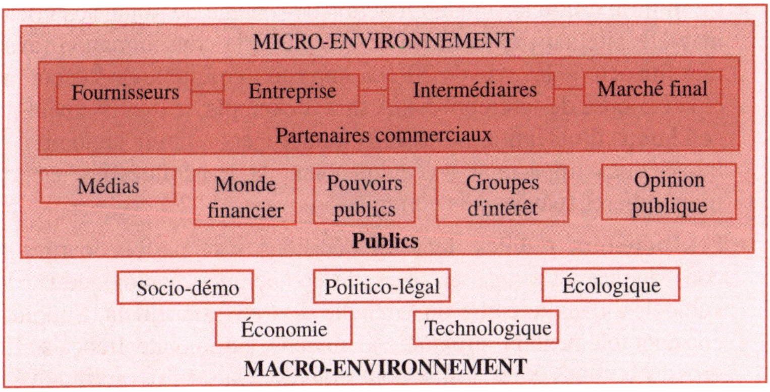

Figure 2-2 L'environnement de l'entreprise.

a) Les partenaires commerciaux

Les partenaires commerciaux sont l'ensemble des acteurs liés contractuellement directement ou indirectement à l'entreprise. Leur comportement est susceptible d'avoir un impact sur sa rentabilité. Une augmentation des prix de vente des fournisseurs ou une modification des règles de paiement des distributeurs ont des conséquences fortes.

b) Les publics

Pour les publics, nous retrouvons différents acteurs avec lesquels l'entreprise n'a pas de relation contractuelle au sens strict mais dont elle peut influencer les actions. De même, ces publics peuvent influencer les résultats de l'entreprise :

- Les **médias**, qui peuvent communiquer de manière négative ou positive sur l'entreprise, celle-ci pouvant néanmoins les influencer au travers du service relations presse. Nike avait été ainsi dénoncé dans les médias pour avoir « exploité » des enfants. Après enquête, Nike a fait son mea culpa dans la presse en expliquant qu'un sous-traitant avait effectivement employé des enfants en dessous de l'âge minimum légal local. La firme d'articles de sport, sans chercher à nier les faits, a contre-attaqué en publiant une liste détaillée des conditions de travail dans ses 704 usines de sous-traitance à travers le monde. Elle a également modifié sa politique de contrôle vis-à-vis de ses fournisseurs et a largement communiqué sur ce point. Cette campagne de communication a eu pour effet de mettre un terme au mouvement de boycott naissant des produits de la marque aux États-Unis.

- Le **monde financier** qui, en fonction de son état de santé, accorde de manière plus ou moins facile des crédits à la consommation (avant tout financière, la crise de 2009 a impacté l'ensemble de l'économie et la majorité des entreprises). À titre d'exemple, le durcissement des conditions d'obtention des crédits immobiliers a limité le nombre de transactions impactant, mécaniquement, la rentabilité des agences immobilières (payées à la commission).
- Les **pouvoirs publics** dont les décisions sont parfois lourdes de conséquences. La mise en place du bonus/malus écologique sur les véhicules, dans le cadre du Grenelle de l'environnement, a modifié considérablement la structure du marché automobile français. Les grosses berlines et les 4×4 se sont trouvés délaissés au profit de véhicules citadins de taille plus modeste. L'arrivée du nouveau 4×4 de Renault (Koleos), six mois avant la mise en place de cette nouvelle réglementation, s'avère une mauvaise opération pour la marque au losange.
- Les **groupes d'intérêt** qui visent à défendre leurs intérêts particuliers et se constituent essentiellement pour influencer les décisions des pouvoirs publics ou l'opinion publique. Les étudiants, les organisations non gouvernementales (ONG) ou les multinationales peuvent mener des actions de lobbying. Les constructeurs automobiles européens s'étaient ainsi alliés pour infléchir le calendrier imposé par la Commission européenne en matière de normes d'émission de CO_2 des moteurs. Sans vouloir s'opposer au principe de réduction des émissions, ils avaient fait valoir qu'une réduction trop rapide supposerait des investissements trop élevés dont les conséquences se traduiraient par une perte de compétitivité à l'international et donc par la destruction d'emplois.
- L'**opinion publique** qui peut être définie comme l'ensemble des convictions et des valeurs plus ou moins partagées, des jugements, des préjugés et des croyances d'une partie de la population. Cette partie n'est pas forcément majoritaire mais elle domine l'ensemble de la société. La traduction marketing de ce que pense l'opinion publique d'une entreprise peut être mesurée au travers de l'image de marque. L'opinion publique avait ainsi largement critiqué le comportement de l'entreprise Total suite aux catastrophes de l'Erika et de l'usine AZF à Toulouse. L'entreprise a dû mettre en œuvre une stratégie publicitaire conséquente pour redorer son image.

c) Le macroenvironnement

C'est l'ensemble des facteurs sur lesquels l'entreprise n'a aucun pouvoir, au même titre que les autres sociétés présentes sur le marché. Afin de mémoriser les différents points à traiter à ce niveau, nous pouvons utiliser le moyen mnémotechnique PESTE.

- **P**olitico-légal : ensemble des décisions prises à un niveau international et qui se traduisent par la définition de lois, de règles ou de normes – par exemple, les accords de l'Organisation mondiale du commerce (OMC).
- **É**conomique : la récession qui touche actuellement l'économie mondiale influence de manière plus ou moins forte les marchés. L'immobilier et l'automobile subissent au premier plan la crise actuelle. L'alimentation est beaucoup plus préservée.
- **S**ociodémographique : la montée en puissance des seniors, la prise en compte de l'environnement, les modifications des comportements qui s'orientent aujourd'hui vers une alimentation plus saine sont des éléments susceptibles de modifier les conditions de marché. Le poids des seniors (les plus de 50 ans au sens du Centre national de la cinématographie) est passé de 18 % à 31,5 % du nombre total d'entrées dans les salles de cinéma. Cette évolution de la structure du public n'est pas sans conséquence sur la performance des films. En effet, les préférences en matières de genres cinématographiques (en dehors des comédies qui sont appréciées de tous) sont fortement corrélées à l'âge.
- **T**echnologique : les évolutions technologiques permettent de produire ou de répondre différemment à certains besoins. Ainsi l'arrivée de la photographie numérique a très largement tué la technologie argentique. Cette dernière était dominée par trois entreprises (Kodak, Fuji et Agfa) et nécessitait des compétences complexes limitant ainsi l'entrée de nouveaux compétiteurs sur le marché. Le numérique a permis non seulement à de nouveaux acteurs de se positionner sur le marché de la photographie, mais a modifié considérablement le comportement des consommateurs : beaucoup de photographies et peu de développements. Kodak a bien failli ne pas survivre à ce changement de technologie. Elle n'est plus, aujourd'hui, qu'un des acteurs de ce marché, au même titre que des dizaines d'autres entreprises.
- **É**cologique : la place de l'écologie dans notre société est grandissante, ce qui lui vaut un traitement particulier au niveau du macroenvironnement. Le consommateur est de plus en plus au fait de l'impact de son comportement sur l'environnement. Le retournement complet du marché automobile américain oblige les constructeurs nationaux à

repenser complètement leurs gammes. Certaines marques n'y survivront pas.

Le marché de la tablette de chocolat

En ce qui concerne le **microenvironnement**, plusieurs points sont à souligner : les fournisseurs de cacao ont une influence directe sur les coûts de fabrication des tablettes. C'est plus particulièrement la Côte d'Ivoire qui est à surveiller. En effet, ce pays est le premier producteur mondial de cacao (presque 50 % de la production mondiale). Son instabilité politique et sa faible productivité pèsent sur les cours mondiaux. De même, les distributeurs mettent de plus en plus en avant leurs MDD limitant ainsi l'espace dans les rayons des grandes surfaces pour les marques nationales (Nestlé, Milka, Lindt, etc.). Cela constitue une menace dans les deux cas.
Du côté des **pouvoirs publics**, une modification de la législation cacao/chocolat dans l'Union européenne autorise depuis 2003 les chocolatiers à rajouter 5 % maximum de matière grasse végétale dans la fabrication du chocolat. La graisse végétale permet de limiter la dépendance vis-à-vis du cacao et de réduire les coûts de fabrication, ce qui constitue une opportunité. Ceci étant, l'introduction de graisse végétale est contraire à l'amélioration de la qualité du produit et donc aux attentes actuelles des consommateurs.
Pour ce qui est du **macroenvironnement**, nous pouvons citer le contexte économique actuel. Le chocolat n'est pas un produit de première nécessité. Il peut donc être délaissé au profit de produits considérés comme plus prioritaires. Cependant le faible coût unitaire d'une tablette de chocolat limite l'impact de la crise actuelle.
Certaines évolutions sociologiques sont à prendre en considération comme le nomadisme en termes de consommation, ce qui nous oblige à repenser les formats et les conditionnements des tablettes de chocolat avec, par exemple, des packagings refermables. Toujours dans le même registre, la prise en compte grandissante de l'équilibre alimentaire incite les consommateurs à porter leur choix vers des produits de meilleure qualité, ce qui explique en partie l'augmentation du prix moyen des tablettes indiquée précédemment.

2.4 LES OUTILS DE DÉCOMPOSITION D'UN MARCHÉ

a) Les différents niveaux de marché

Nous avons traité, au niveau de l'offre, la notion de concurrence. Cette dernière doit être cependant précisée. En effet, la concurrence doit se définir non pas en fonction de l'offre pure mais plutôt en référence à la demande. C'est en effet au regard d'une capacité à répondre à un besoin que nous définissons la concurrence. Un besoin peut être satisfait de différentes manières. Quatre niveaux de marché sont ainsi définis :

- le **marché principal** regroupe l'ensemble des produits techniquement identiques et directement concurrents. C'est par exemple l'ensemble des tablettes de chocolat ;
- le **marché environnant** est composé des produits de nature différente des produits du marché principal, mais satisfaisant les mêmes besoins dans les mêmes conditions. C'est l'ensemble des produits chocolatés ou sucrés ;
- le **marché générique** comprend tous les produits liés à la catégorie de besoins satisfaits par les produits du marché principal. Il s'agit ici du marché de la confiserie ;
- le **marché support** est associé aux produits dont l'existence est nécessaire à la consommation des produits des marchés précédents. Pour produire du chocolat, il nous faut du cacao, du sucre, etc.

Il est donc évident que, même s'il existait un seul fabricant de tablettes de chocolat, ce dernier serait concurrencé par les autres produits de l'univers de la confiserie. Il existe donc toujours une concurrence.

b) La notion de marché actuel et de marché potentiel

Un marché peut également se décomposer en deux grands ensembles : le marché actuel et le marché potentiel.

Pour décomposer un marché, il faut partir de la population totale. Afin d'obtenir le **marché potentiel** de la profession, il faut retirer de la population totale les non-consommateurs absolus. Ces derniers regroupent les individus qui ne peuvent pas ou ne veulent pas consommer le produit pour des raisons de santé, de religion, éthiques ou légales.

Après avoir retiré les non-consommateurs relatifs, nous obtenons le **marché actuel** de la profession. Un non-consommateur relatif est une personne qui ne consomme pas aujourd'hui le produit mais sans raison absolue. Les causes peuvent être multiples : la personne ne sait pas que le produit existe, ce dernier ne correspond pas vraiment à ses besoins, elle a des doutes sur sa qualité et, le plus fréquemment, elle le trouve trop cher.

Enfin, le marché actuel se divise ensuite entre la part de marché réalisée par l'entreprise et celle réalisée par la concurrence.

Le marché **potentiel de l'entreprise** dépend de sa capacité à transformer des non-consommateurs relatifs en clients actuels et à prendre des clients actifs à la concurrence (zones rouges dans le schéma). Il est toujours préférable de se focaliser en priorité sur les non-consommateurs relatifs plutôt que de chercher à prendre des clients à ses concurrents directs.

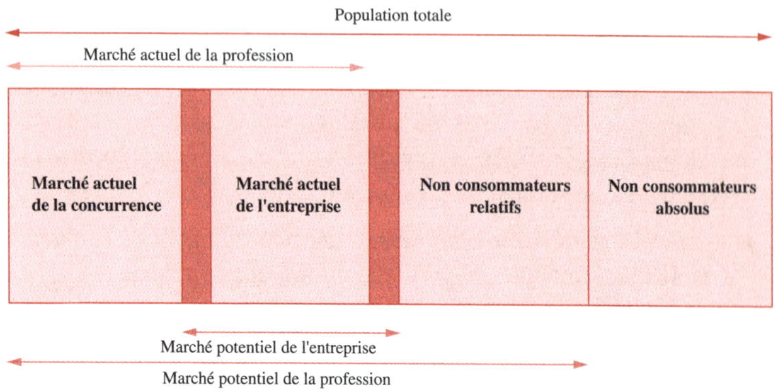

Figure 2-3 Les différents niveaux de marché.

Le marché de la tablette de chocolat

Sur le marché actuel, 94 % des Français mangent du chocolat et environ 70 % au moins une fois par semaine. La consommation de tablette est en moyenne de 9 par personne et par an.

Il n'existe donc que 6 % de non-consommateurs relatifs et absolus. Nous pouvons supposer que ces 6 % sont essentiellement des non-consommateurs absolus car il est peu probable que le prix ou tout autre facteur soit un frein à la consommation de chocolat. Ce sont des raisons de santé (par exemple le diabète dont souffrent officiellement 4 % des Français) ou, plus simplement, le fait de ne pas aimer le chocolat qui expliquent la non-consommation de ce produit.

En tant qu'acteur du marché de la tablette de chocolat, mes perspectives de croissance dépendent ainsi essentiellement de ma capacité à attirer les consommateurs des marques concurrentes. Je n'ai donc pas d'autre solution que celle qui consiste à innover perpétuellement en proposant de nouvelles recettes. C'est exactement ce que font les principaux acteurs actuels du marché de la tablette de chocolat.

EXERCICES

1. Le marché du scooter 125 cc : quelles perspectives en 2009 ?

Vous avez collecté les informations suivantes sur le marché du scooter en 2009 :

	Marché des 125 cc	Cumul ventes 6 mois 08	Cumul ventes 6 mois 09
1	Yamaha	12 136	10 371
2	Honda	7 934	6 820
3	Piaggio	8 237	5 088
4	Peugeot	3 360	3 471
5	Suzuki	4 139	3 087
6	Sym	2 506	2 509
7	Jonway	1 470	2 271
8	MBK	2 797	2 169
9	Kymco	1 884	1 867
10	Sky Team	1 327	1 455
	Autres	13 306	9 305
		59 096	48 413

Travail à faire : Sur la base de ce tableau, vous analyserez les évolutions des parts de marché des différents concurrents. Vous vous intéresserez plus particulièrement à la marque chinoise Jonway qui se positionne sur ce marché avec des tarifs particulièrement attractifs.

2. Le macroenvironnement du marché des scooters 125 cc

Travail à faire : En référence au marché précédent, quelles sont les opportunités ou menaces qui se dégagent sur le marché des scooters 125 cc en France en 2009 ?

SOLUTIONS

Exercice 1

	Marché des 125 cc	Cumul ventes 6 mois 08	Cumul ventes 6 mois 09	Variation (en %)	PDM 2008 (en %)	PDM 2009 (en %)
1	Yamaha	12 136	10 371	–14,54*	20,54	21,42**
2	Honda	7 934	6 820	–14,04	13,43	14,09
3	Piaggio	8 237	5 088	–38,23	13,94	10,51
4	Peugeot	3 360	3 471	3,30	5,69	7,17
5	Suzuki	4 139	3 087	–25,42	7,00	6,38
6	Sym	2 506	2 509	0,12	4,24	5,18
7	Jonway	1 470	2 271	54,49	2,49	4,69
8	MBK	2 797	2 169	–22,45	4,73	4,48
9	Kymco	1 884	1 867	–0,90	3,19	3,86
10	Sky Team	1 327	1 455	9,65	2,25	3,01
	Autres	13 306	9 305	-30,07	22,52	19,22
		59 096	48 413	–18,08	100,00	100,00

PDM : parts de marchés.
*(10 371 – 12 136)/12 136
** (10 371/48 413) x 100

Le marché est typiquement oligopolistique, les dix premiers acteurs réalisant autour de 80 % du marché total. Cette tendance se confirme en 2009.

Yamaha reste le leader incontesté avec 10 371 immatriculations sur les six premiers mois de l'année 2009, ce sont 1 765 unités de moins qu'en 2008, mais avec des parts de marché en plus. Yamaha franchit ainsi le cap des six premiers mois de 2009 avec une baisse de ses immatriculations de 14,5 %, alors que l'ensemble du marché des 125 cc fléchit de 18,1 %.

Affichant une progression de ses ventes similaire à Yamaha, Honda (+ 14 %) profite de la relative baisse de régime des Piaggio 125 cc pour prendre la deuxième place au constructeur italien.

Premier constructeur à afficher une progression positive de ses immatriculations (+ 3,3 %), Peugeot voit sa part de marché bondir au-delà des

7 % sur le premier semestre (7,17 % pour être tout à fait exact, contre 5,69 % en 2008 sur la même période). Il conforte ainsi sa quatrième place sur le marché français. Cette croissance est essentiellement due aux scooters d'entrée de gamme.

Le point essentiel concerne le constructeur chinois Jonway qui voit ses ventes progresser de presque 55 %. Ce résultat s'explique essentiellement par un positionnement prix particulièrement attractif des modèles de la marque. Nous pouvons donc en déduire que, durant la période de crise de début 2009, les consommateurs se sont tournés vers un achat pratique au détriment d'un achat plaisir avec, pour conséquence, une baisse du prix moyen de vente des scooters. Cette tendance se confirme avec la légère progression du Taïwanais Kymco, dont les prix sont également particulièrement attractifs.

Le marché actuel est donc tendu avec, à la fois, une baisse des volumes de plus de 18 % et une baisse du chiffre d'affaires du secteur encore plus forte, du fait d'une baisse du prix moyen de vente.

Dans un tel contexte, les constructeurs, à l'image de la stratégie de Peugeot et surtout de celle de Jonway, doivent proposer des produits qui reviennent à l'essentiel, limitant ainsi le prix de vente unitaire.

Exercice 2

Politico-légal : la mise en place du bonus/malus écologique rend les petites voitures plus accessibles. Le prix d'un scooter haut de gamme (plus de 5 000 euros) est perçu, de fait, comme très élevé par rapport à des véhicules urbains dont les premiers modèles sont vendus autour de 8 000 euros. C'est une menace. Certains constructeurs l'ont déjà compris en proposant des produits autour de 2 000 euros.

Depuis 1996, il est possible de conduire une moto ou un scooter de 125 cc en étant simplement titulaire d'un permis B voiture depuis au moins deux ans. Cette décision constitue encore aujourd'hui une opportunité.

Une autre opportunité est à considérer : les politiques urbaines qui visent à limiter l'espace laissé à l'automobile à la fois sur la route et en matière de stationnement.

Économique : la crise actuelle augmente l'incertitude au sein des ménages. Cela se traduit par une baisse des investissements. Le secteur automobile en est la principale victime mais les scooters ne sont pas épargnés. Ces derniers constituent cependant une alternative en zone urbaine plus économique que l'automobile. La crise économique constitue à ce titre à la fois une menace et une opportunité. Là encore le prix des scooters, leur faible coût d'entretien et leur niveau de consommation particulièrement bas sont des arguments de vente majeurs.

Sociologique : notre société a pris conscience qu'il fallait civiliser nos comportements routiers. La diminution du nombre de tués sur la route en est un des indicateurs majeurs. Le scooter semble donc moins dangereux dans ce contexte, même s'il reste perçu comme plus risqué que l'automobile. Afin de renforcer ce sentiment de sécurité, la marque Piaggio a développé le MP3, un scooter à trois roues dont la stabilité et la distance de freinage en font un excellent compromis par rapport à la voiture.

Technologique : aujourd'hui les progrès en matière de freinage et de maniabilité rendent l'achat de scooters plus attractif (notamment grâce à la technologie trois roues évoquée précédemment). Ils deviennent aussi plus légers et plus stables. De plus, la révolution des moteurs électriques constitue une réelle opportunité.

Écologique : les préoccupations environnementales grandissantes favorisent les scooters dont les émissions de carbone sont bien plus faibles que n'importe quelle voiture. Par ailleurs, l'arrivée des moteurs électriques devrait constituer une opportunité en renforçant le caractère écologique des scooters.

POINTS CLEFS

- La compréhension du marché est le socle de la démarche marketing. Aucune action marketing ne doit être lancée sans avoir clairement analysé les acteurs et les tendances du marché.
- Le marché doit systématiquement être décomposé en fonction de ses trois éléments principaux : l'offre, la demande et l'environnement. C'est à ce niveau qu'il est possible d'identifier des opportunités et des menaces.
- La concurrence ne se limite pas à des produits techniquement identiques et directement concurrents mais doit intégrer l'ensemble des offres susceptibles de satisfaire un besoin identique.
- Les non-consommateurs relatifs représentent la perspective de croissance la plus forte sur le marché et doivent être étudiés en priorité.

CHAPITRE 3

Élements de compréhension du comportement du consommateur

OBJECTIFS

- Comprendre le consommateur, son processus d'achat.
- Identifier les facteurs permettant de l'influencer.

PLAN

Notre existence est ponctuée d'actes de consommation : de l'achat d'une baguette de pain à l'acquisition d'un appartement, en passant par la recherche d'un cadeau pour un ami. Dès lors, comprendre comment nous achetons et ce qui nous incite à consommer (comme les publicités) se révèle un enjeu majeur pour les entreprises. En effet, ces dernières élaborent leurs stratégies marketing en fonction des réactions des consommateurs.

La clientèle étant l'élément d'actif le plus important d'une entreprise, il est nécessaire de connaître parfaitement son comportement. L'étude du comportement du consommateur s'intéresse ainsi à toutes les actions relatives à l'obtention et à l'utilisation des produits, ainsi qu'aux processus qui précèdent et suivent ces actions.

3.1 LE MODÈLE COMPORTEMENTAL GÉNÉRAL

L'analyse du comportement du consommateur est issue de diverses disciplines telles que l'économie, la sociologie, la psychologie et l'anthropologie.

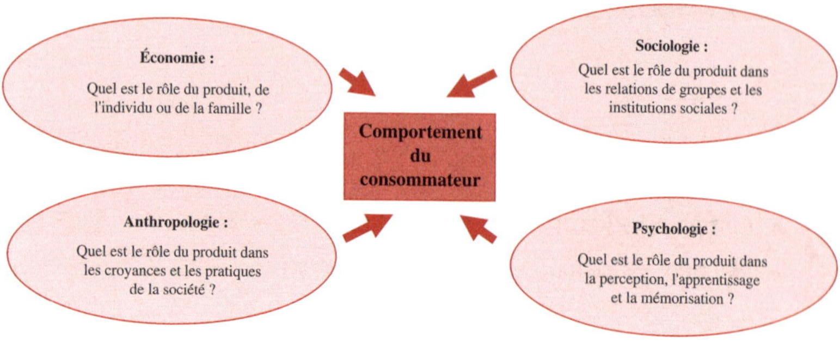

Figure 3-1 Les origines du comportement du consommateur.

La théorie économique moderne du consommateur intègre les caractéristiques des produits. Le consommateur considère donc plus les services attendus des produits que leurs caractéristiques intrinsèques. Chaque produit est associé à un ensemble d'attributs et à un prix. Un produit n'est donc pas consommé uniquement pour lui-même mais également pour les services qu'il rend.

Exemple. Lors de l'achat d'un véhicule, les caractéristiques fonctionnelles de vitesse, de confort ou de praticité sont considérées en même temps que d'autres critères comme la capacité du véhicule à positionner socialement son possesseur.

3.2 LE PROCESSUS D'ACHAT

Lorsque l'on étudie le comportement du consommateur, il est nécessaire de considérer les différentes étapes du processus de décision qui précèdent et déterminent les actes d'achat. Cependant, ce processus peut être modifié en fonction des types ou des situations d'achat et des individus concernés.

Le comportement du consommateur est appréhendé sous la forme d'un processus de résolution de problème. C'est une succession d'étapes qui commence par la reconnaissance d'un besoin jusqu'à l'achat éventuel du produit. Il se termine par son évaluation, une fois le produit consommé.

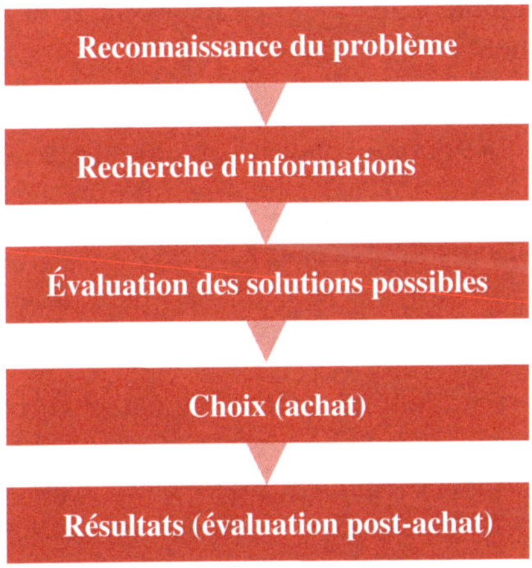

Figure 3-2 Le processus d'achat.

a) La reconnaissance du besoin

La reconnaissance du besoin est la phase qui enclenche le processus d'achat. La reconnaissance d'un besoin est révélée lorsque le consommateur ressent un écart entre une situation qu'il juge idéale et la situation dans laquelle il se trouve. Il perçoit alors une tension. Les besoins ne se manifestent que s'ils sont activés par divers stimuli qui peuvent être internes à l'individu (la soif, par exemple) ou externes (une publicité, par exemple). Le processus d'achat ne se déclenche alors que si l'écart entre ces deux situations est suffisamment important.

L'effet de ces stimuli varie en fonction des individus, des produits :

- le fait que le produit possédé ne remplisse plus sa mission (usure, panne, destruction, rupture de stock, etc.) ;
- la modification du statut physique, économique, familial ou social du consommateur (maladie, modification du revenu, mariage, déménagement, naissance, etc.) ;
- la réception d'informations sur les produits (publicité, bouche à oreille, promotion des ventes, etc.).

Exemple. La faim ressentie vers midi conduit à l'achat et à la consommation d'un déjeuner et représente un stimulus interne.

Face à une panne (le produit ne remplit plus sa mission), les individus réagissent différemment pour le remplacer. La rapidité de réaction est plus importante s'il s'agit d'une machine à laver le linge que s'il s'agit d'un lave-vaisselle, compte tenu du caractère prioritaire et presque indispensable de l'équipement.

L'arrivée d'un enfant dans un couple modifie le statut familial et conduit à changer de voiture pour en choisir une plus spacieuse.

La publicité autour d'un nouvel ordinateur est une réception d'information qui constitue un stimulus externe.

b) La recherche d'informations

Une fois le besoin identifié, le consommateur recherche des informations sur les possibilités de le satisfaire. Les individus sont continuellement soumis à divers stimuli : affiches, télévision, articles de presse, messages radio, SMS, e-mail, mais également aux recommandations des amis, etc. Ces informations sont d'origine commerciale (publicité), publique (articles de presse), interpersonnelle (bouche à oreille) ou encore proviennent de l'expérience du consommateur (utilisation passée du produit). Ainsi, un Français est confronté au minimum à environ 400 messages commerciaux par jour qui se répartissent en une soixantaine de publicités à la télévision, une soixantaine à la radio, une trentaine dans la presse. À ces expositions il faut ajouter celles qui se déroulent dans le cadre de la vie professionnelle (presse professionnelle, Internet), mais également au courrier personnel, aux appels téléphoniques commerciaux ainsi qu'à une connexion privée à Internet (TNS Media Intelligence).

Lorsque le consommateur recherche des informations, il effectue une recherche externe et/ou interne :

- la **recherche interne d'informations**, à laquelle les individus recourent en premier lieu, est relative à la mémoire du consommateur et aux expériences auxquelles il a été soumis. Si cette dernière se révèle insatisfaisante, ils procèdent alors à une recherche externe ;
- la **recherche externe d'informations** représente les informations que le consommateur recherche volontairement sur les produits, puisqu'il ne les détient pas en mémoire. On distingue alors plusieurs natures d'informations :
  - lorsque le consommateur effectue une démarche personnelle de recherche d'informations (actives) ou lorsqu'il reçoit, sans les avoir recherchées, des informations de la part de la marque (passives) ;
  - lorsque les informations sont diffusées par les entreprises (commerciales) ou par d'autres sources (non commerciales) ;
  - lorsqu'elles s'adressent au consommateur directement (personnalisées et adaptées à l'individu) ou à un ensemble indifférencié de consommateurs (standardisées).

Exemple. Pour sa rentrée en première année d'école de commerce, Jean doit investir dans un ordinateur portable. Pour ce faire, il se rappelle que ses amis lui ont souvent parlé de certaines marques particulièrement fiables (recherche interne : information de nature non commerciale). Mais l'informatique n'est pas un domaine qu'il maîtrise encore. Il décide donc de procéder à une recherche d'informations complémentaires. Il regarde des sites Internet comparant différents produits, se rend en magasin et consulte les catalogues publicitaires de différents distributeurs et ceux qu'il a reçus au domicile de ses parents (recherche externe : information de nature commerciale et standardisée).

Plusieurs facteurs influencent la recherche d'informations : le risque perçu, l'implication, l'expertise du consommateur et le contexte d'achat.

➤ **Le risque perçu** par le consommateur représente l'un des facteurs susceptibles de conditionner son comportement. La perception du risque dépend du type de produit, mais aussi de la personnalité du consommateur puisque l'aptitude à prendre des risques varie selon les individus. Plus le risque perçu de l'achat est important, plus le consommateur prendra le temps d'une recherche d'informations profonde et vaste. Quatre types de risques sont distingués :

- le risque fonctionnel est relatif aux performances attendues d'un produit ou d'un service ;
- le risque psychologique ou social renvoie à l'image que l'on développe auprès des autres et/ou de soi-même ;
- le risque financier concerne la somme allouée au bien : le produit vaut-il la somme dépensée ? Y aura-t-il un coût pour entretenir le produit ?
- le risque physique conduit les consommateurs à envisager les possibilités de danger de l'utilisation du produit.

Exemple. Jean va se poser différentes questions au moment du choix de son ordinateur : le produit aura-t-il des performances satisfaisantes (risque fonctionnel) ? Suis-je certain de ses coûts de fonctionnement (risque économique) ? L'utilisation du produit est-elle dangereuse (risque physique) ? Me faudra-t-il beaucoup de temps pour apprendre à utiliser le produit (risque de perte de temps) ? Le produit va-t-il me donner une bonne image auprès de mes amis et de mes camarades de classe (risque psychosocial) ?

Afin de minimiser le risque lié à l'achat, l'individu adopte différents comportements :

– il recherche plus d'informations avant d'acheter ;

– il délègue la décision à une personne compétente ;

– il n'achète que des marques connues ;

– il reporte son choix sur le produit le plus cher ;

– il n'achète rien, jugeant le risque trop fort.

➤ **L'implication** : un consommateur impliqué est plus réceptif aux diverses informations qui lui sont transmises qu'un consommateur non impliqué. De même, il recherche plus d'informations.

➤ **L'expertise du consommateur** : plus le consommateur est expert dans un domaine et moins il a besoin de se documenter avant la prise de décision puisqu'il détient de nombreuses informations en mémoire sur les produits liés à son domaine d'expertise.

Exemple. Un marathonien (fortement impliqué) prendra plus de temps pour acheter des chaussures de running qu'une jeune femme (faiblement impliquée) qui commence la course à pied dans le but d'exercer de temps en temps une activité sportive. Par ailleurs, le marathonien se révèle en tant qu'expert sur les critères d'une bonne paire de chaussures de running, ce qui n'est pas le cas d'un coureur occasionnel.

➤ **Le contexte ou la situation de l'achat** : dans de nombreux cas, les préférences vont dépendre moins des caractéristiques des produits ou de celles des consommateurs que du contexte dans lequel s'effectue l'achat. La situation d'achat est alors un ensemble de facteurs liés à un moment et à un endroit donnés qui entraînent une influence importante sur le comportement. Une situation d'achat se caractérise par cinq composantes :

– l'environnement physique : quelles sont les caractéristiques du lieu d'achat ?

– l'environnement social : l'acheteur est-il seul ou accompagné ?

– l'environnement temporel : quel est le moment de l'achat ? Quel est le temps disponible ?

– l'environnement intérieur propre à l'individu : dans quel état d'esprit se trouve le consommateur ?

– le rôle à accomplir : quel est l'objectif de l'achat ?

Exemple. Le choix d'un restaurant dépend de la saison et de l'heure (environnement temporel), de l'agencement du restaurant (environnement physique), de la présence ou de l'absence d'autrui (environnement social), de l'humeur de la personne (état intérieur de l'individu), du fait qu'il s'agit d'un repas d'affaires ou d'un repas entre amis (rôle à accomplir).

c) L'évaluation des solutions

Une fois renseigné grâce à la recherche d'informations, le consommateur évalue les différentes solutions s'offrant à lui. Il s'agit de la phase d'évaluation, durant laquelle les marques susceptibles de satisfaire son besoin sont comparées les unes aux autres en fonction des caractéristiques qu'elles offrent. Lors de cette phase, le consommateur procède tout d'abord à une catégorisation, c'est-à-dire qu'il regroupe les divers objets, marques, enseignes, etc. en différents groupes ou catégories, sur la base de caractéristiques qu'il juge similaires. Une fois cette catégorisation réalisée, il évalue ces catégories, selon qu'il recherche des caractéristiques communes ou, au contraire, des disparités. Mais cette phase ne concerne pas l'ensemble des marques présentes sur le marché. Toutes les marques ne sont pas connues du consommateur et, au sein des marques connues, seules certaines vont faire l'objet d'une évaluation : il s'agit de l'**ensemble évoqué**. Les autres marques appartiennent soit à l'ensemble rejeté (le consommateur évalue négativement la marque), soit à l'ensemble neutre (le consommateur ne sait pas que penser de la marque).

Les marques de l'ensemble évoqué sont comparées les unes aux autres en fonction des caractéristiques qu'elles offrent. À ce niveau, deux notions doivent être précisées :

- l'**importance des attributs** pour le consommateur ;
- la **performance perçue** de la marque sur ces attributs.

La combinaison de ces deux éléments fournit l'évaluation de la marque par le consommateur et représente alors une quantification de l'image de marque, c'est-à-dire les représentations mentales qui sont associées à l'évocation de la marque.

Exemple. Jean intègre une école de commerce parisienne. Parmi les fournitures vivement recommandées, figure un ordinateur portable. Jean, qui cherche alors à se doter de cet ordinateur, considère différentes caractéristiques : la facilité d'utilisation de l'appareil, la capacité de la mémoire vive, la taille du disque dur et le poids.

Il n'accorde pas la même importance à ces différents critères, mais attribue respectivement à chacun d'entre eux 0,2, 0,1, 0,4 et 0,3. Trois marques, Toshiba, Packard Bell et Apple, sont dans l'ensemble évoqué de l'utilisateur. Leurs performances sur les quatre attributs sont présentées dans le tableau page suivante (notes sur 10) :

Critères	Pondération	MARQUE		
		Toshiba	Packard Bell	Apple
Facilité d'utilisation	0.2	6	8	7
Capacité mémoire	0.1	8	3	6
Disque dur	0.4	8	5	4
Poids	0.3	8	9	4

Si le consommateur évalue les marques selon un processus compensatoire linéaire additif, compte tenu de l'importance relative des attributs,

Toshiba obtient le score de
$(0,2) \times (6) + (0,1) \times (8) + (0,4) \times (8) + (0.3) \times (8) = 7,6$;

Packard Bell, le score de 6,6 ;

Apple, le score de 4,8.

La marque Toshiba est donc préférée.

Dans la réalité, aucun individu ne procède de la sorte. Généralement, le consommateur effectue une classification des principales caractéristiques attendues du produit. Les sites Internet de certaines enseignes, telle la Fnac, facilitent ce processus d'évaluation en donnant aux consommateurs la possibilité de comparer les marques considérées sur différents critères.

d) Les choix

Une fois les différentes alternatives évaluées, le consommateur décide ou non d'acheter l'un des produits. Le produit ou la marque ayant reçu la meilleure évaluation à l'étape précédente n'est pas forcément celui ou celle qui est acheté. En effet, différentes contraintes peuvent intervenir dans le choix du consommateur, telles que :

- les contraintes économiques (le produit est trop cher) ;
- les contraintes sociales (le choix ne serait pas admis par l'entourage du consommateur) ;
- les contraintes de disponibilités (le produit est en rupture de stock).

Ainsi, la phase de décisions ne porte pas uniquement sur la marque, mais aussi sur beaucoup d'autres paramètres : le choix des quantités, du point de vente, de la date de l'achat ainsi que du mode de paiement.

Exemple. Jean, au regard des évaluations portées à chaque marque, a une préférence pour Toshiba. Il se rend en magasin mais, suite à un très fort succès du produit, ce dernier est en rupture de stock et le délai d'approvisionnement est de deux mois (contrainte de disponibilité). La rentrée étant dans moins d'une semaine, deux options s'offrent alors à lui : soit il se reporte sur son second choix, Packard Bell, soit il visite un autre point de vente.

e) L'évaluation post-achat

Le processus d'achat ne se termine pas au moment où le consommateur acquiert et consomme le produit. En effet, le consommateur attend du produit un certain niveau de satisfaction qu'il compare avec celui qu'il ressent au moment de la consommation. Si l'individu est satisfait de son choix, un phénomène de feed-back renforce le comportement du consommateur avec réachat, adoption et fidélisation à la marque, et l'amène à émettre un bouche à oreille favorable.

Dans le cas d'une évaluation négative, les effets inverses sont, bien entendu, prévisibles. Lorsque le consommateur est mécontent de son acquisition, il éprouve un sentiment d'incohérence entre ce qu'il pensait préalablement du produit et ce qu'il ressent réellement. Il entreprend alors différentes actions : il ne va plus acheter le produit, il va s'en débarrasser (par exemple, le jeter, se faire rembourser, l'échanger) ou encore rechercher de nouvelles informations destinées à le rassurer sur son achat.

Une partie de l'action de l'entreprise a donc pour objectif de rassurer le consommateur. Les responsables marketing peuvent agir et influencer ces évaluations post-achat et ainsi jouer sur la satisfaction ou l'insatisfaction des clients en mettant en place diverses actions. Ainsi, les responsables marketing veillent à éviter de formuler des promesses exagérées sur les caractéristiques des produits. Pour ce faire, l'entreprise doit notamment considérer le mode d'utilisation du produit par le consommateur, puisqu'une mauvaise utilisation risque d'entraîner un sentiment d'insatisfaction. L'entreprise doit donc étudier le comportement d'utilisation du produit (mode d'emploi, moment et lieu de consommation, conditions de conservation, etc.).

Exemple. Jean, néophyte dans le domaine informatique, est rassuré puisque chaque ordinateur Packard Bell est livré avec une garantie d'un an. De plus, en cas de problème technique, il peut contacter le support technique en ligne de la marque. Un guide des garanties et services des produits Packard Bell est également disponible en ligne. Toutes ces actions, en rassurant le consommateur, influencent sa satisfaction.

3.3 LES INTERVENANTS DANS LE PROCESSUS D'ACHAT

Le processus d'achat a été présenté comme si un seul et même individu intervenait à toutes les étapes : le consommateur. Or, plusieurs catégories de personnes, jouant des rôles différents, peuvent intervenir dans ce processus. Les personnes qui éprouvent le besoin ne sont pas forcément celles qui recherchent de l'information, évaluent les solutions, prescrivent, décident, achètent, paient, utilisent ou évaluent le produit.

Ces différentes fonctions conduisent à considérer différents types de personnes :

- le **collecteur d'informations** recherche et collecte les informations nécessaires à l'acquisition, visite les magasins, interroge les vendeurs, etc. ;
- le **prescripteur** est une personne qui détermine pour une autre et de façon impérative le produit ou le service qui doit être acheté. Le prescripteur impose donc l'achat du produit ou de la marque ;
- le **préconisateur**, quant à lui, est une personne dont la recommandation peut fortement influencer l'acheteur mais sans s'imposer ;
- l'**acheteur**, qui n'est pas automatiquement le consommateur, achète et paie le produit ou le service ;
- le **consommateur**, terme le plus fréquemment utilisé, renvoie au moment de la consommation, c'est-à-dire celui de l'utilisation et de la destruction physique de l'objet. Le consommateur est également l'évaluateur principal.

Exemples. Dans le cas de l'acquisition de l'ordinateur de Jean, son père s'est renseigné auprès d'amis informaticiens et de vendeurs de la Fnac. Son grand frère, Louis, a comparé les ordinateurs portables sur des sites en ligne. Tous deux sont les collecteurs d'informations. L'école de commerce de Jean qui impose l'achat d'un ordinateur portable est le prescripteur. Jean se rend en boutique, accompagné de sa mère, pour payer le produit : elle est l'acheteur. Enfin, Jean se servira tout au long de ses études de son ordinateur : il est le consommateur.

Dans le cas des produits pharmaceutiques, le malade éprouve le besoin et utilise le produit ; le médecin recherche l'information, évalue les solutions et prescrit les médicaments ; l'achat est réalisé par un proche du patient ; le paiement est en partie assuré par la Sécurité sociale et éventuellement par une assurance complémentaire.

3.4 LES DIFFÉRENTS TYPES ET SITUATIONS D'ACHATS

Le processus d'achat se déroule de façon plus ou moins exhaustive en fonction du type d'achat effectué. En effet, les achats se classent en trois catégories :

- l'achat courant (produits d'entretien, pain, journal) ;
- l'achat réfléchi (meubles, voitures) ;
- l'achat spécialisé (matériel informatique, hi-fi).

Lorsque l'on passe d'une catégorie à une autre, l'importance de l'achat augmente, ainsi que son degré de complexité. Pour les achats courants, le consommateur suit un processus simplifié. Il passe directement de la prise de conscience du besoin à la décision. Pour les autres catégories, un processus plus complexe est utilisé.

Il est également nécessaire de distinguer l'achat nouveau du réachat. Dans le cas de l'achat nouveau, le système de référence du consommateur n'est pas encore structuré, il ne connaît pas bien les produits en concurrence, ni les critères de choix à utiliser. Un processus complet de résolution du problème se développe alors avec un passage par toutes les étapes. Dans le cas du réachat, le processus est pratiquement automatique dans la mesure où le produit acheté a donné satisfaction auparavant. L'ensemble des étapes n'est alors pas indispensable. En revanche, si le consommateur n'est pas satisfait de l'achat précédent, le processus recommence.

3.5 LES FACTEURS QUI INFLUENCENT LE COMPORTEMENT DU CONSOMMATEUR

Divers facteurs influencent le comportement du consommateur et agissent sur le processus d'achat.

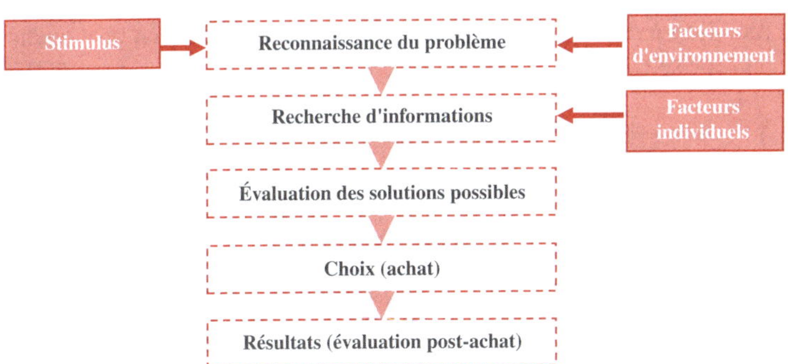

Figure 3-3 Influence des facteurs sur le processus d'achat.

Ces différents facteurs peuvent être regroupés en trois catégories : les stimuli commerciaux, les facteurs propres à l'individu et les facteurs d'environnement.

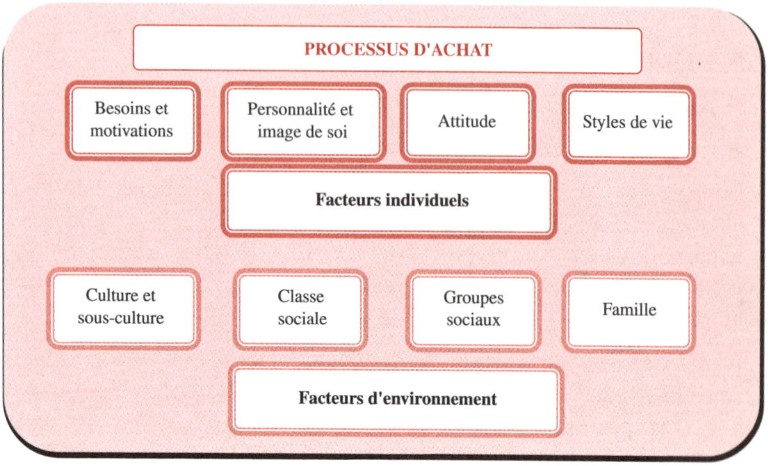

Figure 3-4 Les facteurs d'influence du comportement du consommateur.

a) Les stimuli

Divers stimuli marketing, qui émanent de la stratégie marketing mise en place par les responsables marketing, peuvent influencer le comportement du consommateur. Il s'agit principalement des produits et de leurs caractéristiques (les attributs). Ces dernières peuvent être physiques ou symboliques.

Le stimulus se définit ainsi comme un élément, proposé par une entreprise, susceptible de satisfaire un besoin et donc de déclencher une réaction chez le consommateur. L'éveil du besoin peut ainsi résulter d'une exposition à des stimuli externes, de type commercial en provenance de l'entreprise (publicité, contact avec le produit sur le lieu de vente).

b) Les facteurs individuels

Les caractéristiques sociodémographiques

Il existe cinq caractéristiques principales :

- l'âge du consommateur : le consommateur appartient à des groupes d'âge et générations différents ;
- l'emploi et le temps disponible : l'emploi a une influence sur le revenu disponible mais également sur le temps disponible de l'individu ;

- la localisation géographique : région, type d'habitation (urbain *vs.* rural) ;
- le revenu et le patrimoine : les ressources financières des individus ont un effet sur sa consommation ;
- le niveau de formation : le niveau d'études.

Exemple. Le marché automobile est segmenté en fonction des caractéristiques sociodémographiques des consommateurs : un consommateur urbain cherche une citadine de petite taille facile à garer quand un consommateur rural opte facilement pour un 4×4. De même, une famille avec plusieurs enfants choisit plutôt un monospace qu'un célibataire. Les revenus des consommateurs conditionnent également le choix du véhicule, du nombre d'options, etc.

Les besoins et les motivations

Le processus d'achat se déclenche avec la mise en évidence d'un besoin. Un besoin est tout ce qui peut pousser l'individu à entreprendre une action. Dans la terminologie marketing, on parle plus fréquemment de motivation.

Il existe différentes classifications des besoins ou des motivations. La plus connue a été proposée par Abraham Maslow qui recense cinq catégories de besoins hiérarchisés et représentés sous la forme d'une pyramide. Selon Maslow, l'individu se consacre en priorité aux besoins les plus fondamentaux et il ne passe à la catégorie suivante qu'une fois un type de besoin satisfait. On peut expliquer son comportement à partir de la recherche de satisfaction des besoins relevant de cette catégorie.

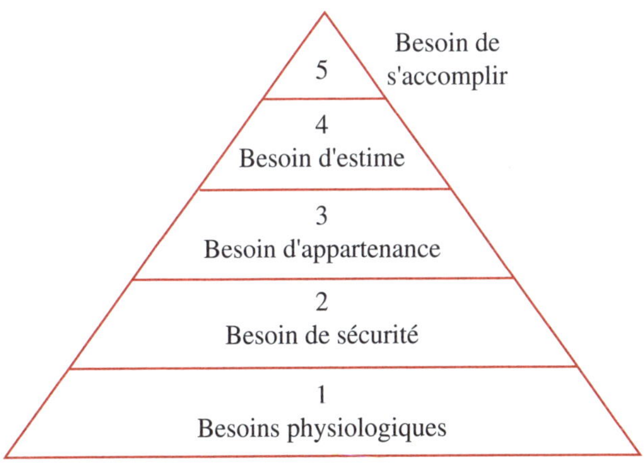

Figure 3-5 Les cinq catégories de besoins selon Maslow.

On distingue ainsi :

- les besoins physiologiques qui sont directement liés à la survie des individus ou de l'espèce. Ils répondent aux besoins de la faim, de la soif, de la protection contre le froid, de reproduction ;
- le besoin de sécurité qui représente la nécessité d'être protégé pour les individus, en termes tant de protection physique que de stabilité et de protection face aux différents risques de la vie ;
- le besoin d'appartenance et d'affection qui correspond au désir des hommes d'être acceptés et aimés par leur entourage ;
- le besoin d'estime qui correspond au besoin d'être estimé par soi-même et par les autres ;
- le besoin d'accomplissement qui représente la réalisation de ses talents ou de ses possibilités. En ce sens, pour Maslow, il incarne le sommet des aspirations humaines.

L'achat d'un produit peut mettre simultanément en jeu plusieurs types de motivations. Une motivation se définit comme une force, consciente ou non, poussant le consommateur à agir. Il s'agit donc de pulsions qui poussent le consommateur à acheter quand, *a contrario*, les freins empêchent l'achat.

Exemple. Dans le cas d'un séjour au Club Med, on trouve des motivations physiologiques (manger, dormir, boire), des motivations de sécurité (les villages sont fermés et inaccessibles de l'extérieur), des motivations d'appartenance (les Gentils Membres appartiennent à la communauté Club Med, en participant notamment aux spectacles organisés par les Gentils Organisateurs), des motivations d'estime (le Club Med s'inscrit comme une marque de luxe) et des motivations d'accomplissement (les Gentils Membres se dépassent en participant aux activités sportives par exemple).

La légitimité de la théorie de Maslow a été vivement contestée car il a étudié une société occidentale et instruite, ce qui a conduit à ne pas appliquer cette théorie dans toutes les sociétés. Cependant, elle demeure la plus enseignée et la plus utilisée.

La personnalité et l'image de soi

La personnalité est un ensemble unique des caractéristiques, croyances, comportements, habitudes que chaque individu représente, permettant de différencier de façon permanente deux individus dans leur réaction face à un événement donné. La personnalité est prise en compte par les marketeurs, notamment lorsque les individus sont conduits à choisir leurs loisirs, leurs opinions politiques, etc.

Plusieurs typologies de personnalité ont été proposées comme par exemple celle mettant en valeur le degré d'orientation sociale (les introvertis et les extravertis). Cette typologie a évolué vers les idiosyncratiques qui sont orientés vers eux-mêmes, sont généralement satisfaits de leur vie et de leur situation financière, et déclarent travailler très dur et rester tard à leur bureau par rapport aux allocentriques qui sont tournés vers le groupe. Ces derniers évitent les aliments trop gras pouvant nuire à leur santé et cuisinent beaucoup. De même, les idiocentriques attachent plus d'importance aux cultures et aux voyages, notamment au cinéma et musées, quand les allocentriques privilégient les bibliothèques.

L'image de soi est une notion liée à la personnalité. Tout individu a une certaine idée de sa personnalité et de l'image qu'il veut donner. Il recherche donc des produits dont l'image est cohérente avec la sienne. La personnalité conduit à considérer le concept de soi chez le consommateur qui renvoie aux attitudes envers soi-même, positives ou négatives, et qui aident à prendre de nombreuses décisions d'achat. Ainsi, les produits achetés permettent de renforcer l'estime de soi ou de récompenser le soi.

L'attitude et les styles de vie

L'attitude se définit comme la prédisposition d'un individu à évaluer positivement ou négativement des objets, des individus ou des thèmes, de façon durable et générale. C'est un facteur important car il intervient dans le processus d'achat au stade de l'évaluation des solutions. L'attitude résulte d'une synthèse entre les motivations de l'individu, sa personnalité et son expérience.

Trois grands types d'éléments, constituant le modèle ABC (*Affect, Behavior, Cognition*), composent une attitude :

- des éléments affectifs ou l'affect représentent des sentiments qui traduisent le fait d'aimer ou non l'objet ; il s'agit de l'image que le consommateur développe sur le produit ;
- des éléments conatifs ou le comportement indique une tendance à agir mais qui n'est pas obligatoirement présente, contrairement à l'affect et à la cognition ; il s'agit donc de ce que le consommateur est prêt à faire pour acquérir le produit ;
- des éléments cognitifs ou la cognition, c'est-à-dire des croyances qui représentent des éléments de connaissances sur les objets considérés ; il s'agit de ce que le consommateur croit savoir sur le produit.

En fonction du degré de motivation des individus face à l'objet considéré, ces trois éléments s'organisent différemment, conduisant à intégrer le concept de hiérarchie des effets. Dans le cas d'une hiérarchie d'apprentissage classique, le consommateur se fait une opinion sur le produit à partir des éléments de connaissances qu'il détient à son sujet (cognition). Il évalue ensuite ces connaissances et développe un avis sur l'objet (affect), avant de retenir le comportement à adopter en achetant le produit ou, au contraire, en le refusant (comportement).

Le style de vie résulte d'une approche récente du comportement pour représenter la manière dont un individu dépense à la fois son argent et son temps, notamment à travers ses choix de consommation. Il repère de façon synthétique le mode de vie adopté par un individu, qui s'exprime par ses activités, ses valeurs et ses opinions. C'est une variable plus précise que la personnalité, puisque liée aux activités, mais plus générale que l'attitude qui est associée à un objet spécifique.

Différentes classifications des styles de vie ont été proposées. Parmi les plus connues, figurent celles proposées par le Centre de communication avancée (CCA).

Les styles de vie

Le CCA propose une catégorisation regroupant des individus disposant de comportements, de conditions de vie et d'opinions similaires : les sociostyles. Le CCA distingue ainsi cinq grandes mentalités correspondant aux groupes suivants :

- les rigoristes (20,1 % de la population en 2008) se caractérisent par leur rigueur et leur conservatisme, ils achètent des biens fonctionnels, durables et respectables ;
- les matérialistes (26,8 %) n'aiment pas le changement, ils achètent fonctionnel ;
- les activistes (13,3 %) sont très impliqués par leur vie professionnelle et leur réussite sociale et soucieux de prendre des responsabilités, ils achètent des biens de reconnaissance ;
- les égocentrés (22,5 %) se révèlent particulièrement axés sur la consommation, ils achètent des produits à la mode ;
- les décalés (17,3 %), attirés par l'innovation et le changement, sont aventureux et dynamiques mais peu impliqués dans la société actuelle, ils achètent les nouveautés.

c) Les facteurs d'environnement

La culture

Une grande partie du comportement de l'individu est conditionnée par la culture de la société à laquelle il appartient. Au sens large, la culture comprend les habitudes de vie, les valeurs et les normes d'une société.

Au cours d'une période donnée, la société est plus ou moins orientée vers l'individualisme, le matérialisme, le goût de l'ordre ou le respect de l'environnement. Ainsi, les années quatre-vingt ont signé un certain culte de l'individualisme quand les années quatre-vingt-dix ont prôné le cocooning.

L'individu a tendance à se conformer aux habitudes, valeurs et normes de son environnement culturel qui varie d'un pays à l'autre et qui évolue aussi dans le temps.

Il faut noter également que, s'il existe une culture dominante au sein de chaque société, des sous-cultures, associées à des groupes culturels, peuvent être identifiées. Chaque culture regroupe ainsi plusieurs sous-cultures qui partagent les mêmes valeurs en fonction de leur nationalité, de leur religion, de leur appartenance à un groupe ethnique ou encore de leur situation géographique.

L'ethnocosmétique chez L'Oréal

Le développement du marché de l'ethnocosmétique est issu des différentes sous-cultures et permet ainsi de proposer des produits adaptés aux différents types de peaux ou de cheveux.
C'est ainsi que L'Oréal a développé un centre à Chicago, le L'Oréal Institute for Ethnic Hair and Skin Research, un autre à Pudong en Chine, un au Japon et d'autres encore en Europe. L'objectif de ces centres est de connaître les rituels de beauté selon les cultures, les climats, les environnements. Cette « géocosmétique » se révèle le garant d'une parfaite adéquation des produits aux attentes des consommateurs.
Les éthologues de L'Oréal ont ainsi établi que le nombre de coups de brosse à mascara varie fortement selon les zones géographiques : au Japon, les femmes donnent en moyenne une centaine de coups de brosse par œil pour maquiller leurs cils quand, en Europe, une cinquantaine de coups par œil en moyenne suffit. Ces différences de gestes sont autant de contraintes pour la conception des produits : un mascara destiné aux Japonaises ne peut être trop chargeant au risque de fournir un résultat inesthétique. Il devra donc avoir une texture légère et peu couvrante pour permettre à une Japonaise d'obtenir, avec ses gestes, l'effet recherché.
De même, L'Oréal propose avec la marque SoftSheen-Carson des soins capillaires destinés aux cheveux africains.

La classe sociale

Au sein de toute société, les individus peuvent être regroupés entre différentes classes qui traduisent la place occupée par un individu dans la structure sociale. Une classe sociale représente ainsi une segmentation de la société et se définit comme un sous-ensemble de la population disposant de caractéristiques économiques et culturelles semblables. Elle est ainsi composée de groupes d'individus, ordonnés les uns par rapport aux autres et qui détiennent dans la société une position voisine sur le plan du statut économique, du comportement et des opinions. Toute société possède donc une stratification en classes sociales.

Si la connaissance des classes sociales est importante car celles-ci conditionnent en grande partie le comportement de consommation, le repérage de l'appartenance d'un individu à une classe sociale est complexe et doit faire appel à de nombreuses variables : revenu, profession, niveau d'instruction, lieu d'habitation ou type de logement.

En France, la classification la plus importante est la classification Insee (Institut national de la statistique et des études économiques), qui classe la population active en fonction des professions et catégories socioprofessionnelles (PCS, anciennement CSP) :

1. agriculteurs exploitants ;
2. artisans, commerçants et chefs d'entreprise ;
3. cadres et professions intellectuelles supérieures ;
4. professions intermédiaires ;
5. employés ;
6. ouvriers ;
7. retraités ;
8. autres personnes sans activité professionnelle.

Exemple. Selon l'Insee, en 2007, 93,3 % des cadres et professions intellectuelles supérieures possédaient un mico-ordinateur contre 87,2 % des professions intermédiaires, 80,1 % des artisans, commerçants et chefs d'entreprise, 71,3 % des employés, 68,3 % des agriculteurs exploitants, 63,5 % des ouvriers et 27,6 % des retraités (Tableau de l'économie française, 2007).

Les groupes sociaux

Les groupes sociaux constituent des ensembles plus réduits que la classe sociale et sont susceptibles de conditionner le comportement de l'individu, par la production de normes et de valeurs. Les individus composant le groupe développent des buts et des besoins communs qui sont satisfaits à travers la coopération. Ainsi, les membres du groupe partagent des croyances, des valeurs et des normes qui déterminent leurs interactions. Parmi ces différents groupes, nous pouvons citer les amis, les collègues de bureau, les voisins, etc.

Les groupes primaires s'opposent aux groupes secondaires selon qu'il existe ou non une interaction directe entre leurs membres. On distingue également les groupes formels et les groupes informels selon qu'il existe ou non des règles conditionnant le fonctionnement du groupe.

Exemple. Les voisins ou les collègues de travail peuvent constituer des groupes primaires ; les associations et les partis politiques sont des groupes secondaires. Un syndicat constitue un groupe formel contrairement aux cadres ou aux gothiques qui sont des groupes sociaux informels.

Les groupes d'appartenance sont tous les groupes dont l'individu fait partie consciemment ou inconsciemment, volontairement ou involontairement. À l'inverse, les groupes de référence sont des groupes auxquels l'individu n'appartient pas, mais souhaite s'identifier ou au contraire dont il veut se démarquer. L'effet du groupe de référence sur l'utilisation d'un produit est d'autant plus important que le produit occasionne une consommation visible.

Au sein de ces groupes, il est important pour l'entreprise de repérer les leaders d'opinion dont le rôle moteur est essentiel puisqu'ils détiennent un pouvoir, appelé leadership, et qui représente la capacité du leader à faire reconnaître la supériorité de son opinion.

Les groupes de référence se distinguent des groupes d'appartenance :

- le **groupe de référence** est un groupe choisi par l'individu auquel il souhaite appartenir ;
- le **groupe d'appartenance** est un groupe qui n'est pas choisi par les individus et qui peut être imposé du fait de ses origines.

La famille

Au sein des groupes de référence, la famille joue un rôle particulièrement important. Pendant de nombreuses années, la famille s'entendait au sens large du terme. Elle comprenait alors plusieurs générations, mais également la famille par alliance, cohabitant sous un même toit. Cette vision de la famille a évolué vers la famille nucléaire. Elle est aujourd'hui composée des parents mariés et des enfants, qui sont censés quitter le foyer une fois l'adolescence terminée. Toutefois ce dernier modèle, qui est la norme depuis le XXe siècle, tend lui aussi à évoluer puisque l'on assiste à un départ de plus en plus tardif des enfants, mais également à une explosion des familles monoparentales ou encore recomposées.

Le cycle de vie familial est également un élément important. Le stade du cycle auquel se trouve l'individu est en effet un facteur explicatif de ses besoins, de ses ressources et de ses achats. Il est ainsi possible de distinguer six phases principales :

- les jeunes célibataires ;
- les jeunes couples sans enfant ;
- les jeunes parents ;
- les personnes âgées mariées avec enfants ;
- les personnes âgées mariées sans enfant dans le foyer ;
- les personnes âgées seules.

La consommation en fonction du cycle de vie familial

Un célibataire s'intéresse à l'achat de vêtements, de boissons et de loisirs quand un jeune couple sans enfant privilégie la consommation de biens durables et de loisirs. Les couples avec enfants vont s'attacher au logement, à l'équipement, aux jouets, à l'éducation et au sport, alors que les individus âgés, seuls et en activité s'intéressent aux voyages, aux loisirs et à la santé.

EXERCICES

1. Décomposition d'un comportement de consommation

Après une année difficile, Mme Lesatin décide de profiter de ses vacances durant le mois d'août. Elle recherche des vacances sportives et reposantes, le but étant de retrouver la forme pour la rentrée. Elle part avec son mari et son fils, Pierre, âgé de 11 ans. Ayant un bon salaire et un bon niveau de vie, elle n'a aucune contrainte budgétaire. Elle commence par visiter son site de vacances préféré où elle trouve deux offres intéressantes dans un club de vacances en Normandie et un séjour de thalassothérapie en Tunisie. Non totalement satisfaite de ces recherches, elle se rend dans une agence pour se faire conseiller. On lui propose alors deux séjours : un séjour découverte en Turquie et une formule de quinze jours dans le Sud, près de Cassis, dans un superbe mas, avec une piscine. Pour Mme Lesatin, un élément important est de s'assurer un fort taux d'ensoleillement. Le séjour de thalassothérapie lui plaît mais son fils risque de s'ennuyer. Peu importe car, lorsqu'elle consulte à nouveau les offres, les dates qui l'intéressaient ne sont plus disponibles. Finalement, elle retiendra le séjour dans le Sud, afin que son fils puisse profiter de la piscine et découvrir la beauté de la Provence. Ils partent alors en train jusqu'à destination afin de s'économiser la fatigue du voyage.

À la rentrée, une amie vient lui rendre visite et lui demande comment s'est déroulé son séjour. Mme Lesatin lui explique alors que, si le mas était vraiment formidable, elle lui déconseille vivement l'agence de voyage ! En effet, le mas était occupé lorsqu'ils sont arrivés sur place. La famille Lesatin a alors dû aller à l'hôtel durant deux jours, le temps que l'agence de voyage trouve une solution à ce surbooking. Le reste du séjour s'est très bien déroulé, notamment grâce à la mise à disposition, par l'agence, d'une voiture de location durant la totalité du séjour, afin de dédommager la famille.

Travail à faire : Décomposer les processus d'achat en différentes étapes, le processus de décision et identifier les différents éléments susceptibles d'influencer ce comportement.

2. Identification d'une situation d'achat

Mary, à la sortie de ses examens de troisième année en école de commerce, souhaite se divertir. Une soirée est prévue à partir de 21 heures, mais il n'est que 13 heures ! Elle décide d'aller faire un peu de shopping avec son amie Caroline. Elles se rendent alors dans un grand magasin et Mary décide de s'acheter une crème scintillante pour le corps afin de se faire belle en perspective de la soirée. Elles s'arrêtent au corner de la marque « Plus Douce ! » et la vendeuse lui propose un pot à 45 euros. Mais Caroline lui déconseille cette marque : elle lui a provoqué une allergie ! De toute façon, Mary préfère se rendre dans la boutique « 4U » que lui a vivement recommandé son dermatologue et qui commercialise des produits sympas et bons pour la peau. En plus, ils ne sont pas chers ! Elles se rendent donc dans cette boutique à l'ambiance très cocooning, où les parfums sont délicats et les couleurs pastel.

Travail à faire : Identifier la situation d'achat et les intervenants.

SOLUTIONS

Exercice 1

Processus d'achat

1. Reconnaissance du problème : état de fatigue de Mme Lesatin = besoin de vacances.

2. Recherche d'informations externe actives : démarche sur Internet, se rend en agence.

3. Évaluation des alternatives : différents critères = possibilité de se reposer, activités sportives et taux d'ensoleillement important.

4. Choix : contrainte de disponibilités : le séjour de thalassothérapie en Tunisie n'est plus disponible ; contrainte sociale : Pierre risque de rejeter le séjour de peur de s'ennuyer.

5. Évaluation post-achat : mécontentement dû au surbooking.

Facteurs d'influence

Caractéristiques sociodémographiques : l'âge et la génération du couple Lesatin et de Pierre.

Besoin et motivations : Mme Lesatin ressent un fort besoin de repos et de vacances.

Implication : Mme Lesatin est très impliquée dans ses vacances.

Exercice 2

Les 5 composantes de la situation d'achat

Environnement physique : ambiance de la boutique, odeur et couleur.

Environnement social : Mary est accompagnée de son amie Caroline.

Environnement temporel : après-midi shopping, elles disposent de plus de cinq heures.

Environnement interne à l'individu : détendue, après ses examens.

Rôle à accomplir : se faire plaisir, se faire belle.

Les intervenants

Prescripteur : dermatologue.

Préconisateur : Caroline.

POINTS CLEFS

- L'étude du comportement du consommateur s'intéresse à toutes les actions relatives à l'obtention et à l'utilisation des produits, ainsi que les processus qui précèdent et suivent ces actions.
- Le comportement du consommateur est appréhendé sous la forme d'une succession d'étapes : reconnaissance du problème, recherche d'informations, évaluation des solutions, décisions, achat et sentiment post-achat.

- Le consommateur est soumis à différentes influences : les stimuli commerciaux, les facteurs individuels et les facteurs d'environnement.
- Les facteurs individuels font référence aux caractéristiques sociodémographiques, aux besoins et motivations, à la personnalité et l'image de soi, à l'attitude et aux styles de vie.
- Les facteurs d'environnement regroupent la culture et la sous-culture, la classe sociale, les groupes sociaux et la famille.
- Divers individus peuvent intervenir dans le processus d'achat : le collecteur d'informations, le prescripteur, le préconisateur, l'acheteur et le consommateur.

PARTIE 2

Les études de marché

Même si les prévisions de certaines études de marché se sont révélées erronées, même si des dirigeants se sont montrés visionnaires ou ont cru l'être (myopie de la bulle Internet début 2000) et n'ont pas entrepris d'études, les études de marché (ou études marketing) sont généralement indispensables pour éclairer la prise de décision marketing. L'étude de marché correspond à la collecte et à l'analyse d'informations (ou de données) dans un but marketing clairement identifié. Toute la difficulté réside dans la transformation et dans la reformulation du problème marketing rencontré par le responsable marketing en un problème d'études. Face à la question « *que dois-je faire ?* » (par exemple lancer la nouvelle formulation de mon produit alimentaire), l'étude marketing va apporter des éléments de réponse à la question « *que dois-je savoir pour agir ?* » (les préférences sensorielles des consommateurs, leurs motivations, leurs freins au changement). Elle ne dira pas au responsable marketing ce qu'il doit faire, mais lui apportera les informations utiles, pertinentes et fiables dont il a besoin pour éclairer sa réflexion et l'aider dans sa prise de décision le plus objectivement possible. Cette objectivité offrira la garantie d'une plus grande sécurité dans la prise de décision, le but n'étant pas de supprimer le risque mais de le réduire.

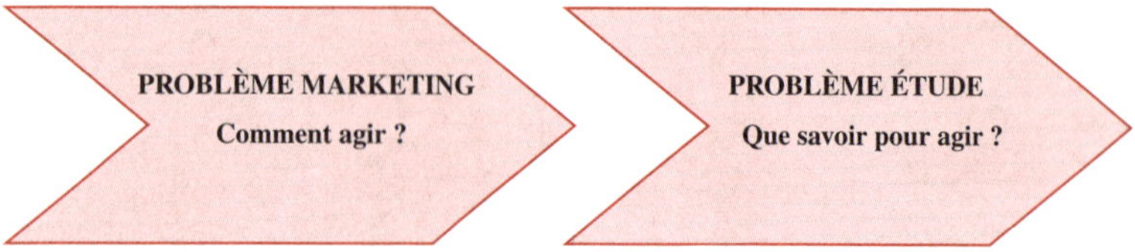

L'étude va permettre à l'entreprise d'ajuster son offre aux besoins du marché grâce à la compréhension des besoins et des attentes, de maîtriser ses forces et ses faiblesses sans se sur- ou se sous-évaluer, de saisir des opportunités de développement et d'être proactive plutôt que réactive. L'étude engendre certes une dépense à court terme, mais pour un profit à plus ou moins long terme en aidant le décideur à optimiser l'allocation de ses ressources ou en lui évitant de les gaspiller. Il ne s'agit donc non pas d'une dépense mais d'un investissement.

L'étude n'est pas pour autant exempte de limites. La première est sa ponctualité. L'information collectée peut effectivement devenir rapidement obsolète (étude des acheteurs sur Internet par exemple). Dans ce cas, la prise de décision sur une information dépassée serait pire que l'absence d'études. L'étude, ensuite, demande un certain niveau d'expertise et de savoir-faire. Attention donc aux faux experts !

CHAPITRE 4

Le recueil de l'information

OBJECTIF

➤ Saisir les objectifs, les différentes étapes et le mode d'administration d'une étude marketing.

PLAN

4.1 LES OBJECTIFS, LES CHAMPS ET LE DÉROULEMENT D'UNE ÉTUDE DE MARCHÉ

Le rôle de l'étude marketing est de fournir l'information nécessaire à la prise de décision marketing, en assumant la triple responsabilité de diagnostic des besoins en informations, de choix des variables à mesurer et de contrôle de la validité des informations. Pour que l'étude puisse porter ses fruits, il est nécessaire dès le départ de poser le contexte, de réfléchir aux objectifs par rapport au problème à résoudre, aux enjeux soulevés par ce problème, à la (ou aux) cible(s) intéressante(s) à interroger. L'étude de marché se décompose en quatre temps :

1. **La phase de conception** : analyse du problème marketing posé, définition des objectifs et des hypothèses et choix d'une méthodologie, c'est-à-dire définition des méthodes utilisées pour recueillir les informations. Ces méthodes sont fonction des contraintes financières et temporelles du commanditaire de l'étude.

2. **Le recueil de l'information** : définition des informations dont on a besoin pour prendre la décision ; sources documentaires internes et externes ; détermination de l'échantillon approprié (besoin de savoir qui interroger, quand, comment et où le faire, combien de personnes interroger) ; études qualitatives (rédaction d'un guide entretien), études quantitatives (rédaction du questionnaire).
3. **Le traitement des informations** : codification et saisie des données. Les données sont saisies dans des logiciels de traitements des données (Sphinx, SPSS, XLSTAT, SPAD, etc.). Cette saisie est souvent réalisée directement lors de la collecte des données soit par l'enquêteur à travers les systèmes CAPI (*Computer Assisted Personal Interviewing*) ou CATI (*Computer Assisted Telephone Interviewing*), soit par l'interviewé lui-même lors d'une enquête sur Internet.
4. **Les recommandations** : analyse des résultats, élaboration des propositions et prise de décision marketing.

L'étude marketing permet de répondre à six objectifs différents : décrire, comprendre, vérifier, expliquer, mesurer et prévoir. Ces objectifs sont assurés de manière distincte entre les deux types d'études pouvant être réalisées. Les études qualitatives cherchent à explorer, expliquer et comprendre (des motivations, des processus de décision) à travers le discours des répondants. Les études quantitatives ont pour but de décrire, mesurer et prédire (des comportements, des opinions, des faits) à travers des informations chiffrées.

Les champs des études de marché sont multiples :

- Décrire le marché : sa taille, son évolution, les quantités achetées par acheteur, les segments, les parts de marché des différents acteurs, etc.
- Connaître et comprendre la clientèle et la demande : qui, quand, quoi, où, comment, pourquoi ? Quels sont les leviers, freins, connaissances, perceptions, etc. ?
  - Des besoins sont-ils insatisfaits ? Quels seraient les moments de consommation intéressants à développer ? Comment se caractérisent et se différencient les principaux groupes de consommateurs de tel produit ?
  - Quelles sont les habitudes de consommation du produit alimentaire par exemple (qui mange, à quelle heure, dans quel lieu, dans quelle quantité, tous les combien, avec qui, etc.) ? Quelles sont les habitudes d'utilisation du produit (sa préparation) ? Quelles sont les habitudes d'achat ? Quelles sont les attitudes, motivations, attentes vis-à-vis de ce produit ?

- Connaître et comprendre la concurrence : ses choix marketing, sa notoriété, son image de marque, son positionnement, la structure de sa clientèle, etc.
- Tester les éléments du marketing-mix : test de concept, de produit, de packaging, pré-test publicitaire, bilan de campagne publicitaire, test de merchandising, etc.

Le développement de l'informatique et d'Internet offre de nouveaux moyens d'obtenir de l'information et de mener des études : travail sur les textes écrits par les internautes sur les blogs, les sites de partage ou d'évaluation des produits ; le suivi des traces des échanges avec l'entreprise (analyse des fichiers log pour le comportement des internautes sur le site de l'entreprise, analyse des achats en magasin avec les cartes de fidélité des enseignes, etc.).

L'étude de marché est souvent associée à la collecte d'informations grâce à un questionnaire. Cependant, avant d'envisager une étude à grande échelle, il est utile de se pencher sur les informations disponibles dans le cadre d'une étude documentaire.

4.2 LES SOURCES D'INFORMATIONS SECONDAIRES

Les sources d'informations secondaires correspondent à des informations recueillies par des acteurs différents de l'enquêteur dans un objectif généralement autre et qui peuvent s'avérer pertinentes pour l'étude. L'objectif est de collecter, puis d'analyser les documents portant (plus ou moins précisément) sur le thème de l'étude. Ces documents sont disponibles soit en interne, soit à l'extérieur de l'entreprise.

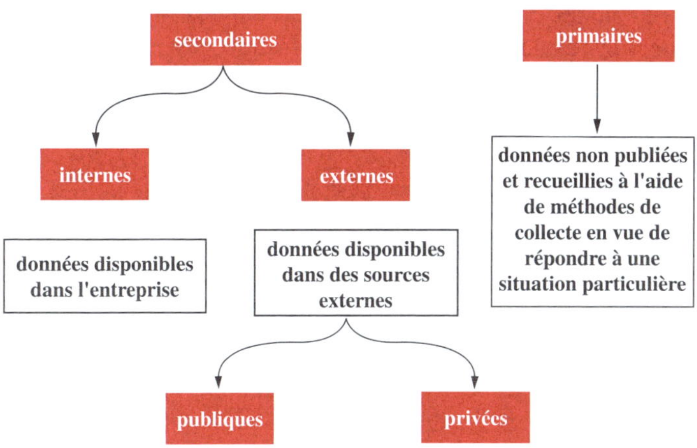

Figure 4-1 Le recueil de l'information.

Des informations variées et facilement accessibles sont disponibles au sein de l'entreprise. On distingue deux types de données internes en fonction de leur régularité :

- les sources permanentes comprennent l'exploration des fichiers (clients, projets), des résultats (statistiques de vente par exemple) et des remontées de la force de vente ;
- les sources ponctuelles correspondent aux enquêtes, aux tests auprès du personnel (interrogation d'experts « maison »), à l'analyse des bases de données internes (rapports, études, rapports de stages, etc.).

Les informations externes correspondent à des données recueillies par un autre acteur (professionnel du secteur d'activité, média, syndicat, etc.) pour résoudre le problème auquel on s'intéresse mais dans un but qui n'est pas nécessairement similaire. Leur intérêt est d'améliorer la compréhension du problème étudié, de suggérer des pistes de réflexion et ainsi de faciliter la formulation du problème. Trois types de sources existent :

- les sources publiques ou assimilées : Insee, ministères, Eurostat, Banque de France, Chambres de commerce et d'industrie, etc. ;
- les sources privées : instituts d'études et associations (Centre de recherche pour l'étude et l'observation des conditions de vie [Credoc], Centre d'étude des supports de publicité [CESP], Interactive Advertising Bureau [IAB], Xerfi, etc.) et sociétés mettant à disposition les textes intégraux de revues scientifiques et professionnelles (Ebsco, Science Direct, Wiley) ;
- les annuaires et les moteurs de recherche.

L'utilisation des données secondaires doit cependant se faire avec précaution. Leur évaluation préalable systématique permet de faire le point sur les connaissances disponibles et d'identifier les informations manquantes à recueillir. Cette évaluation repose sur trois types de critères de jugement :

- l'adéquation des données aux besoins de l'entreprise ;
- l'identification de la source primaire de l'information ;
- la mise à jour des biais éventuels en raison du contexte de conduite de l'étude : la volonté du commanditaire de transmettre certaines idées ou certains points de vue, la méthodologie de l'étude, la précision de la retranscription des résultats ou les retards de publication.

4.3 LES PANELS

Cinq grands types d'études de marché peuvent être entrepris :

- **les études *ad hoc*** reposent sur l'interrogation des consommateurs sur des problématiques précises et sur-mesure dans le but d'optimiser la prise de décision ;
- **les études omnibus** consistent à poser un nombre très réduit de questions pour dégager une information claire et précise face à un problème particulier. Par exemple, suite à l'augmentation du prix d'une matière première, le fait d'interroger le consommateur pour savoir « à qui profite cette hausse » permet au commanditaire d'évaluer le nombre de fois où il est cité spontanément ou de manière assistée et ainsi de corriger rapidement sa communication ;
- **les études barométriques**, souvent générales et réalisées à grande échelle, permettent de constater des tendances dans le comportement global de la population et de suivre leur évolution ;
- **les marchés tests** sont des études de type économétrique permettant de simuler les performances de la prise de décision marketing ;
- **les panels** constituent un outil d'observation permanent des marchés de grande consommation. Ils désignent des échantillons statistiques permanents dans lesquels sont réalisées, en continu et à intervalles réguliers, des mesures identiques et répétées. Leur intérêt est d'estimer avec une bonne précision les volumes de consommation, les parts de marché et la disponibilité des marques ou des catégories de produits présents sur un marché. Que ce soit par un suivi à la référence, à la marque ou encore par fabricants, leur enjeu est d'analyser le plus finement possible l'impact des actions marketing conduites pour anticiper et mieux développer les actions à mener. Les achats des consommateurs sont observés soit sur les lieux d'achats les plus significatifs (avec un échantillon de points de vente), soit à travers un échantillon représentatif de consommateurs.

a) Le panel de distributeurs

Le panel de distributeurs est un échantillon permanent de points de vente de détail représentatif de l'univers commercial considéré (hypermarchés, supermarchés, hard discount) permettant de suivre, de façon continue et à intervalles réguliers (semaine, cumul quatre semaines, trimestre, etc.), les ventes des produits au sein de ces circuits de distribution. Il présente l'attractivité du marché et les positions concurrentielles des acteurs à partir des variables observables sur le point de vente (produits, marques, formats, variétés, gammes, prix de vente au consommateur, référencement, exposition, promotions [plus produit ou baisse de prix]) et fournit en particulier deux indicateurs :

- la distribution numérique (DN) correspond au pourcentage de magasins de l'univers de référence qui ont vendu au moins une unité de la ligne étudiée (marque, référence) au cours de la période considérée ;
- la distribution valeur (DV) mesure le poids dans le chiffre d'affaires du marché de référence des magasins ayant vendu au moins une unité de la ligne étudiée au cours de la période considérée.

L'analyse des données hebdomadaires issues du panel de détaillants s'opère à un double niveau. Au niveau du groupe, les données du marché assurent le suivi de ses performances par rapport à la période précédente et par rapport à celle de l'année précédente. Comment ont évolué les parts de marché de chacun des acteurs ? Les rapports de force ont-ils changé ? Quel est l'impact direct sur les ventes des actions promotionnelles opérées ? Au niveau de la marque, l'analyse des données permet d'observer l'évolution de ses ventes par rapport à ses concurrents : d'une part, sa progression dans son univers concurrentiel par circuit de distribution, par région ou par enseigne et, d'autre part, l'analyse de son évolution à travers sa distribution et la demande (l'évolution de la marque est-elle la conséquence de la variation de sa performance dans les magasins où elle est référencée ?).

La demande d'un produit est la conséquence de son merchandising (assortiment et linéaire), de son positionnement prix et de son activité promotionnelle (pression et efficacité).

Enfin, l'intérêt du panel de détaillants est de pouvoir suivre les performances des innovations (ventes, diffusion, rotations, etc.) dès les premières semaines de leur lancement.

b) Le panel de consommateurs

C'est un échantillon permanent représentatif de consommateurs sur lequel des données de comportement d'achat sont collectées à intervalles réguliers. Les achats des foyers sont enregistrés en continu grâce au scanner à lecture optique dont ils sont équipés. Ce panel permet de répondre à des questions du type : qui consomme quoi ? dans quelles quantités ? à quel prix ? avec quelle fréquence ? Ces données permettent de connaître le profil des consommateurs de la marque et de développer des stratégies marketing adaptées. Si la marque a un fort taux de pénétration, mais un faible taux de réachat, l'objectif sera de mettre en place des actions de fidélisation. À l'inverse, si la marque touche peu de consommateurs qui achètent fréquemment, elle devra mener une politique de recrutement *via* de la communication.

Même si un panel de consommateurs permet une compréhension fine des comportements d'achats, il n'apporte pas de réponses quant aux motivations d'achat, aux attentes des consommateurs ou aux usages des produits.

c) Le panel mixte

Sur une zone géographique déterminée (par exemple, les villes d'Angers et du Mans pour Marketing Scan), le panel mixte est un panel à la fois de distributeurs et de consommateurs. Il permet notamment de comprendre comment les consommateurs et la distribution réagissent à un nouveau produit ou à une nouvelle action marketing et de mesurer le marché potentiel. Son objectif est de pouvoir extrapoler les résultats au niveau national.

4.4 LES MÉTHODES D'ÉCHANTILLONNAGE

Une étape cruciale de l'étude de marché est de savoir à qui et à combien de personnes de la population cible il convient d'administrer le questionnaire. La population cible correspond à l'ensemble des individus possédant les informations désirées pour répondre aux objectifs de l'étude. Mais sa définition n'est pas toujours aussi aisée qu'elle le paraît.

Exemple. L'entreprise souhaite évaluer les achats de cosmétique sur Internet. Qui doit-elle inclure dans la population cible : toutes les femmes ? Les mères qui achètent des cosmétiques pour leur fille ? Seulement celles qui utilisent régulièrement des cosmétiques ? Les femmes à partir de 16 ans ou plus âgées ? Les hommes ? La réponse à ces questions est faite sur la base de variables sociodémographiques et de variables de consommation et dépend des objectifs du commanditaire de l'étude. La définition de la population doit expliciter les individus qui en font partie (tous les hommes et les femmes de 16 ans et plus), les unités d'échantillonnage (un individu seul ou faisant partie d'un ménage), l'étendue de la population (les individus qui ont déjà acheté au moins un cosmétique sur Internet ou qui vont en acheter un à court terme), le temps (les achats depuis moins d'un an).

Pour définir la population il est souvent plus facile de spécifier les unités d'échantillonnage qui ne font pas partie de la population.

L'échantillonnage va consister à sélectionner « *un sous-ensemble d'une population à partir duquel les caractéristiques (moyenne, écart type, proportion, etc.) de la population sont inférées* », c'est-à-dire un échantillon qui doit être représentatif.

Deux types de méthodes d'échantillonnage peuvent être utilisés pour généraliser les résultats fournis par un échantillon à l'ensemble de la population : les méthodes probabilistes et les méthodes non probabilistes. Les premières permettent, à partir des résultats obtenus, d'estimer les caractéristiques de la population, avec une marge d'erreur, elle-même liée à la taille de l'échantillon. Les secondes, même si elles ne permettent pas d'évaluer la marge d'erreur des résultats obtenus, permettent d'atteindre des résultats intéressants.

a) Les méthodes d'échantillonnage probabilistes

Les méthodes d'échantillonnage probabilistes regroupent les méthodes dans lesquelles les unités d'échantillonnage sont sélectionnées aléatoirement selon un processus précis et défini. Elles permettent l'inférence statistique et donc l'estimation des paramètres de tendance centrale (moyenne) et de dispersion (écart type) d'une population. L'échantillon est dit « probabiliste » lorsque tout élément de la population cible peut appartenir aléatoirement à l'échantillon, et ce, avec une probabilité connue à l'avance, généralement la même pour tous les éléments.

L'échantillonnage aléatoire simple

Dans ce cas, chaque individu de la population a la même probabilité que les autres, connue à l'avance, d'être choisi pour figurer dans l'échantillon. La procédure la plus pratique pour générer un tel échantillon consiste à utiliser une table de nombres aléatoire.

L'objectif d'une étude est de pouvoir estimer les paramètres de tendance centrale et de dispersion de la population cible. La théorie statistique, dans le cas de l'échantillon aléatoire simple, nous permet de connaître ces estimateurs avec une certaine précision. Dans le cas d'un échantillon suffisamment grand (supérieur à 30 individus), on peut considérer que :

- la moyenne de la population est égale à celle de l'échantillon (idem pour une proportion) ;
- l'écart type de la population est égal à celui de l'échantillon divisé par la racine carrée de la taille de l'échantillon ;
- la variable étudiée suit une loi normale de moyenne ou de proportion, celle de l'échantillon et d'écart type, celui de l'échantillon divisé par la racine carrée de sa taille.

Il est alors possible de construire un intervalle de confiance de la moyenne ou de la proportion de la population mère avec un niveau de confiance $(1 - \alpha)$ ou un niveau de risque α donné.

$\overline{x} - t\frac{s}{\sqrt{n}} \leqslant m \leqslant \overline{x} + t\frac{s}{\sqrt{n}}$ où m est la moyenne de la population, s l'écart type de l'échantillon, n la taille de l'échantillon et $\overline{x}$ est la moyenne de l'échantillon.

t est une constante tirée d'une table de distribution normale centrée réduite qui dépend du niveau de risque α. Les valeurs de t associées à des niveaux de risque courants sont :

A	1 %	5 %	10 %	20 %
t	2,575	1,96	1,64	1,282

Pour une proportion π, l'intervalle de confiance devient :

$p - t\sqrt{\frac{p(1-p)}{n}} \leqslant \pi \leqslant p + t\sqrt{\frac{p(1-p)}{n}}$ où p est la proportion de l'échantillon.

Dans un échantillon aléatoire simple, rien ne garantit la bonne représentation des différents sous-ensembles de la population. On a alors recours à un échantillon aléatoire stratifié afin d'améliorer la précision des estimations en constituant des strates qui doivent être homogènes à l'intérieur et hétérogènes entre elles.

L'échantillonnage aléatoire stratifié

On divise la population en groupes distincts (les strates) et on sélectionne dans chaque strate un échantillon aléatoire simple. Ceci demande de définir une variable de stratification qui permette de placer chaque élément de la population dans une strate et une seule de façon non équivoque. De plus, on doit décider si l'échantillonnage sera proportionnel ou non à la taille des strates dans la population. On calcule la moyenne et l'écart type de chaque strate et on les pondère ensuite pour obtenir une estimation de la moyenne de la population.

L'échantillonnage aléatoire systématique

On classe et on numérote l'ensemble des membres de la population cible. Ensuite, pour choisir un échantillon de n unités on choisit une unité aléatoirement parmi les k premières et puis une fois sur k unités. Son intérêt est la possibilité d'améliorer la précision de l'estimation si les membres de la population cible sont ordonnés par rapport à la variable à estimer. Cette méthode nécessite la disponibilité d'une liste complète de la population.

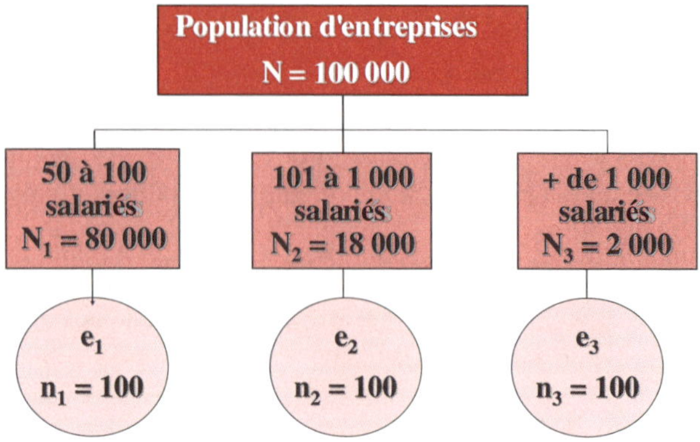

Figure 4-2
Étudier les quantités d'un produit consommées par les entreprises de plus de 50 salariés.

L'échantillonnage par grappes

On divise la population en sous-ensembles ou grappes (villes, quartier, familles, etc.) de sorte que tous les éléments soient couverts et que chacun n'appartienne qu'à un seul groupe. On sélectionne ensuite un échantillon aléatoire simple de grappes et on enquête auprès de tous les éléments de la grappe.

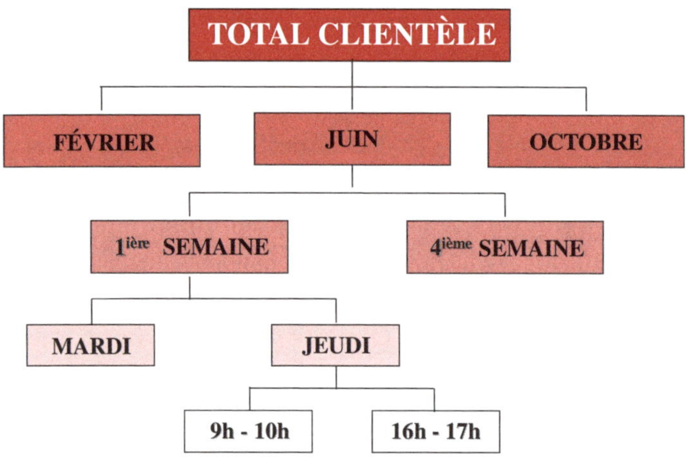

Figure 4-3 Connaître la clientèle d'un magasin.

b) Les méthodes d'échantillonnage non probabilistes

Quand la constitution de l'échantillon repose sur une procédure subjective de choix dans laquelle la probabilité de sélection de chaque unité n'est pas connue à l'avance, l'échantillon est dit « non probabiliste ». Dans ce cas, il n'est plus possible de calculer l'erreur d'échantillonnage et la précision des estimations obtenues reste inconnue.

L'échantillonnage par quotas

Il consiste à inclure dans l'échantillon une proportion imposée de certains sous-groupes de la population sur la base de critères généralement sociodémographiques ou de consommation. L'échantillon est représentatif de la population cible par rapport aux critères choisis, mais le danger est l'existence d'un lien qui serait passé inaperçu entre un critère non pris en compte et les réponses possibles.

La méthode des itinéraires

Elle permet de constituer un échantillon lorsque l'enquêteur dispose d'un quartier ou d'une ville comme base de sondage. L'enquêteur interrogera toutes les personnes habitant sur l'itinéraire retenu. Celui-ci constituera un guide interdisant à l'enquêteur de se laisser influencer par des éléments extérieurs dans le choix des personnes interrogées.

L'échantillonnage par jugement

Il est utile pour identifier un échantillon représentatif quand la base de sondage n'est pas disponible ou lorsque l'échantillon est petit. Ici la personne chargée de l'étude sélectionne l'échantillon uniquement parce qu'elle juge qu'il permet d'atteindre les objectifs de l'étude.

L'échantillonnage par convenance

Il est composé d'éléments sélectionnés car disponibles, faciles à interroger ou à convaincre de participer à l'étude. Il est utile en phase de recherche exploratoire.

La décision d'opter pour une méthode d'échantillonnage probabiliste ou non dépend de la nature de l'information requise (moyenne, proportion, projection à toute la population), de la précision voulue dans les estimations, de l'importance relative de l'erreur d'échantillonnage, de l'homogénéité de la population et du coût des erreurs dans l'information obtenue. En général, un échantillonnage probabiliste est retenu quand les résultats doivent être projetés à toute la population, l'erreur tolérable est faible, le coût de l'erreur est élevé et la population est hétérogène.

c) La détermination de la taille de l'échantillon

La détermination de la taille de l'échantillon est fonction de facteurs pratiques (budget, facilité à interroger les personnes recherchées) et théoriques (qualité de la précision, niveau de risque accepté).

À partir de la détermination d'un niveau de confiance acceptable (95 % par exemple) et de la précision souhaitée de l'estimation, il est possible de déduire à l'avance la taille de l'échantillon, si on connaît l'écart type de la population.

$$n = \left(\frac{ts}{\varepsilon}\right)^2$$

avec

t la constante au risque α voulu : plus le risque α sera faible, plus t sera grand et plus l'échantillon le sera aussi ;

s l'écart type de la population cible : plus la population est différenciée par rapport au facteur étudié, plus l'écart type et la taille de l'échantillon seront grands ;

et ε le niveau de précision recherché : plus ε sera important, plus la taille le sera aussi.

Toutefois, si l'estimation de l'écart type de la population n'est pas disponible, trois solutions sont envisageables :

- On peut utiliser l'écart type observé dans une étude antérieure similaire.
- On estime l'écart type lors d'un pré-test sur une trentaine d'individus de la population cible.
- Si on connaît les valeurs extrêmes de la variable étudiée dans la population et si la règle d'approximation par la loi normale centrée réduite est acceptable, alors l'écart type est égal à l'étendue (valeur maximale moins valeur minimale) divisée par 6.

Par ailleurs, si on n'a pas d'information sur la proportion, la proportion $p = 50$ % donne la taille maximale de l'échantillon pour une précision et un seuil de confiance donnés.

$$n = \left(\frac{t\sqrt{p(1-p)}}{\varepsilon}\right)^2$$

Plus l'échantillon est grand, plus les résultats sont précis et fiables. Pour un niveau de précision souhaité, il est possible de déterminer la taille minimale de l'échantillon. Dans l'échantillonnage probabiliste, la précision est reliée au carré de la taille de l'échantillon. Pour doubler la précision, il faut quadrupler la taille de l'échantillon.

EXERCICES

1. Le directeur d'un complexe cinématographique désire approfondir ses connaissances quant aux achats de friandises et de boissons réalisés par ses clients lors de leur venue au cinéma. Dans ce but, il interroge 200 spectateurs. Cette étude révèle que 35 % achètent des friandises ou des boissons pour un montant moyen de 6 euros avec un écart type de 2,20 euros.

Travail à faire :

a) Déterminez l'intervalle de confiance du pourcentage de spectateurs acheteurs et celui du montant moyen des achats avec un risque de 5 %. Quel est le degré de précision dans les deux cas ?

b) Quelle serait la taille maximale de l'échantillon s'il ne connaissait pas le pourcentage d'acheteurs avec un risque de 5 % et un niveau de précision de 3 % ? Quelle serait la taille de l'échantillon à interroger s'il désirait doubler la précision ?

c) Quelle serait cette taille s'il ne connaissait pas l'écart type des achats mais que ces achats, variables suivant une loi normale, allaient lors d'une pré-enquête de 2,50 euros à 20,50 ? La précision attendue serait de 0,30 euro.

2. Une bibliothèque universitaire effectue une enquête pour connaître le profil des lecteurs qui consultent les revues sur les bases de données électroniques. Cependant, elle ne dispose pas d'une liste de ces lecteurs. Vous avez décidé de constituer un échantillon de 250 personnes. Ces personnes seront interrogées à leur arrivée dans la salle de documentation.

Travail à faire :

a) À l'aide des informations suivantes, vous devez constituer un échantillon. La fréquentation des bases de données par les étudiants est fonction de l'appartenance à un cycle et à une formation.

- Langues et sciences humaines : 2 800 étudiants dont 15 % en master ;
- IUT : 1 400 étudiants dont 10 % en année de spécialisation ;
- Sciences économiques : 1 500 étudiants dont 25 % en master ;
- Droit : 1 800 étudiants dont 30 % en master ;
- Sciences : 2 500 étudiants dont 35 % en master.

On considère aussi que 5 % des lecteurs des revues électroniques sont des professeurs.

b) La fréquentation moyenne des 250 personnes interrogées est de 2,7 fois par semaine avec un écart type de 0,4 par semaine. Quelle est la taille de l'échantillon à constituer pour pouvoir obtenir au seuil de 95 % une précision de 0,3 par semaine concernant la question de la fréquentation ?

c) On veut pouvoir généraliser précisément les informations relatives aux étudiants de langues et sciences humaines qui sont en master. Quelle doit être dans ces conditions la taille de l'échantillon à constituer ?

SOLUTIONS

Exercice 1

a) Pour un risque de 5 % la constante t est égale à 1,96.

L'intervalle de confiance du pourcentage d'acheteurs est :

$$0.35 - 1.96\sqrt{\frac{0.35 * 0.65}{200}} \leqslant \pi \leqslant 0.35 + 1.96\sqrt{\frac{0.35 * 0.65}{200}} \text{ soit}$$

$$0.284 \leqslant \pi \leqslant 0.416$$

Il y a donc 95 % de chances que le pourcentage d'acheteurs soit compris entre 28,4 et 41,6 %. La précision est ici de 6,6 %.

L'intervalle de confiance du montant moyen des achats est :

$$6 - 1.96\frac{2.2}{\sqrt{200}} \leqslant m \leqslant 6 - 1.96\frac{2.2}{\sqrt{200}}$$

Soit $5.695 \leqslant m \leqslant 6.305$

Il y a donc 95 chances sur 100 que le montant moyen des achats des spectateurs soit compris entre 5,70 et 6,30 euros. La précision ici est de 0,30 euro.

b) La taille maximale de l'échantillon à interroger, si le directeur ne connaissait pas le pourcentage d'acheteurs, serait :

$$n = \left(\frac{1.96 * 0.5 * 0.5}{0.03}\right)^2 = 266{,}77\text{, soit 277 spectateurs.}$$

Si le directeur souhaitait doubler la précision, la taille de l'échantillon serait alors de 1 068 spectateurs.

c) Dans le cas présent, l'écart type serait $s = (20.5 - 2.5)/6 = 3$

La taille serait alors : $n = \left(\frac{1.96 * 3}{0.3}\right)^2 = 384{,}16$, soit 385 individus.

Exercice 2

a) Pour effectuer son étude, le directeur doit choisir la méthode d'échantillonnage des quotas.

Il devra interroger 12 professeurs (5 %) et 238 étudiants.

Parmi ces 238 étudiants, 28 % sont en langues et sciences humaines, soit 67.

Parmi ces 67 étudiants littéraires, 10 (15 %) sont en master.

Ceci donne la répartition suivante :

	Cycle 1	Cycle 2	Total
Langues et sciences humaines	57	10	67
IUT	30	3	33
Sciences économiques	27	9	36
Droit	30	13	43
Sciences	38	21	59
Professeurs			12
Total			250

b) Ce calcul n'a pas de sens puisque la méthode des quotas est non probabiliste.

c) Pour généraliser les résultats des étudiants en master de langues et sciences humaines, il faudrait interroger 420 étudiants, soit multiplier par 42 la taille de l'échantillon, soit au niveau global $250 \times 42 = 10\,500$. Ce n'est plus un sondage.

POINTS CLEFS

- L'étude de marché ne dit pas au responsable marketing ce qu'il doit faire, mais lui apporte les informations utiles et fiables dont il a besoin pour éclairer sa réflexion et l'aider dans sa prise de décision le plus objectivement possible.

- L'étude de marché se déroule en trois temps : recherche d'informations, étude qualitative, étude quantitative.
- Deux types de sources d'informations sont disponibles : les sources primaires et les sources secondaires. Se pencher sur les sources secondaires est un moyen de dégrossir le terrain et d'approfondir le phénomène étudié.
- Les entreprises ont à leur disposition un outil d'observation permanent des marchés de grande consommation : les panels. Qu'ils soient basés sur un échantillon représentatif de points de vente ou de consommateurs, les panels permettent aux décideurs marketing d'analyser précisément l'impact des actions marketing qu'ils ont menées et ainsi de mieux développer les actions à mener.
- Lors de la détermination de l'échantillon, les problèmes sont de savoir à qui et à combien de personnes administrer l'enquête et de transposer les résultats à la population cible. Ce choix est lié à la nature probabiliste ou non de la méthode d'échantillonnage.

CHAPITRE 5

Les études qualitatives

OBJECTIF

➤ Appréhender les spécificités des études qualitatives et les différentes techniques d'entretien.

PLAN

5.1 OBSERVATION, EXPÉRIMENTATION, ENQUÊTE

Trois méthodes d'investigation peuvent être mises en œuvre pour obtenir l'information recherchée afin de répondre au problème marketing : l'observation, l'expérimentation et l'enquête proprement dite.

a) L'observation

De nombreuses informations sont obtenues en observant les gens ou les phénomènes plutôt qu'en les interrogeant. L'observation permet de savoir comment un individu se comporte réellement dans une situation précise : préparation du repas, démaquillage, prise en main d'un nouveau produit, rangement des courses dans le réfrigérateur, etc. La mesure effectuée est proche de la réalité car elle se passe au moment de la survenance de l'événement (pas de problème de mémorisation). De plus, souvent elle ne nécessite pas de verbalisation. Ce dernier point est particulièrement important quand les personnes observées ont du mal à verbaliser (test des réactions émotionnelles des enfants à une publicité). En principe l'enquêteur regarde selon un protocole prédéfini ce que l'observé fait au lieu de l'interroger sur ce qu'il fait ou a l'habitude de faire. Pour limiter la subjectivité de l'observateur, on met à sa disposition une grille d'observation qui liste les différentes catégories faisant l'objet des mesures et les unités de mesure associées (par exemple, devant un rayon, durée avant la prise en main du produit, nombre de produits pris en main avant la mise dans le panier, etc.). L'observation peut être directe, indirecte (observation des objets qui entourent les individus, des produits dont ils se débarrassent, réalisation de l'inventaire de leurs placards, etc.), instrumentalisée (mesure d'audience sur Internet par exemple), participante ou passive. On a recours à l'observation participante quand elle améliore la compréhension du phénomène et quand une observation « discrète » est compliquée à mettre en œuvre. Le principal risque de cette méthode d'investigation est de ne pas comprendre les raisons du comportement observé. Pour limiter ce risque, on peut alors filmer ce qui est observé et soumettre ensuite le film à la personne filmée. De même, il est possible de mettre en œuvre la méthode des protocoles : on demande au répondant de réfléchir à voix haute pendant qu'il accomplit la tâche étudiée.

b) L'expérimentation

Elle permet d'évaluer l'impact d'une ou de plusieurs variables sur le comportement des individus dans un contexte expérimental entièrement contrôlé et donc de mesurer des relations de cause à effet entre les variables étudiées. Les professionnels en marketing ont par exemple mis en œuvre cette méthode d'investigation pour appréhender l'impact d'une promotion sur les achats d'un produit (dans des magasins laboratoires comme « In Situ » d'Audencia à Nantes), celui de la présence d'éléments expérientiels sur le comportement (présence ou absence de musique sur un site Internet), celui de la présence (ou de l'absence) de certains éléments dans un message publicitaire, etc. Toutefois, si le cadre d'expérimentation ne correspond pas à la réalité, les personnes soumises à l'expérimentation peuvent modifier leur comportement, n'étant pas forcément dans un état habituel. L'expérimentation nécessite un protocole très précis. La manipulation, c'est-à-dire le contrôle de la façon dont les variables indépendantes exercent leur influence sur les variables dépendantes, s'opère sur la base d'un plan expérimental qui va décrire la façon dont les variables indépendantes sont organisées pour produire les effets étudiés. Parfois, l'expérience comprend un groupe de contrôle. Ce groupe permet de voir comment les variables dépendantes « se comportent » quand les unités expérimentales ne sont pas exposées aux manipulations. Par exemple, la société GFK, à travers Marketing Scan, peut mesurer l'efficacité publicitaire (vaut-il mieux pour un glacier faire de la publicité tout au long de l'année ou lors de la saison chaude, ceci avec le même budget de communication ?) en soumettant une partie du panel de consommateurs à la publicité, alors qu'un groupe de contrôle ne l'est pas.

c) L'enquête

C'est la méthode la plus connue et la plus utilisée en marketing. Elle consiste à recueillir l'information recherchée en interrogeant et en écoutant un ensemble d'individus sur l'objet de l'étude. L'information est obtenue en utilisant le mode déclaratif. Rien ne garantit donc la véracité des réponses. Cette technique suppose que la personne interrogée possède l'information recherchée et qu'elle accepte de la communiquer. Les résultats obtenus sont donc le reflet des connaissances et des bonnes dispositions des répondants. La méthodologie est soit qualitative, soit quantitative. La phase préparatoire (construction du guide d'entretien ou du questionnaire) est essentielle pour garantir la couverture totale du sujet investigué.

Quel est le modèle alimentaire français ?

En 2005, Findus a cherché à appréhender le modèle alimentaire français. Dans ce but, la société a observé pendant sept jours dix familles à l'heure des repas, a mené des entretiens auprès de quarante familles, a analysé leurs tickets de course pendant un mois et a mené des entretiens avec ces familles pour comprendre le décalage entre le déclaratif des entretiens et l'observation du comportement lors du repas.

5.2 ÉTUDE QUALITATIVE – ÉTUDE QUANTITATIVE ?

Généralement l'étude de marché se déroule en trois temps : recherche documentaire, étude qualitative et enfin étude quantitative. En fonction des besoins en informations, ces différentes étapes sont successivement mises en place. Toutefois, l'étude qualitative est reconnue aujourd'hui pour ses qualités et peut constituer à elle seule la partie méthodologique de l'étude de marché. En fait, il existe plusieurs façons d'envisager l'étude qualitative. Elle peut être une étape préalable à l'étude qualitative : dans ce cas, elle permet de bien définir la population à étudier, de découvrir et de formuler un certain nombre d'hypothèses (raisons pour lesquelles des consommateurs aiment ou non un produit, sont attachés ou non à une marque, comment l'interviewé analyse le phénomène étudié, etc.). L'étude qualitative peut aussi être un substitut de l'étude quantitative ou un moyen d'en enrichir et d'en confirmer les résultats. Son intérêt est notamment d'aller au-delà de la rationalité de façade des réponses au questionnaire. Elle permet d'analyser les raisons et les causes profondes du comportement des individus. Son principe est de collecter rapidement et de manière complète, au moyen d'entretiens en profondeur, une information détaillée et approfondie sur les éléments de l'étude non disponibles autrement.

L'étude qualitative repose sur deux axiomes : nos comportements ne sont pas le fruit du hasard et leur signification ne nous est pas toujours immédiatement accessible. De ce fait, cela nécessite de disposer de méthodes permettant d'accéder au non-dit, voire à l'inconscient. C'est la raison pour laquelle cette technique d'investigation s'appuie sur des méthodes élaborées dans le champ des sciences humaines : psychologie, psychanalyse, anthropologie ou sociologie. L'objectif est d'atteindre les trois niveaux du discours :

- le dit : ce que le répondant accepte de dire, qui correspond à un discours socialement acceptable ;
- le dit du non-dit correspond au non-dit que le répondant accepte de livrer ;
- le non-dit est le plus difficile à obtenir dans la mesure où le répondant juge ce discours non acceptable.

Comme nous le soulignions dans le chapitre précédent, les études qualitative et quantitative ne répondent pas aux mêmes objectifs : explorer, expliquer et comprendre pour l'étude qualitative ; décrire, mesurer et prédire pour l'étude quantitative. L'étude qualitative va apporter des réponses aux questions suivantes : pourquoi ? Comment ? Dans quelles conditions ? L'étude quantitative apportera des réponses à : qui fait quoi ? Combien ? Quand ?

De facto, leurs hypothèses sous-jacentes diffèrent. Dans le cas de l'étude qualitative, on suppose la multiplicité et la subjectivité de la réalité, l'interdépendance entre les faits et l'observateur. Pour l'étude quantitative, les faits et l'observateur sont indépendants et la réalité est objective. Par voie de conséquence, ces deux approches n'ont pas les mêmes limites. Les limites de l'étude qualitative sont relatives à la subjectivité de l'enquêteur et à la non-généralisation des résultats. Celles de l'étude quantitative proviennent du fait que le phénomène ne peut pas être abordé en profondeur et que le répondant aura tendance à rationaliser son discours.

De ce fait, les études qualitatives se caractérisent par une plus grande souplesse dans le mode d'obtention des informations désirées, par une participation plus importante de l'enquêteur dans l'interprétation des résultats et par une plus grande flexibilité puisque les réponses de l'interviewé ne sont pas prédéfinies. On obtient ainsi des informations *a priori* plus riches, plus détaillées mais aussi plus difficiles à interpréter.

Comment inciter le non-public à assister aux pièces de théâtre ?

Apporter une réponse à cette question nécessite préalablement de comprendre pourquoi les individus ne vont pas assister aux spectacles qui leur sont proposés. Si on demande au non-public simplement pourquoi il ne va pas au théâtre, les réponses spontanées risquent d'être du type : « c'est trop cher », « le théâtre ne communique pas », etc. Ces éléments de rationalisation de façade sont le signe d'une volonté de la part du répondant de ne pas avoir envie de se remettre en cause. Il sera donc nécessaire, pour appréhender ces raisons, de mettre en place des entretiens en profondeur afin d'aider le répondant à dévoiler ses freins tels qu'une non-proximité affective, sociale ou culturelle : « j'ai peur de ne rien comprendre, de passer pour un imbécile si on me demande ce que j'ai pensé de la pièce », etc.

Différents types d'entretiens et de techniques peuvent être mis en œuvre pour obtenir l'information recherchée : l'entretien individuel et l'entretien de groupe et des techniques projectives pour faciliter les réponses du répondant. Ces dernières permettent d'aborder des sujets délicats, complexes ou embarrassants.

5.3 L'ENTRETIEN INDIVIDUEL

L'objectif de l'entretien individuel est d'établir un contact intime avec les répondants et ainsi de sonder plus profondément leurs motivations, sentiments, croyances ou comportements personnels.

Les entretiens se déroulent sur la base d'un guide d'entretien plus ou moins directif en fonction de leur nature. Ils sont normalement enregistrés afin de les retranscrire en intégralité et ainsi d'éliminer tout biais de subjectivité. Cet enregistrement n'empêche toutefois pas l'enquêteur de prendre des notes au cours de l'entretien. Cela facilite ensuite la synthèse des idées et des points abordés. La prise de note permet en même temps d'une part, au répondant, de ralentir son débit et d'autre part, à l'interviewer, de prendre le temps d'assimiler le discours et aussi, par la suite, de demander à l'interviewé de clarifier certains points si besoin est. On arrête généralement la conduite des entretiens quand le sujet semble épuisé, c'est-à-dire quand les entrevues additionnelles n'apportent pas d'informations vraiment nouvelles.

Le rôle de l'enquêteur est primordial. Il est délicat dans la mesure où l'interviewer doit créer une relation intime avec la personne interrogée, l'encourager à explorer en profondeur les thèmes abordés tout en évitant de susciter les réponses et de laisser place à sa subjectivité. On a en effet souvent tendance à mieux entendre ce qui nous intéresse. De plus, comme on pense plus vite que l'on ne parle, on éprouve des difficultés à écouter patiemment et à ne pas anticiper des idées. L'enquêteur doit être en mesure de montrer à l'égard du répondant de la bienveillance, de l'empathie pour créer des liens et l'encourager à parler, de la neutralité et une bonne capacité d'écoute. Une attitude physique détendue, ouverte et un regard direct sont des signes visibles d'une bonne attitude d'écoute. Pour assurer le bon déroulement des entretiens, l'enquêteur doit respecter un certain nombre de principes qui sont repris dans le tableau 5.1.

Tableau 5-1 Principes à respecter.

À proscrire	À développer
Proposer des thèmes de réflexion extérieurs au discours de l'interviewé Ne pas respecter les temps de silence nécessaires au répondant pour réfléchir Couper la parole Induire les réponses Interpréter Donner son avis et porter des jugements de valeur	Montrer que l'on écoute Reformuler le dernier mot, la dernière phrase Approfondir un point abordé précédemment

Selon le degré de directivité de conduite de l'entretien, trois types d'entretiens individuels peuvent être conduits.

a) L'entretien non directif

Ce type d'entretiens dure souvent plus de deux heures (voir la psychanalyse). L'hypothèse sous-jacente est que les raisons (motivations, freins, pulsions), les représentations se situent à un niveau latent non directement accessible. On laisse donc parler le répondant et on le relance simplement. L'interrogation est déterminée par le flux du discours du répondant et le contexte de l'entretien. Les thèmes abordés ou les énoncés des questions ne sont pas prédéterminés. Cela a pour effet une hétérogénéité des réponses, d'où des difficultés pour l'analyste à effectuer des comparaisons entre les répondants.

b) L'entretien semi-directif

Il s'agit du type d'entretiens le plus fréquemment réalisé. Il dure généralement entre quarante-cinq minutes et une heure trente. Les thèmes abordés sont déterminés à l'avance. L'enquêteur décide librement de leur ordre de présentation et de la façon de les introduire au cours de l'entretien en fonction de son déroulement.

c) L'entretien directif

Le libellé des questions et leur ordre de présentation sont déterminés à l'avance. Les mêmes questions ouvertes sont donc posées à tous les répondants. La comparaison entre les réponses est privilégiée et l'analyse des données est facilitée. La collecte des données est exhaustive sur toutes les rubriques du questionnaire. La méthode minimise l'impact du biais dû aux enquêteurs. Cependant, le caractère rigide de l'entretien s'oppose à la prise en compte des cas ou des contextes particuliers. La standardisation des questions peut s'opposer au caractère spontané et non contraint des réponses.

L'entretien est généralement structuré autour d'un guide d'entretien. Il ne s'agit pas d'un questionnaire mais bien, comme son nom l'indique, d'un guide. Son intérêt est de faciliter la conduite des entretiens en proposant un cheminement, en structurant les différents points devant être abordés. Sa rédaction permet de plus aux différents enquêteurs de partager les objectifs et les thèmes à aborder. Le guide comprend un nombre de questions variable en fonction des thèmes à explorer et du temps prévu de l'entretien. Toutes les questions posées au cours de l'entretien ne sont pas formalisées dans ce guide. Il est surtout là pour permettre à l'enquêteur de vérifier que tous les thèmes et toutes les sous-thématiques ont bien été abordés.

L'entretien se déroule en quatre étapes :

- introduction : l'objectif est d'évacuer tous les clichés ou stéréotypes qui pourraient encombrer l'esprit du répondant. Cette étape permet de créer un climat de confiance ;
- centrage du sujet : on rentre après une dizaine de minutes dans le cœur du sujet ;
- approfondissement : l'enquêteur retourne sur les points qu'il juge avoir été évoqués trop rapidement ou de façon incomplète ;
- conclusion : on prend le temps de clôturer l'entretien en remerciant le répondant.

On obtient généralement des réponses plus complètes et plus intéressantes quand on se contente de reprendre le contenu d'une réponse pour stimuler la personne interrogée (« vous disiez que... »). Plusieurs types de reformulations sont à la disposition de l'interviewer pour aider le répondant à formuler ses réponses :

- la reformulation pour paraphraser ou refléter la communication que vient de produire le répondant : « selon vous... » ; « vous voulez dire que... », « si je vous ai bien compris... » ;
- la reformulation faisant apparaître le message du répondant sous un autre jour mais sans pour autant l'interpréter : « autrement dit... », « en d'autres termes... », « vous voulez dire que... » ;
- la reformulation clarifiant le sens du message du répondant en mettant l'accent sur ce qui semble important : « pour vous, l'essentiel, c'est... », « finalement, vous... » ;
- la reformulation aidant à traduire l'essentiel de ce que vient de dire le répondant : « pour ainsi dire... », « vous souhaitez donc... », « ainsi vous pensez que... ».

Quelques règles sont à respecter lors de la formulation des questions au cours de l'entretien :

- éviter les questions trop directes ;
- éviter de poser des questions du type « pourquoi ? » qui peuvent mener à des rationalisations souvent banales, voire erronées de la part du répondant ;
- préférer les questions ouvertes ;
- adapter son vocabulaire à celui de l'interviewé ;
- éliminer toutes les questions auxquelles l'interviewé pourrait répondre par oui ou par non ;
- se méfier des mots chargés émotionnellement.

L'analyse des entretiens se déroule en plusieurs étapes. Après leur retranscription intégrale, l'analyste définit l'unité d'analyse (mot, phrase, thème) et construit une grille. Ensuite, il codifie les interviews et remplit la grille pour procéder à l'analyse thématique ou lexicale quantifiée du corpus. Plusieurs logiciels d'analyse textuelle existent (SpadT, Sphinx Lexica ou Alceste par exemple) et proposent de multiples statistiques : fréquence d'apparition des mots, fréquence d'association de termes, indice de richesse des vocabulaires pour chaque interview.

L'analyse des entretiens variera selon le but descriptif ou explicatif poursuivi. Dans le cas d'une analyse descriptive, l'analyste aura à réduire l'information disponible en retenant ce qui lui apparaît le plus important, à organiser et synthétiser les données pour mettre en évidence les résultats. Si le but est explicatif, il devra aller au-delà des données brutes et mettre en perspective les informations relatives au phénomène étudié.

L'entretien individuel est préférable à l'entretien de groupe quand des sujets privés, personnels ou embarrassants sont abordés et dans le cadre d'une étude *Business to Business* dans laquelle les différents participants ne pourraient dévoiler devant leurs concurrents des aspects stratégiques.

5.4 L'ENTRETIEN DE GROUPE

L'entretien de groupe consiste à réunir en un même lieu entre cinq et quinze personnes présélectionnées en fonction des objectifs de l'étude et à les laisser discuter de thèmes relatifs au problème de l'étude. Cette réunion est contrôlée par un animateur dont le rôle est de veiller à son bon déroulement. En fonction des objectifs, ces individus peuvent constituer une catégorie homogène ou hétérogène (par exemple, choix des personnes participantes selon qu'elles sont utilisatrices d'un même type de démaquillants ou des différents types : eau, crème, lingette). Comme les entretiens individuels, ces entretiens doivent être intégralement enregistrés, voire filmés.

Ces entretiens de groupe peuvent être l'occasion aussi d'employer des méthodes écrites (voir l'exemple du groupe nominal) : les participants peuvent mettre par écrit idées, images, etc., puis l'ensemble des participants échangent sur ces éléments.

L'intérêt des réunions de groupe par rapport aux entretiens individuels est la rapidité de collecte de l'information et ainsi la réduction des coûts. Ces réunions peuvent être aussi l'occasion de hiérarchiser l'importance des critères. Enfin, les solutions adoptées en groupe sont plus facilement applicables. Toutefois, cette technique n'est pas exempte de risques : pression vers la conformité, effet de leadership, timidité, hors sujet, etc. Le rôle de l'animateur est primordial pour donner confiance à chacun des membres du groupe dans ses capacités à participer aux échanges. Dans ce but, dès la phase d'introduction, un temps est prévu pour que chacun se présente et prenne la parole. Enfin, tout ne peut pas être dit en groupe, notamment sur des aspects trop personnels ou gênants.

Les professionnels donnent quelques conseils pour la constitution des groupes :

- éviter les groupes trop hétérogènes : un groupe sera d'autant plus efficace qu'il sera composé de personnes ayant en commun des caractéristiques pertinentes pour le sujet étudié. Dans le cas d'une trop grande hétérogénéité, il vaut mieux faire plusieurs groupes ou mener des entretiens individuels ;
- éviter la présence d'un expert : le risque est alors la prise de leadership par cette personne et d'intimidation des autres qui ressentiront plus de difficultés pour se livrer. De ce fait, on obtiendra une moins grande variabilité des réponses ;
- éviter la présence de « professionnels » de l'entretien de groupe pour assurer un maximum de spontanéité de la part des participants ;
- éviter que les participants se connaissent pour réduire les ententes tacites et la complicité.

Le groupe nominal[1] : un moyen d'obtenir des qualificatifs relatifs à la personnalité de la marque

Des chercheurs désirant obtenir des qualificatifs relatifs à la personnalité de la marque ont exploité la technique des groupes nominaux. Cette méthode permet une génération productive sur un sujet donné tout en limitant les effets de leadership. Elle se déroule en plusieurs phases :

- En **introduction**, l'animateur a placé les répondants en condition pour qu'ils comprennent qu'il était primordial d'imaginer et de concevoir les marques comme des personnes et que l'objectif était de décrire ces personnes.
- La **première phase** consistait en une réflexion et en une génération individuelles de qualificatifs (adjectif, nom, expression, etc.) pouvant permettre de décrire la personnalité des marques.
- La **deuxième phase** correspondait en la mise en commun des idées. Les intervenants énonçaient à tour de rôle un qualificatif de leur liste jusqu'à épuisement des idées. Cette étape a permis l'obtention de 130 qualificatifs.

1. Laure Ambroise, Pierre Valette-Florence, Jean-Marc Ferrandi, Dwight Merunka, (2003), « Construction d'un baromètre de mesure de la personnalité de la marque : premiers résultats », Actes du congrès de l'Association française du marketing, 19, CD-ROM.

– La **troisième phase** consistait à vérifier le contenu sémantique de chaque qualificatif dans un double objectif : vérifier que tous les répondants mettaient la même signification derrière chaque terme et regrouper le cas échéant les qualificatifs ayant un contenu sémantique proche voire similaire.
– La **quatrième phase** correspondait à une évaluation individuelle de l'ensemble des qualificatifs générés sur une échelle en sept points
– La **cinquième phase** consistait en une discussion collective des évaluations et en une évaluation finale.

Cette méthode a permis de générer plus de 90 qualificatifs tels que charmeur, dynamique, libre, audacieux ou optimiste.

5.5 LES TECHNIQUES PROJECTIVES

Quand les concepts étudiés sont difficiles à articuler ou que des barrières psychologiques ou sociales sont susceptibles de créer un blocage chez les participants, on remplace l'interrogation directe par l'emploi de techniques projectives. Ces techniques constituent un ensemble de méthodes psychologiques d'exploration pour amener le participant à projeter et dévoiler ses sentiments, ses émotions, ses croyances, les représentations, l'imaginaire ou les évocations associées au phénomène étudié, de façon masquée par le biais de stimuli divers. Ces stimuli jouent le rôle de « médium » entre l'interviewé et l'enquêteur. Ces techniques sophistiquées impliquent la spontanéité du répondant et nécessitent un enquêteur compétent. Les individus se cachent derrière quatre masques :

- Ils n'ont pas toujours conscience de leurs attitudes, motivations, etc.
- Ils ont tendance à tout rationaliser même quand le comportement ne l'est pas.
- Ils peuvent ressentir un sentiment de « honte » dans le cas d'un comportement qui ne respecte pas les règles et les conventions. Ils auront tendance à le cacher.
- Ils répugnent à dire des vérités qui pourraient blesser leur interlocuteur.

Les différents supports utilisés peuvent amener le répondant à effectuer plusieurs types de projection :

- ce qu'il croit être, ce qu'il voudrait être, ce qu'il refuse d'être ;
- ce que les autres sont ou devraient être envers lui.

Nous allons maintenant présenter différentes techniques projectives.

a) Les phrases à compléter

Au lieu d'un mot, on utilise ici une histoire ou une phrase en accordant davantage de temps pour la réponse.

La face cachée des cadeaux

Pour connaître la signification que les hommes et les femmes attribuent au cadeau, il est possible de leur demander de compléter un certain nombre de phrases. Cela donne une indication des orientations des deux sexes : instrumentale des hommes et sociale des femmes.

Phrase	Homme	Femme
Un cadeau que je garde encore précieusement	m'a fait plaisir	m'a été offert lors d'un rituel
Le cadeau n'est jamais	innocent, parfait	forcé, sans valeur sentimentale
Le mauvais cadeau	est empoisonné, ne fait pas plaisir	ne convient pas, est obligé
Quand quelqu'un fait une allusion	il est intéressé	il demande de l'aide, il ne l'aura pas
Quand les hommes achètent des cadeaux	c'est pour une femme	c'est exceptionnel, ils ont besoin d'aide
Quand les femmes achètent des cadeaux	elles sont intéressées	elles prennent le temps de choisir, il sera une preuve de leur affection
À Noël, les cadeaux sont	traditionnels	indispensables
Le plus difficile dans le choix d'un cadeau est	avoir les moyens	faire plaisir
Le choix du cadeau	est fonction des circonstances, difficile	demande réflexion, est fonction du receveur

b) Le test de la troisième personne ou de la description (Haire)

On demande au répondant de décrire une situation en faisant référence aux autres. Comment voit-il les personnes qui consomment telle marque ? Quels sentiments éprouvent-elles dans telle situation ?

c) Le test d'association de mots

On demande aux participants de dire la première chose qui leur vient à l'esprit en réaction à des mots qu'on leur dit. Cela peut permettre de saisir les attributs saillants d'un produit.

d) Le TAT ou Thematic Apperception Test de Murray

Le répondant va interpréter des images ambiguës. Il doit décrire la situation d'ensemble, imaginer ce que ressentent ou pensent les personnages présents sur l'image, imaginer ce qui s'est produit avant cette situation ou ce qui se produira après cette scène.

e) Le jeu de rôle

Cette technique vise à exploiter le potentiel créatif des gens en leur permettant de se libérer temporairement du contexte normal qui définit leur identité.

f) Le portrait chinois

On demande aux participants de proposer une représentation humaine, animale, physique, conceptuelle de l'objet dont on cherche à définir l'image.

Le portrait chinois du résistant à la publicité

Si le résistant à la publicité était un fruit, il serait une noix de coco, un fruit de la passion, etc.
Si le résistant à la publicité était un animal, il serait un condor, un serpent, un tigre, un lion, etc.
Si le résistant à la publicité était une plante, il serait une mauvaise herbe, un cactus, du lierre, etc.

g) Le collage

Les répondants sont invités en groupe à effectuer un collage des images (récupérées dans différents magazines) les plus représentatives, significatives pour eux du phénomène étudié. La réalisation du collage conduit ainsi l'individu à créer son propre support de projection et à générer une forte réactivité. Cependant, l'interprétation est plus délicate car il n'existe pas d'étalonnage des réponses ou de grilles de lecture formalisées comme dans les procédures classiques. Il est donc impératif d'échanger, *a posteriori*, avec les producteurs de collage pour éviter des biais de surinterprétation et saisir la multiplicité des significations des images et parfois de la même image. L'analyse s'effectue par lecture flottante pour repérer les invariants majeurs entre les différents collages, puis par une lecture verticale pour identifier les thèmes.

Collages réalisés pour identifier les dimensions de la résistance à la publicité[1]

La majorité des collages se caractérise par une abondance d'éléments superposés, où le moindre espace est occupé. Les êtres humains sont plutôt des adultes anonymes et masculins. Les têtes occupent une place prépondérante soit par le nombre, soit par la superficie occupée. Ces têtes sont très expressives sur un registre émotionnel négatif (colère, surprise, inquiétude, etc.). Le rôle des mains est très prégnant à la fois pour se protéger de la pression publicitaire (mains sur les yeux, mains sur les oreilles, mains sur le front), mais aussi pour montrer son opposition à cette pression (pouce vers le bas, poings fermés, levés). On voit dans le collage présenté ci-dessous une photo montrant trois humains identiques avec les mains sur la bouche, les yeux et les oreilles reprenant ainsi la métaphore de la sagesse symbolisée habituellement par les trois singes. L'élément central est généralement une tête, symbolisée ou réelle. La mise en situation des objets de consommation est révélatrice du rapport, réel ou idéalisé, entretenu avec les individus et la publicité, et c'est une véritable histoire que raconte l'adjonction des différentes photos, comme le ferait un metteur en scène. Généralement on trouve un héros (le consommateur) confronté à une force hostile (les techniques de persuasion) et, après de multiples péripéties, soit le héros est déchu et perd son statut de héros (il succombe à la publicité, il dépense toutes ses ressources financières), soit il montre son autonomie (capacité à décrypter les intentions des firmes), sa force de caractère (ne se laisse pas influencer), son esprit de rébellion (il devient résistant aux forces du « mal » durablement ou ponctuellement en maîtrisant ses dépenses par différents dispositifs).

À l'issue de cette lecture flottante, il a été possible d'identifier six dimensions de la résistance à la publicité :

(1) Patrice Cottet, Jean-Marc Ferrandi et Marie-Christine Lichtlé (2008), *Les dimensions de la résistance à la publicité : Une approche qualitative par la méthode des collages*, Journées de recherches en marketing de Bourgogne, 13.

– l'effet de saturation : l'invasion publicitaire, vécue comme telle, suscite des images d'écrasement physique ou psychologique ;
– l'ambivalence de la tentation : ne pas succomber à la tentation est spontanément évoqué comme une caractéristique forte de la résistance ; résister à la tentation fait directement écho au contrôle de soi ;
– l'intention de manipulation : à travers les différents collages, l'évocation des tactiques publicitaires et la capacité à les décoder sont clairement signifiées. Une marionnette humaine dont les fils sont reliés au manipulateur symbolise la représentation que se font les consommateurs du fonctionnement de la publicité ;
– les activités de résistance : l'évitement, la déconsommation, le non-achat de produits « marketés » et l'autoproduction ;
– la conformité/non-conformité : être résistant, c'est être anticonformiste, être unique. Ainsi, un poisson dans son aquarium exprime « le consommateur type qui, pour être conforme à la société, va vouloir imiter les autres... Aimer la publicité, c'est être intégré au groupe dominant, à la société actuelle » ;
– le rejet du matérialisme : il y a une forme d'idéalisation d'un monde sans pression commerciale, sans profusion de l'offre et où les valeurs humaines dominent sur les valeurs matérielles.

EXERCICE

Élaboration d'un guide d'entretien

Face à un consommateur de plus en plus infidèle et capable de décoder la communication publicitaire, les entreprises multiplient les sollicitations commerciales qui ont pour effet pervers d'accroître la résistance des consommateurs et leur infidélité. Elles sont ainsi confrontées à un double problème :

– connaître plus particulièrement ce consommateur résistant aux techniques marketing ou à la publicité ;

– trouver des moyens d'atteindre et de fidéliser ce consommateur devenu résistant à la publicité.

Travail à faire : Il vous est demandé de comprendre les causes de la résistance à la publicité et d'identifier quels seraient les facteurs déclencheurs au moyen d'entretiens individuels semi-directifs. Dans ce but, vous devez construire un guide d'entretien.

SOLUTION

1. Introduction

– Le dernier produit acheté : raisons, critères d'achat

– Racontez une expérience agréable avec un produit ou une marque

– Racontez une expérience désagréable avec un produit ou une marque

– Existence de marques ou de produits que le répondant n'aime pas ou refuse d'acheter

– La façon dont le répondant se définit en tant que consommateur

– Sa vision du marketing

2. Son point de vue sur la publicité en général

– Avis sur la réforme du paysage audiovisuel français (plus de publicité après 20 h 30)

– Avantages et inconvénients de la publicité

– Opinion sur la publicité en général : aspects positifs, négatifs

– Utilité de la publicité

– Attentes envers la publicité

– Apports de la publicité

– Opinion quant à l'exposition publicitaire

3. Influence de la publicité

– Sources d'informations utilisées pour se renseigner sur un produit ou une marque

– Et la publicité ?

– Modes d'influence de la publicité

– Caractère indispensable de la publicité dans notre société

– Comment vivre sans ?

– Crédibilité de la publicité : passer une publicité et demander au répondant de réagir sur cette dernière

– Évolution de la relation du répondant avec la publicité

– Les limites à la publicité

4. La résistance et la publicité

– Évocation du mot résistance

– Portrait d'un résistant

– Éléments déclencheurs

– Définition de notre société de consommation

– Définition groupes anti-pub

– Opinions sur ces groupes

– Comportement en cas de publicité à la radio, à la télévision, sur Internet

– Description d'une publicité qui a particulièrement plu au répondant et de son comportement

– Description d'une publicité qui a particulièrement déplu au répondant et de son comportement à la suite de cette publicité à l'égard de l'annonceur

– Description d'une publicité qui a choqué le répondant et de son comportement à la suite de cette publicité à l'égard de l'annonceur

– Évocation d'une résistance à la publicité

– Comment résister ?

– Facteurs déclencheurs

– Décrire une personne qui résisterait

5. La résistance et le répondant

– Son rapport à la publicité

– Son rapport au marketing

– Intrusion de la publicité et du marketing

– Sentiment de liberté

– Boycott de certains produits ou de certaines marques : dans quelles situations ? Pour quelles raisons ? Quels sont les facteurs déclencheurs ?

– Niveau de résistance : dans quelles situations ? Pour quelles raisons ? Quels sont facteurs déclencheurs ?

– Résistance durable ou situationnelle

– Manière dont s'exprime cette résistance

POINTS CLEFS

➤ Trois méthodes d'investigation peuvent être mises en œuvre pour obtenir l'information recherchée afin de répondre au problème marketing : l'observation, l'expérimentation et l'enquête proprement dite à travers une approche soit qualitative, soit quantitative.

➤ Basée sur les théories développées en sciences humaines, l'approche qualitative permet non seulement de collecter l'information rapidement et de manière complète, au moyen d'entretiens en profondeur, mais aussi d'analyser les raisons et les causes profondes du comportement des individus. L'étude qualitative va apporter des réponses aux questions suivantes : pourquoi ? Comment ? Dans quelles conditions ?

➤ Nos comportements ne sont pas le fruit du hasard et leur signification ne nous est pas toujours directement accessible.

➤ En fonction de la nature de l'information recherchée (sujets privés, personnels ou embarrassants), de la rapidité d'obtention de cette information ou de la recherche d'adhésion, les entretiens seront menés en groupe ou au niveau individuel.

➤ Dans le cas de sujets embarrassants, complexes et/ou délicats, des techniques projectives permettent d'amener le répondant à projeter et à dévoiler ses sentiments, ses émotions, ses croyances, ses représentations ou les évocations associées au phénomène étudié, etc., de façon masquée par le biais de stimuli divers comme des planches de dessin.

CHAPITRE 6

Les études quantitatives

OBJECTIF

- Appréhender les clés de construction du questionnaire et les bases de l'analyse des données.

PLAN

L'obtention des données primaires se fait à partir d'instruments de mesure élaborés par l'enquêteur. Comme nous l'avons vu dans le chapitre précédent, dans le cas de l'observation ce sera une grille d'observation. Lors d'une enquête qualitative un guide d'entretien sera réalisé. Dans le cas présent, la collecte d'information se fera à l'aide d'un questionnaire.

6.1 L'ÉLABORATION DU QUESTIONNAIRE

Le questionnaire est un instrument essentiel dont la fiabilité va déterminer la qualité et la validité des informations recueillies. Son élaboration est le fruit de l'expérience et répond à un certain nombre de règles :

- se mettre à la place de celui qui répond : va-t-il comprendre ce qui lui est demandé ? Disposera-t-il de l'information recherchée ?
- savoir ce que l'on souhaite démontrer et ne demander que ce qui se rapporte à l'objet de l'étude ;
- susciter l'attention et l'intérêt de toute la population interrogée pour obtenir des informations fiables.

L'objectif du questionnaire est de fournir les informations dont on a besoin, puis d'obtenir les réponses les plus complètes et les plus précises possibles tout en tenant compte des ressources temporelles et financières dont dispose le commanditaire de l'étude. Une de ses principales caractéristiques est sa standardisation : le mode d'administration du questionnaire, le libellé et l'ordre des questions sont identiques pour tous les répondants.

Le contenu du questionnaire doit répondre aux besoins d'informations nécessaires pour répondre au problème marketing posé. Le traitement de l'information par le répondant sera plus ou moins complexe selon le type de questions posées. Si la réponse relative au lieu d'habitation ne pose aucun problème, il n'en sera pas de même pour dire « si la publicité de Babette "je la lie, je la fouette et elle passe à la casserole" choque le répondant ». Ceci lui demande un plus grand effort cognitif.

Trois types d'informations sont collectées dans les questionnaires : des faits (*a priori* vérifiables), des opinions et des sentiments qui font référence à des prises de position personnelles et donc à une vérité relative. La construction du questionnaire n'est donc pas une tâche à prendre à la légère. Son élaboration se déroule en sept étapes :

- établissement de l'inventaire des informations à recueillir ;
- identification du mode d'administration de l'enquête et des personnes à interroger : cela aura un impact sur la longueur du questionnaire et sur la formulation des questions ;
- détermination du contenu des questions ;
- formulation des questions ;
- organisation du questionnaire ;
- pré-test du questionnaire ;
- révision et mise au point finale.

Une bonne question est une question facile à comprendre, ayant une signification unique, avec une seule réponse possible, facile à donner. D'une manière générale, les questions doivent respecter les conditions suivantes :

1. La question est-elle nécessaire et suffisante ? Il importe de ne pas poser une question inutile. De plus, la question doit apporter toute l'information recherchée.
2. Plusieurs questions sont-elles nécessaires au lieu d'une seule ? Des questions peuvent comporter deux ou plusieurs éléments. S'ils sont réunis en une seule et même question, la réponse devient impossible à donner ou à interpréter.

3. Le répondant peut-il répondre à la question ? Cela suppose qu'il ne puisse donner qu'une seule réponse. L'objectif d'une enquête est en effet d'obtenir des réponses significatives. Cela implique que :
   - le répondant détienne l'information recherchée : pour le savoir, il est nécessaire d'utiliser des questions filtres ;
   - le répondant se souvienne des faits ou des événements étudiés, sachant que le souvenir est lié à quatre facteurs : l'importance de l'événement, les facultés de mémorisation de la personne interrogée, le laps de temps entre l'événement et l'interview, l'aide apportée au répondant ;
   - le répondant soit capable de rapporter l'information avec suffisamment d'exactitude : ceci est fonction de la façon dont la question est formulée et suppose que le répondant comprenne la question ;
   - le répondant accepte de communiquer l'information (en raison de la mise en cause de sa vie privée, de sa position sociale, par amour-propre) : de peur d'être jugée par l'enquêteur, suite à l'utilisation de mots à connotation négative (interdire, détruire, etc.) dans la question et à l'interrogation sur des sujets tabous (religion, hygiène, sexe, etc.), la personne interrogée peut biaiser ses réponses. Elle va alors chercher à donner une réponse socialement acceptable, plutôt que ses opinions propres. Sur de tels sujets, il vaut mieux recourir à des méthodes qualitatives. Différentes techniques peuvent toutefois faciliter les réponses : préciser d'abord que le comportement en question n'est pas inhabituel et ensuite poser la question sensible, formuler la question en faisant référence « aux autres » pour aider à la projection ou proposer les réponses possibles identifiées par un code.

À la fin de la construction du questionnaire, il est nécessaire de s'interroger sur sa complétude. Dans ce but, il convient d'indiquer pour chaque question l'information à laquelle elle se rapporte. La figure 6.1 propose un garde-fou pour vérifier qu'aucune question n'a été omise.

Le questionnaire doit être organisé de manière logique et efficace. Son organisation varie selon son mode d'administration (interview en face-à-face, par voie postale, par téléphone, sur Internet). L'objet des premières questions est de susciter l'attention du répondant, qui doit accepter de consacrer du temps à l'interview. La première en particulier doit être simple et donner l'impression au répondant qu'il est parfaitement capable de maîtriser le sujet abordé. Ces premières questions doivent être générales, faciles et ne pas créer de résistance. Ensuite, les questions relatives aux informations centrales recherchées sont posées en augmentant graduellement leur spécificité (technique de l'entonnoir). Il faut

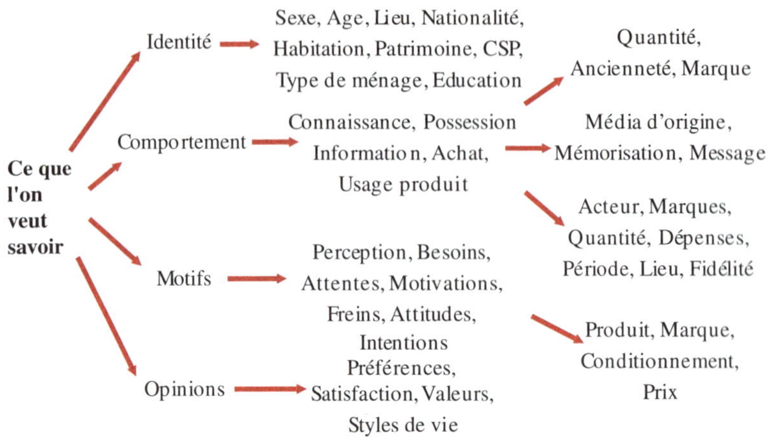

Figure 6-1 Garde-fou.

tenir compte du fait que le répondant acquiert des connaissances au fur et à mesure que les questions se présentent. Les questions les plus difficiles (embarrassantes) doivent être placées assez loin à un moment où l'entretien est déjà bien engagé et la relation de confiance établie, et les questions identitaires (sans intérêt pour le répondant), à la fin. Attention à ne pas oublier de terminer par les remerciements.

Le pré-test du questionnaire constitue une étape cruciale susceptible d'améliorer très sensiblement la qualité du questionnaire. Généralement, il est réalisé auprès d'une vingtaine de personnes. Son objet est de vérifier la capacité du questionnaire à collecter l'information désirée. Ceci suppose que le répondant comprenne les questions dans le sens voulu pour obtenir des réponses valables, sans ambiguïté, que le questionnaire se déroule dans un ordre ne déroutant pas le répondant, qu'il ne lui apparaisse pas trop long, qu'il n'y ait pas de risque d'influencer les réponses aux questions subséquentes (mention d'une marque par exemple) et que des questions importantes ne soient pas oubliées.

6.2 LES DIFFÉRENTS TYPES DE QUESTIONS ET LEUR LIBELLÉ

Différents types de questions peuvent être posées dans le questionnaire en fonction de l'objectif poursuivi. Nous présenterons ici les principaux types de questions.

a) Les questions ouvertes

Elles laissent la personne interrogée libre de répondre comme elle l'entend et aussi longtemps qu'elle le souhaite. Elles sont particulièrement utiles dans la phase de pré-test du questionnaire pour établir la liste des réponses possibles à une question multiple. Toutefois, il convient de noter la superficialité de certaines réponses et le fort taux de non-réponse.

b) Les questions fermées à réponse unique

Le répondant effectue un choix et un seul parmi un nombre limité de réponses prédéterminées par l'enquêteur. Leur intérêt est la simplicité de réponse pour le répondant et de dépouillement pour l'enquêteur. Toutefois, elles ne permettent de collecter que des informations simples sur des sujets peu complexes. De plus, le risque des questions dichotomiques est de simplifier la réalité.

c) Les questions à choix multiples

Elles proposent au répondant une série de réponses et lui laissent la possibilité d'en donner d'autres. Cela nécessite que la liste des réponses possibles soit complète, que les choix offerts au répondant soient mutuellement exclusifs et que l'ordre de présentation des items soit alterné. Ces questions permettent d'aborder des sujets plus compliqués que les questions fermées et sont plus faciles à poser et à dépouiller que les questions ouvertes. Cependant, elles risquent de suggérer des réponses auxquelles l'enquêté n'aurait pas pensé.

d) Les questions à classement hiérarchique

L'enquêté classe les réponses possibles dans l'ordre de ses préférences. L'inconvénient majeur de ces questions est que, si la personne n'éprouve pas de difficulté à classer les trois premiers critères, au-delà, sa qualité de classement est bien moins bonne. Dans ce cas, il vaut mieux utiliser une comparaison par paires. Ainsi, au lieu de classer l'ensemble des objets, le répondant va les comparer deux à deux, et ce, pour toutes les paires possibles. Ceci facilite la tâche du répondant si le nombre d'objets n'est pas trop important. Dans le cas contraire, l'exercice peut se révéler fastidieux. Une autre technique (le tiercé des préférences) consiste à demander au répondant de désigner par exemple sa marque préférée. Une fois celle-ci enregistrée, on l'informe que la marque retenue n'est pas disponible et on lui demande de désigner la marque qu'il choisirait à titre de substitut, etc.

e) Les échelles à somme constante

Le répondant doit répartir 100 points entre une série d'attributs au prorata de l'importance qu'il leur attribue respectivement. Cette échelle reste toutefois difficile à administrer dans le cas où le nombre d'attributs est supérieur à cinq.

f) Les questions avec notation

La personne interrogée donne une note aux objets sur lesquels elle est consultée. Ces questions permettent la pondération des réponses. Cependant, leur inconvénient majeur est que chaque répondant a son propre système de notation.

g) Les échelles

Elles permettent de mesurer, repérer l'intensité ou la force de l'attitude. On peut ainsi mesurer l'importance d'un critère, le degré d'accord avec une proposition, la force d'une croyance. En marketing et en sciences humaines, les concepts étudiés sont souvent complexes et présentent de multiples facettes. On développe alors plusieurs items pour mesurer et couvrir les différentes facettes du concept étudié. Il est possible de distinguer deux types d'échelles : les échelles de Likert et les échelles sémantiques.

Les échelles de Likert

Elles correspondent à des propositions au sujet desquelles le répondant exprime son degré d'accord ou de désaccord. La graduation varie généralement entre quatre et sept points accompagnés de supports sémantiques allant de « pas du tout d'accord » à « tout à fait d'accord », une graduation impaire permettant d'inclure une position neutre ;

Les échelles sémantiques d'Osgood

Ces échelles bipolaires opposent des adjectifs antinomiques autour de trois dimensions perceptuelles relatives à l'évaluation (bon/mauvais, agréable/désagréable), à la puissance (fort/faible, grand/petit) et à l'action (actif/passif, rapide/lent). Elles permettent de mesurer le contenu et l'intensité de l'attitude. La graduation est généralement de sept points.

Exemples

Question **ouverte** : *Quelles sont les marques que vous avez déjà boycottées ?*

Question **fermée à choix unique** : *Quel profil de consommateur vous correspond le mieux ?*

❑ Impulsif : j'achète souvent sur un coup de cœur, pour me faire plaisir

❑ Réfléchi : je m'informe avant d'acheter, je sais déjà ce que je veux

❑ Éco-friendly : je choisis les produits respectant l'environnement, avec des emballages recyclés

❑ Indécis : je mets du temps à choisir ce que je veux

Question **à choix multiple** : *Quels sont les mots ou les expressions qui décrivent le mieux « résister » (trois réponses possibles au maximum) ?*

❑ Lutter ❑ Combattre ❑ Tenir tête

❑ Ne pas céder à la tentation ❑ Refuser de subir

❑ Ne pas se conformer aux règles ❑ Désobéir

❑ Prouver que l'on existe ❑ Défendre ses valeurs

Question **à classement hiérarchique** : *Classez par ordre d'importance les trois critères qui sont pour vous les plus importants lors de vos achats :*

❑ La qualité ❑ Le prix ❑ Le caractère bio

❑ La marque ❑ L'origine du produit

❑ Le label commerce équitable

Échelle **à somme constante** : *Répartissez 100 points entre ces différents types de marques en fonction de ce qu'elles représentent en volume dans vos achats alimentaires :*

❑ Marques de fabricants ❑ Marques de distributeurs

❑ Premiers prix

Échelle de **Likert** : *Donnez votre degré d'accord avec les phrases suivantes selon l'échelle suivante :*

1	2	3	4	5	6	7
Pas du tout d'accord	En désaccord	Plutôt en désaccord	Ni en accord, ni en désaccord	Plutôt d'accord	D'accord	Tout à fait d'accord

	1	2	3	4	5	6	7
La publicité induit en erreur	❑	❑	❑	❑	❑	❑	❑

La plupart des publicités donnent aux consommateurs des informations indispensables	1 ❑	2 ❑	3 ❑	4 ❑	5 ❑	6 ❑	7 ❑

Échelle **sémantique** : *Sur une échelle de 1 à 6, une personne qui résiste à la publicité est selon vous :*

Tout à fait honnête ❑	Honnête ❑	Plutôt honnête ❑	Plutôt malhonnête ❑	Malhonnête ❑	Tout à fait malhonnête ❑
Tout à fait désintéressée ❑	Désintéressée ❑	Plutôt désintéressée ❑	Plutôt intéressée ❑	Intéressée ❑	Tout à fait intéressée ❑

Au final, les questions doivent être neutres, simples et précises. Il est utile à cet égard de recourir aux mots guide (qui, quoi, où, quand, comment, combien, pourquoi) pour définir la question avec plus de précision.

Le recours aux adverbes (souvent, beaucoup) crée peut créer des imprécisions. De même, l'utilisation d'une négation dans une question peut être ambiguë.

6.3 LE TRAITEMENT ET L'ANALYSE DES DONNÉES

De manière schématique, il est possible de distinguer trois types de variables : les variables qualitatives (les questions fermées dichotomiques ou multiples), les variables quantitatives et les variables échelles (Likert, sémantique). La particularité des variables échelles est de pouvoir être traitées soit comme des variables qualitatives, soit comme des variables quantitatives.

Le choix d'une méthode de traitement des données est fonction à la fois de l'objectif de l'analyste et des contraintes qu'il rencontre en raison de la nature des variables étudiées. En effet, selon le type de variables, différentes statistiques sont autorisées :

- **les variables qualitatives, fermées ou nominales** : calcul des effectifs, pourcentages, mode, intervalles de confiance ;
- **les variables quantitatives, numériques ou métriques** : calcul des paramètres de tendance centrale (médiane, moyenne) et de dispersion (écart type).

Afin de conclure à la fiabilité des données observées, des tests statistiques sont mis en œuvre. Ces tests permettent de savoir si une différence observée dans un échantillon est généralisable à l'ensemble de la population ou si cette différence n'est que le fruit du hasard. Lors du choix d'un test, trois facteurs sont à prendre en compte :

- le caractère descriptif (synthèse de l'information contenue dans les données) ou explicatif (compréhension des relations qui existent entre deux variables) de la méthode ;
- le nombre de variables à étudier simultanément ;
- le niveau de mesure des données.

La première étape d'unc analyse des données en marketing consiste le plus souvent à effectuer le tri à plat ou l'analyse univariée des données, c'est-à-dire à étudier les distributions des fréquences absolues et relatives (pourcentage) pour toutes les variables. Une telle analyse permet de se faire une première idée de la tendance des résultats. Ensuite, l'analyse est bivariée, quand les relations entre deux variables sont testées, et multivariée, quand on étudie les relations entre plus de deux variables.

a) L'analyse univariée

Elle s'opère à partir d'un tri à plat des données. Ce tri correspond au dénombrement des observations correspondant à chaque modalité de chacune des variables. Nous ne présenterons ici que le test du chi-deux dont la particularité est de pouvoir s'appliquer sur tout type de variables, même s'il est généralement réservé aux variables qualitatives.

La distribution de fréquences d'apparition des différentes modalités de la variable concernée peut être comparée à une distribution théorique. Deux hypothèses sont testées :

- H_0 : la distribution observée n'est pas significativement différente de la distribution théorique : fréquences observées = fréquences théoriques ;
- H_1 : la distribution observée est significativement différente de la distribution théorique : fréquences observées ≠ fréquences théoriques.

Le test du chi-deux mesure avec un risque α ou un niveau de confiance $1 - \alpha$ les écarts entre les fréquences observées et les fréquences théoriques et permet d'évaluer la probabilité que de tels écarts soient dus ou non au hasard. Plus les écarts seront grands entre les fréquences observées et les fréquences théoriques, plus la valeur du chi-deux sera grande et plus les écarts auront une forte probabilité de ne pas être dus au hasard.

Le chi-deux calculé est égal à :

$$\chi^2 = \sum \frac{(observé\ -\ théorique)^2}{théorique}$$

Cette valeur calculée est comparée à une valeur théorique : la valeur lue sur la table du chi-deux pour (m – 1) degrés de liberté, m étant le nombre de modalités de la variable considérée et pour un niveau de risque α donné, généralement 5 %. La règle sera la suivante :

- si le chi-deux calculé est supérieur à celui de la table, nous rejetterons l'hypothèse nulle H_0 avec un risque α ; les écarts trouvés sont significatifs. L'hypothèse H_1 sera retenue ;
- si le chi-deux calculé est inférieur à celui de la table, nous accepterons l'hypothèse nulle H_0 avec un risque α ; les écarts ne sont pas significatifs.

Leadership sur le marché du yaourt ?

L'entreprise Bulgare effectue une enquête pour savoir si les actions marketing qu'elle a entreprises cette année lui ont permis de prendre le leadership sur le marché. Elle interroge dans ce but 500 consommateurs de yaourts et leur demande la dernière marque qu'ils ont achetée. Ainsi, elle va comparer les résultats avec ceux de l'année précédente.

Marque	Observé le 12.10.2009	Observé le 12.10.2008 (théorique)	Observé – théorique	(observé – théorique)^2	(observé – théorique)^2 / théorique
Bulgare	180	130	50	2 500	19,23
A	80	70	10	100	1,42
B	150	180	–30	900	5
C	50	50	0	0	0
D	40	70	–30	900	12,85
Total	500	500			38.5

Pour le savoir, elle effectue un test du chi-deux avec un risque de 1 % et teste donc les hypothèses suivantes :

H_0 : les écarts entre l'observé et le théorique sont dus au hasard : Bulgare n'a pas pris le leadership sur le marché ;

H_1 : les écarts sont significatifs. Bulgare a bien pris le leadership sur le marché.

Le chi-deux calculé est égal à 38,5. Il est comparé au chi-deux de la table pour un risque de 1 % et 4 degrés de liberté (5 – 1) qui est égal à 13,28.
Comme le chi-deux calculé est supérieur à celui de la table, on peut retenir l'hypothèse H1 et conclure que Bulgare a bien pris le leadership sur le marché.

b) Analyse bivariée ou de tris croisés

Dans la plupart des recherches marketing, le traitement des données ne se limite pas à l'analyse d'une seule variable à la fois. On s'intéresse aussi aux relations qui peuvent exister entre des variables prises deux par deux. On parle alors d'**analyse bivariée ou de tris croisés**. Les relations d'association ou de covariation entre deux variables peuvent être révélatrices d'une relation de dépendance. Celle-ci sera mise en évidence au moyen d'un test statistique. Dans ce cas, il s'agira, d'une part, d'expliquer une des deux variables, la **variable à expliquer ou dépendante *Y*** à l'aide de l'autre variable, la **variable explicative ou indépendante *X***, et, d'autre part, de savoir dans quelle mesure les différentes valeurs prises par la variable explicative ont un impact sur les valeurs prises par la variable à expliquer. Le type de traitement diffère selon que l'on croise des questions fermées (ou nominales) ou des questions numériques. Trois méthodes d'analyse des données peuvent être employées selon le type des variables :

Expliquée / **Explicative**	Nominale	Métrique
Nominale	Test du chi-deux	
Numérique	Analyse de la variance	Corrélation

Le test du chi-deux

Il a pour but d'évaluer les chances de conclure qu'il existe dans la population une association entre les deux variables qualitatives étudiées. Pour un risque α, les hypothèses suivantes sont testées :

- H_0 : les variables sont indépendantes, le lien est dû au hasard ;
- H_1 : les variables sont dépendantes, le lien entre elles est significatif.

La règle d'analyse est identique à celle de l'analyse des tris à plat. Pour un tableau comportant c colonnes et l ligne, la valeur ainsi calculée est comparée à la valeur théorique lue sur la table du chi-deux pour un risque α et pour un nombre de degrés de liberté égal à $(c - 1) \times (l - 1)$:

- si le chi-deux est supérieur au chi-deux de la table, nous rejetterons l'hypothèse nulle avec un risque α ;
- si le chi-deux calculé est inférieur au chi-deux de la table, nous accepterons l'hypothèse nulle et considérerons les écarts comme non significatifs.

Le problème est donc de savoir si les écarts sont suffisamment importants pour conclure à l'existence d'une influence entre les variables se traduisant par des « excédents – attractions » ou des « déficits – répulsions » entre les modalités lignes et colonnes.

Les hommes et les femmes utilisent-ils la même source principale d'information quand ils ont besoin de se renseigner sur un produit ou une marque ?

On cherche à savoir si les hommes et les femmes utilisent la même source principale d'information quand ils ou elles veulent se renseigner sur un produit ou une marque. Dans ce but, 376 Français sont interrogés. Les résultats sont retranscrits dans le tableau ci-dessous. Les hypothèses suivantes sont testées au moyen d'un test de chi-deux avec un risque de 2,5 % :

H_0 : les hommes et les femmes utilisent les mêmes sources d'information et principalement le conseil d'un proche ;

H_1 : les hommes et les femmes n'utilisent pas les mêmes sources d'information : les hommes vont davantage sur un forum Internet ou lire un magazine spécialisé, alors que les femmes se renseignent auprès d'un proche.

Effectif observé	Proche	Vendeur	Forum sur Internet	Site Internet du produit	Publicité	Magazine spécialisé	Total
Homme	55	48	25	29	3	20	180
Femme	76	49	12	32	13	14	196
Total	131	97	37	61	16	34	376

La première difficulté est de déterminer l'effectif théorique de chaque modalité du croisement. Pour cela, on multiplie le total ligne par le total colonne et on le divise par le total général. Par exemple, l'effectif théorique d'hommes se renseignant auprès d'un proche est de $180 \times 131/376$, soit 62,7. En effet, si 34,84 % des répondants se renseignent auprès d'un proche, et s'il n'existait aucune relation entre le sexe et la source, il en serait de même pour les hommes ($0{,}3484 \times 180 = 62{,}7$).

Effectif théo-rique	Proche	Vendeur	Forum sur Internet	Site Internet du produit	Publicité	Magazine spécialisé	Total
Homme	62.7	46.4	17.7	29.2	7.7	16.3	180
Femme	68.3	50.6	19.3	31.8	8.3	17.7	196
Total	131	97	37	61	16	34	376

Le chi-deux calculé est donc égal à : $(55 - 62{,}7)^2/62{,}7 + (76 - 68{,}3)^2/68{,}3 + ... + (14 - 17{,}7)^2/17{,}7$, soit 14,75.

Le chi-deux calculé est comparé à celui de la table. Ce dernier, pour un risque de 2,5 % et 5 degrés de liberté $(6 - 1) \times (2 - 1)$, est égal à 12,8. On peut donc rejeter l'hypothèse nulle et considérer que la source d'information des hommes et des femmes n'est pas la même.

Toutefois, si nous avions pris un risque de 1 %, le chi-deux de la table aurait été de 15,09 et nous conclurions alors que les hommes et les femmes utilisent les mêmes sources d'information.

L'analyse de variance

Elle a pour objet de déterminer si une variable explicative qualitative X (la couleur du packaging d'un produit) a une influence significative sur une variable à expliquer quantitative Y (le volume des ventes du produit). La variance totale de la variable expliquée est décomposée en variance intergroupes ou variance factorielle (variance expliquée par la variable explicative) et en variance intra-groupe ou variance résiduelle. Le but de l'expérimentation est d'apprécier l'effet des différentes modalités de la variable explicative sur la variable dépendante quantitative. Dans ce but, le test de Fisher-Snedecor est mis en place. Les hypothèses seront :

- H_0 : la valeur moyenne de la variable dépendante (le volume moyen des ventes) est la même pour toutes les modalités de la variable explicative (pour toutes les couleurs testées) ;
- H_1 : il existe au moins une modalité (une couleur) pour laquelle la valeur est différente de la valeur moyenne.

La dispersion totale des données (DSPT), quantité d'informations contenue dans le tableau des données, peut être mesurée par la somme des écarts entre chaque observation et la moyenne. Une partie de cette dispersion est attribuable aux différentes modalités de la variable explicative, la dispersion factorielle (DSPF). L'autre, la dispersion résiduelle (DIPR), n'est pas expliquée par la variable indépendante. L'équation de l'analyse de variance est ainsi la suivante :

$$\text{DISPT} = \text{DISPF} + \text{DISPR}$$

La dispersion factorielle est affectée de $k - 1$ degrés de liberté (ddl), où k est le nombre de modalités de la variable explicative (nombre de couleurs). De ce fait, la variance factorielle, somme du carré des écarts entre la moyenne de chaque modalité et la moyenne de l'échantillon total, sera :

$$\text{VF} = \text{DISPF}/(k - 1)$$

De même, la dispersion résiduelle est affectée de $n - k$ degrés de liberté. La variance résiduelle, somme du carré des écarts entre chaque observation et la moyenne de la modalité à laquelle elle appartient, sera :

$$\text{VR} = \text{DISPR}/(n - k)$$

Le rapport F, rapport entre la variance factorielle et la variance résiduelle, suit une loi de Fisher-Snedecor à $(k - 1, n - k)$ degrés de liberté. Le rapport calculé est ensuite comparé à celui lu sur la table de la loi de Fisher-Snedecor dans la colonne $k - 1$ et la ligne $n - k$ pour un niveau de risque α donné. Si le F calculé est supérieur à celui de la table, on rejettera l'hypothèse nulle et on considérera qu'il existe un lien significatif entre la variable indépendante et la variable dépendante (la couleur a bien une influence sur les ventes). À l'inverse, si le F calculé est inférieur à celui de la table, l'hypothèse nulle sera acceptée (la couleur n'aura pas d'effet sur les ventes). Ceci signifiera que les différences sont dues au hasard et donc que les deux variables sont indépendantes.

Les hommes et les femmes ont-ils les mêmes attitudes à l'égard de la publicité sur Internet ?

Pour le savoir, 384 Français ont été interrogés. Il leur était demandé de donner leur degré d'accord avec les trois phrases suivantes sur une échelle en sept points :

– Il est préférable d'utiliser un logiciel pour bloquer les fenêtres pop-up quand on surfe sur Internet.
– Les gens devraient toujours utiliser un anti-spam dans leur boîte e-mail.
– J'attends de vrais arguments de la part de la publicité.

Les résultats de l'étude donnent les moyennes suivantes des hommes et des femmes pour ces trois items. Pouvons-nous considérer que les moyennes des hommes et des femmes sont similaires pour les pop-up ? En est-il de même pour l'anti-spam ou pour les arguments ?

		Moyenne
Il est préférable d'utiliser un logiciel pour bloquer les fenêtres pop-up quand on surfe sur Internet	Masculin Féminin Total	5,68 5,42 5,54
Les gens devraient toujours utiliser un anti-spam dans leur boîte e-mail	Masculin Féminin Total	5,59 5,34 5,46
J'attends de vrais arguments de la part de la publicité	Masculin Féminin Total	5,18 5,53 5,36

Pour le savoir, une analyse de variance est mise en œuvre et un test de Fisher-Snedecor réalisé.

Les hypothèses testées dans le cas du blocage des pop-up sont :

– H_0 : les hommes et les femmes ont la même moyenne (5,54) sur cet item ;

– H_1 : les hommes ont davantage tendance à utiliser un logiciel pour bloquer les fenêtres pop-up que les femmes.

Le tableau de l'analyse de variance est le suivant :

	Somme des carrés	**ddl**	**Moyenne des carrés**	***F***	**Niveau de risque**
Intergroupes (factorielle)	DISPF = 6,618	1	VF = 6,618	3,766 = 6,618/1,757	0,053
Intra-groupes (résiduelle)	DISPR = 672,925	383	VR = 1,757 = 672,92/383		
Total	DISPT = 679,543	384			

Le niveau de risque étant de 5,3 %, on peut considérer que les hommes et les femmes ont la même attitude à l'égard des pop-up.

De même, pour les anti-spam, les hommes et les femmes ont le même comportement, le risque étant de 9,8 %.

	Somme des carrés	**ddl**	**Moyenne des carrés**	***F***	**Niveau de risque**
Intergroupes (factorielle)	DISPF = 5,903	1	VF = 5,903	2,751	0,098
Intra-groupes (résiduelle)	DISPR = 821,640	383	VR = 2,145		
Total	DISPT = 827,543	384			

Par contre, en matière d'attente quant aux arguments, le risque étant de 1,7 %, nous pouvons considérer que les femmes ont des attentes plus fortes (5,53) que les hommes (5,18).

	Somme des carrés	ddl	Moyenne des carrés	*F*	Niveau de risque
Inter-groupes (factorielle)	DISPF = 11,473	1	VF = 11,473	5,74	0,017
Intra-groupes (résiduelle)	DISPR = 765,617	383	VR = 1,999		
Total	DISPT = 777,091	384			

La régression

Elle est mise en œuvre pour étudier les liens entre deux variables quantitatives. Dans le cas de la régression linéaire, on estime cette relation dans l'échantillon à l'aide de la méthode des moindres carrés. Si Y est la variable expliquée *observée*, on cherche une droite $\tilde{Y} = b + aX$ où $\tilde{Y}$ est la variable *prédite*. Cette droite est construite de telle sorte que la somme des carrés des résidus $\sum(Y_i - \tilde{Y}_i)^2$ soit minimale.

On montre que $b = \overline{y} - a\overline{x}$ et que $a = \dfrac{\left(\sum x_i y_i - n\overline{x}\overline{y}\right)}{\left(\sum x_i^2 - n\overline{x}^2\right)}$

On évalue la force de cette relation à l'aide du coefficient de corrélation R. Ce coefficient varie en valeur absolue entre 0 et 1. Plus il est proche de 1, plus la relation est forte.

R^2 est appelé le coefficient de détermination. Il mesure la part de variance de Y expliquée par X.

Si le coefficient de corrélation est égal à 0,8, cela signifie que X explique 64 % des variations de Y.

Exemple. L'attitude à l'égard des logiciels bloquant les pop-up (X) explique-t-elle l'utilisation d'un anti-spam (Y) ? Pour le savoir, une régression est mise en place.

Le logiciel d'analyse de données nous donne l'information suivante : $y = 0.65\,x + 2$.

Le coefficient de corrélation R est égal à 0,717. Cela signifie que cette attitude explique 51,2 % du comportement d'utilisation d'un anti-spam.

EXERCICES

1. Reformulation de questions

Travail à faire : Voici quelques questions. Indiquez les défauts de leur formulation et proposez une formulation plus adaptée :

a) Allez-vous régulièrement au théâtre ?

b) Pensez-vous qu'il ne faut pas diminuer les écrans publicitaires à la télévision ?

c) Quelle somme dépensez-vous en moyenne quand vous allez au restaurant ?

d) Pensez-vous que les entreprises qui ont actuellement une forte croissance et font des bénéfices importants doivent participer plus que les autres à l'effort rendu nécessaire par la dégradation continue de la situation économique ?

2. La segmentation des spectateurs français selon l'importance et la confiance qu'ils accordent aux sources d'information

Travail à faire : Le Centre national de la cinématographie vous demande de réaliser une enquête auprès des spectateurs français pour connaître les sources d'information auxquelles ils accordent importance et confiance quand ils choisissent le film qu'ils vont aller voir. Il souhaiterait segmenter le public sur la base de cette importance et cette confiance est similaire en fonction de ses goûts et de ses caractéristiques sociodémographiques. Dans ce but, vous êtes chargés de construire le questionnaire et de déterminer son mode d'administration.

SOLUTIONS

Exercice 1

a) Que signifie régulièrement : une dizaine de fois par an ou une fois tous les cinq ans ? Besoin d'établir une échelle de fréquence.

b) Double négation. Besoin de proposer une échelle de mesure.

c) Dans quel type de restaurant ? La somme peut dépendre aussi du contexte...

d) Trop compliqué. Besoin de simplifier la formulation pour que le répondant comprenne la question.

Exercice 2

Le choix du mode d'administration peut être l'interview en face-à-face. La solution idéale serait d'interroger les spectateurs devant les salles de cinéma pendant qu'ils sont dans les files d'attente pour acheter leur place. L'intérêt est ainsi de ne pas demander au répondant un trop grand effort cognitif pour se remémorer comment il a choisi le film. Il est en situation. Un échantillon par quota pourra être mis en place.

Bonjour, je réalise une étude sur le cinéma, auriez-vous quelques minutes à me consacrer pour répondre à quelques questions ? Merci

1. Quel est le titre du film que vous allez voir maintenant ?

2. Nous allons nous intéresser aux genres de films que vous préférez. Merci de donner une note de 1 à 6 à chaque genre de film en utilisant l'échelle suivante :

1	2	3	4	5	6
Je n'aime pas du tout	Je n'aime pas	Je n'aime plutôt pas	J'aime plutôt	J'aime	J'aime tout à fait

1	Film psychologique	1 ❑	2 ❑	3 ❑	4 ❑	5 ❑	6 ❑
2	Film d'aventure	1 ❑	2 ❑	3 ❑	4 ❑	5 ❑	6 ❑
3	Film policier	1 ❑	2 ❑	3 ❑	4 ❑	5 ❑	6 ❑
4	Film de science-fiction	1 ❑	2 ❑	3 ❑	4 ❑	5 ❑	6 ❑
5	Film historique	1 ❑	2 ❑	3 ❑	4 ❑	5 ❑	6 ❑
6	Film pour enfants	1 ❑	2 ❑	3 ❑	4 ❑	5 ❑	6 ❑
7	Film comique, comédie	1 ❑	2 ❑	3 ❑	4 ❑	5 ❑	6 ❑
8	Film d'action	1 ❑	2 ❑	3 ❑	4 ❑	5 ❑	6 ❑
9	Film d'horreur	1 ❑	2 ❑	3 ❑	4 ❑	5 ❑	6 ❑
10	Film sentimental	1 ❑	2 ❑	3 ❑	4 ❑	5 ❑	6 ❑

3. Avec qui allez-vous voir le film aujourd'hui ?

❑ Seul (passez à la question 5) ❑ Avec des amis

❑ En couple ❑ Avec mes enfants ❑ En famille

4. Vous rappelez-vous qui a parlé de ce film en premier ?

❑ Vous ❑ Une autre personne ❑ Je ne sais plus

5. Comment avez-vous entendu parler, lu ou vu quelque chose évoquant le film que vous allez voir maintenant ?

Entendu : ❑ Radio ❑ Conversation avec amis ❑ Télévision

Lu : ❑ Presse quotidienne ❑ Presse hebdomadaire ❑ Presse mensuelle ❑ Site Internet ❑ Revue spécialisée

Vu : ❑ Affiche ❑ Bande-annonce

6. Lorsque vous recherchez des informations sur un film, quelle importance accordez-vous aux différentes sources d'information ? Vous utiliserez l'échelle suivante :

1	2	3	4	5	6
Pas du tout important	Sans importance	Plutôt sans importance	Plutôt important	Important	Tout à fait important

1	La bande-annonce au cinéma	1 ❑	2 ❑	3 ❑	4 ❑	5 ❑	6 ❑
2	La bande-annonce à la télévision	1 ❑	2 ❑	3 ❑	4 ❑	5 ❑	6 ❑
3	La bande-annonce sur Internet	1 ❑	2 ❑	3 ❑	4 ❑	5 ❑	6 ❑
4	Un ami qui a vu le film	1 ❑	2 ❑	3 ❑	4 ❑	5 ❑	6 ❑
5	Une critique dans un journal	1 ❑	2 ❑	3 ❑	4 ❑	5 ❑	6 ❑
6	L'affiche du film	1 ❑	2 ❑	3 ❑	4 ❑	5 ❑	6 ❑
7	Un ami cinéphile	1 ❑	2 ❑	3 ❑	4 ❑	5 ❑	6 ❑
8	Une publicité dans un journal	1 ❑	2 ❑	3 ❑	4 ❑	5 ❑	6 ❑
9	Une critique sur un site Internet	1 ❑	2 ❑	3 ❑	4 ❑	5 ❑	6 ❑
10	Une interview à la télévision d'un acteur ou du réalisateur	1 ❑	2 ❑	3 ❑	4 ❑	5 ❑	6 ❑
11	Une interview dans un journal d'un acteur ou du réalisateur	1 ❑	2 ❑	3 ❑	4 ❑	5 ❑	6 ❑

7. Lorsque vous recherchez des informations sur un film, quelle confiance accordez-vous aux différentes sources d'information citées ci-dessous ? Vous utiliserez l'échelle suivante :

1	2	3	4	5	6
Pas du tout confiance	Pas confiance	Plutôt pas confiance	Plutôt confiance	Confiance	Tout à fait confiance

1	La bande-annonce au cinéma	1 ❑	2 ❑	3 ❑	4 ❑	5 ❑	6 ❑
2	La bande-annonce à la télévision	1 ❑	2 ❑	3 ❑	4 ❑	5 ❑	6 ❑
3	La bande-annonce sur Internet	1 ❑	2 ❑	3 ❑	4 ❑	5 ❑	6 ❑
4	Un ami qui a vu le film	1 ❑	2 ❑	3 ❑	4 ❑	5 ❑	6 ❑
5	Une critique dans un journal	1 ❑	2 ❑	3 ❑	4 ❑	5 ❑	6 ❑
6	L'affiche du film	1 ❑	2 ❑	3 ❑	4 ❑	5 ❑	6 ❑
7	Un ami cinéphile	1 ❑	2 ❑	3 ❑	4 ❑	5 ❑	6 ❑
8	Une publicité dans un journal	1 ❑	2 ❑	3 ❑	4 ❑	5 ❑	6 ❑
9	Une critique sur un site Internet	1 ❑	2 ❑	3 ❑	4 ❑	5 ❑	6 ❑
10	Une interview à la télévision d'un acteur ou du réalisateur	1 ❑	2 ❑	3 ❑	4 ❑	5 ❑	6 ❑
11	Une interview dans un journal d'un acteur ou du réalisateur	1 ❑	2 ❑	3 ❑	4 ❑	5 ❑	6 ❑

8. Quelle est votre fréquence de sortie au cinéma ?

❑ Au moins une sortie par semaine ❑ Entre une et trois sorties par mois

❑ Moins d'une sortie par mois et au moins une sortie dans l'année

9. Avez-vous une carte d'abonnement mensuel (entrées illimitées) ?

❑ Oui ❑ Non

10. Vous êtes :

❑ Homme ❑ Femme

11. Quel est votre âge ?

12. Quelle est votre profession ?

❑ Employé ❑ Ouvrier ❑ Profession intermédiaire ❑ Cadre supérieur ou profession libérale

❑ Artisan, commerçant, agriculteur ❑ Retraité ❑ Au foyer ❑ Étudiant

13. Quelle est votre situation maritale ?

❑ Célibataire ❑ Marié ❑ Vie maritale ❑ Veuf ❑ Divorcé

14. Avez-vous des enfants ?

❑ Oui ❑ Non

15. Quel est votre niveau d'étude ?

❑ Primaire ❑ BEPC, BEP, CAP ❑ Bac

❑ Bac +2 ❑ Bac +3 et plus

Nous vous remercions d'avoir accepté de remplir ce questionnaire.

POINTS CLEFS

- L'objectif du questionnaire est de fournir les informations dont on a besoin, puis d'obtenir les réponses les plus complètes et les plus précises possibles.
- L'élaboration du questionnaire se déroule en sept temps.
- Une bonne question est une question facile à comprendre, ayant une signification unique, avec une seule réponse possible, facile à donner.
- Le pré-test du questionnaire permet de vérifier la capacité du questionnaire à collecter l'information désirée.
- Il est possible de distinguer trois types de variables : les variables qualitatives (les questions fermées dichotomiques ou multiples), les variables quantitatives et les variables échelles (Likert, sémantique).
- Le choix d'une méthode de traitement des données est fonction de la nature des variables étudiées.
- Pour analyser les relations entre deux variables, la variable à expliquer ou dépendante Y et la variable explicative ou indépendante X, un test d'hypothèses est mis en œuvre moyennant un risque α de se tromper. Ce test diffère selon que l'on croise des questions fermées (ou nominales) ou des questions numériques : test du chi-deux pour deux variables qualitatives, régression pour deux variables quantitatives et analyse de variance pour une variable dépendante quantitative et une variable indépendante qualitative.

PARTIE 3

Le marketing stratégique

La **stratégie** vient du grec *stratos* qui signifie « armée » et *ageîn* que nous pouvons traduire par « conduire ». La stratégie peut se définir comme l'art de coordonner l'action de l'ensemble des forces de la Nation (politiques, militaires, économiques, financières, morales, etc.) pour conduire une guerre, gérer une crise ou préserver la paix.

Par extension, la stratégie est l'élaboration d'une politique, définie en fonction de ses forces et de ses faiblesses, compte tenu des menaces et des opportunités, dans d'autres domaines que celui de la défense, notamment dans les activités économiques (stratégie d'entreprise, commerciale, industrielle, financière, etc.).

Le premier traité de stratégie serait associé à un général chinois nommé Sun Tzu qui aurait écrit *L'Art de la guerre* au VIe siècle avant Jésus-Christ. Deux concepts dominent dans cet ouvrage :

- le premier insiste sur la nécessité de « prendre les possessions de l'adversaire en entier » et de les conserver si possible intactes. L'idée n'est donc pas de détruire mais d'intégrer. Cela peut s'expliquer par le fait que les guerres du temps de Sun Tzu opposaient systématiquement des Chinois entre eux : le vainqueur devenait ainsi le seigneur des vaincus ;

- le deuxième met l'accent sur des forces *a priori* anodines mais dont l'engagement facilite la victoire. La préparation, le travail (organisation et discipline), la bonne connaissance du terrain (conditions géographiques) ainsi que celle des forces en présence (analyses des faiblesses de l'ennemi) et la capacité à s'adapter aux circonstances (comme, par exemple, les conditions temporelles).

L'idée de la prise de possession est particulièrement adaptée au marché. L'objectif n'est effectivement pas de détruire la demande mais de la capter. Par ailleurs, nous retrouvons aussi le principe des opportunités et menaces abordé dans le chapitre 2. La compréhension du marché est donc la base indispensable à l'action stratégique. La concurrence (et de manière plus générale l'offre) s'apparente à l'ennemi ; avant de l'affronter, il faut le connaître. La prise en compte des conditions géographiques correspond à l'intégration de l'environnement. Enfin, pour mener une stratégie, il ne faut pas simplement appréhender le marché mais également avoir une bonne connaissance de ses points forts et de ses points faibles. Ces derniers n'étant pas immuables, par la préparation et le travail nous sommes en mesure de réduire nos faiblesses et d'améliorer encore nos points forts.

CHAPITRE 7

Principe général de la stratégie

OBJECTIFS

- Comprendre la notion de segmentation client et sa place dans l'action stratégique.
- Distinguer ce qui relève de la stratégie « long terme » et de la stratégie opérationnelle.
- Maîtriser les conditions d'application des stratégies de base.

PLAN

7.1 LA SEGMENTATION

a) La notion de segmentation

Il est rare que, sur un marché, les consommateurs présentent une identité totale de goûts, d'opinions et de comportements. Pour les entreprises qui cherchent à développer une offre sur ce marché, il est donc nécessaire de définir des groupes de consommateurs homogènes. Cette stratégie permet de proposer des offres plus adaptées aux besoins des consommateurs. En effet, à vouloir viser tout le monde, l'entreprise risque de ne toucher personne, et ce, au prix d'une forte déperdition de son effort marketing.

La segmentation est donc une méthode de découpage du marché en groupes de consommateurs manifestant des comportements homogènes vis-à-vis d'un stimulus, d'une offre, etc. Cette méthode permet de sélectionner des marchés cibles et d'élaborer un marketing-mix approprié pour chacun d'entre eux. Le segment précède donc la cible. De même, une cible n'est autre qu'un segment que l'entreprise retient et pour lequel elle va construire une offre.

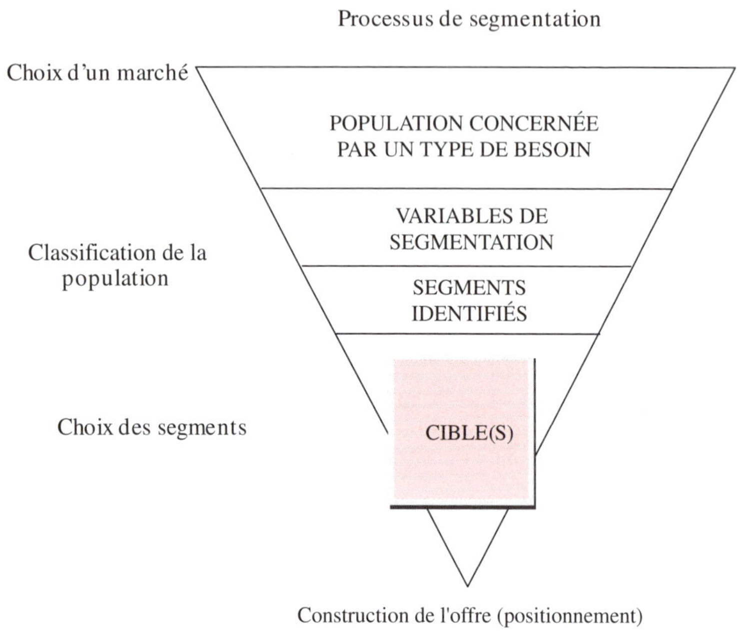

Figure 7-1 Le processus de segmentation.

Nous comprenons ici l'importance du choix des segments. Deux dirigeants d'une même entreprise, avec le même niveau d'information et des résultats identiques concernant la segmentation, peuvent sélectionner des cibles différentes. Les choix stratégiques reposent essentiellement sur une activité humaine et sont donc susceptibles d'être source d'erreurs.

b) Les variables de segmentation

Nous devons dans un premier temps identifier un type de besoin : le besoin de mobilité par exemple. En référence à ce type de besoin, il sera ensuite nécessaire de découper le marché en différents groupes de consommateurs présentant des variables de segmentation identiques. Pour segmenter, nous disposons de trois groupes de variables : celles qui relèvent des besoins, celles qui relèvent des comportements et celles qui relèvent des caractéristiques des individus.

Les besoins ou avantages recherchés

Le marketing s'intéressant fondamentalement aux besoins des consommateurs, il est naturel de les retenir comme une des variables de segmentation. Par ailleurs, le but de la segmentation étant d'adapter les produits aux besoins, il est indispensable de les identifier clairement à ce niveau. Par extension, nous parlons des avantages recherchés par les consommateurs que nous pouvons identifier en répondant à la question suivante : pourquoi le consommateur a-t-il choisi ce produit ?

Besoin ou besoins ?

Si nous évoquons le cas du besoin de mobilité, nous pouvons le décliner en une multitude de besoins qui seront autant de variables de segmentation.

Le besoin de mobilité peut être de nature professionnelle (transport de matériel, nécessité de se déplacer le plus rapidement possible) ou personnelle (partir en vacances en famille, effectuer des trajets dans le cadre des déplacements domestiques comme les courses). Il peut viser des objectifs de sécurité, d'économie à l'achat et à l'utilisation ou encore de reconnaissance sociale.

Exemple. Un étudiant en première année d'une d'école de commerce vivant à Paris a certes besoin de se déplacer, mais ses contraintes sont relativement faibles. Il est peu probable qu'il soit père de famille et ses besoins domestiques s'en trouveront donc limités. Son besoin de mobilité n'est pas non plus motivé par des objectifs professionnels. En général, le budget alloué à ses déplacements est restreint. Il peut donc choisir d'utiliser les transports en commun. Cependant pour des raisons d'indépendance, il peut s'orienter vers un mode de transport à la fois économique et socialement valorisant comme le scooter. Certains choisiront une voiture, pour des raisons de sécurité (souvent sous la pression des parents) ou tout simplement pour pouvoir véhiculer leurs amis. Le vélo (comme le Velib') constitue également un mode de déplacement alternatif.

Les comportements

Ils permettent de définir les groupes de consommateurs par rapport à leur comportement manifeste vis-à-vis du produit. À ce niveau, nous retrouvons la distinction entre les consommateurs et les acheteurs (voir chapitre 2 sur le marché), avec des critères comme la fréquence de consommation, les lieux d'achat, les quantités consommées, la fidélité à la marque, etc.

Exemple. Reprenons le cas de notre étudiant parisien, nous pouvons nous intéresser à son comportement : fréquence de déplacement, durée du déplacement, déplacement le plus fréquent, mode de déplacement principal, jours de déplacement, horaires de déplacement, etc.

Les caractéristiques individuelles

Elles peuvent être décomposées en trois groupes de variables :

- En premier lieu, nous devons nous référer aux variables d'identification des consommateurs telles que le sexe, l'âge, le niveau d'éducation, la profession, le niveau de revenu ou encore le lieu d'habitation. Ces variables sont regroupées sous l'appellation de **variables sociodémographiques**. Elles sont fréquemment employées mais ne constituent qu'une partie des caractéristiques individuelles.
- Viennent ensuite des caractéristiques plus subjectives relevant de la personnalité. Nous parlerons de **variables psychographiques** qui font référence à des caractéristiques individuelles (voir chapitre 3 sur le comportement du consommateur). Ces caractéristiques sont à la fois générales et stables mais de nature plus subjective et, de fait, plus difficiles à cerner.
- Enfin, nous retiendrons les **styles de vie ou valeurs** : il s'agit de la manière dont se perçoivent les consommateurs. Les croyances peuvent inclure les attitudes et valeurs religieuses, politiques, nationales ou culturelles. Nous identifions ici des types de consommateurs en référence à leurs valeurs, leurs opinions et la manière dont ils occupent leur temps libre (hobbies, détente, loisirs, etc.). Ces segments ne sont pas sans importance car ces variables peuvent souvent être utilisées pour prévoir les habitudes d'achat futures.

Exemple. Notre étudiant peut être caractérisé en fonction de son âge, de son sexe, du revenu et de la taille du foyer auquel il appartient, de l'arrondissement dans lequel il habite, du type de baccalauréat qu'il a obtenu, etc.

Il faut également prendre en considération sa personnalité. Ainsi, tout individu peut être appréhendé sur ses caractéristiques profondes. Certaines personnes sont par exemple plus réservées et d'autres plus extraverties.

Enfin, le style de vie peut être lui aussi très différent d'un étudiant à l'autre même si leurs caractéristiques sociodémographiques sont très proches. Ainsi Pierre et Adrien peuvent tous deux avoir 19 ans, habiter le 16e arrondissement de Paris, avoir chacun une petite sœur, avoir passé le même baccalauréat dans le même lycée et avoir été acceptés la même année à l'ESG Management School de Paris. Dans les deux foyers, les deux parents travaillent et sont cadres dans une grande entreprise. Pourtant plusieurs points les distinguent déjà : Pierre est engagé politiquement et milite à l'UMP, participe à des débats politiques et souhaite suivre les pas de son père dans l'univers de la finance. Il a une voiture, est membre de la Junior Entreprise, sort souvent avec ses amis dans les endroits branchés de la capitale. Adrien, lui, n'est pas engagé politiquement mais est bénévole dans une association pour les sans-abri à Paris. Il souhaite travailler dans le milieu associatif, utilise exclusivement les transports en commun. Son projet professionnel n'est pas encore clairement défini même si le marketing l'attire *a priori*. Dans l'avenir, il veut avant tout privilégier sa vie personnelle. Il sort également le soir en préférant les soirées chez des amis.

c) La qualité d'une segmentation

La segmentation est généralement effectuée auprès d'un échantillon de la population. Nous pouvons ensuite en évaluer la qualité en la soumettant à plusieurs critères. Ainsi une segmentation doit être à la fois pertinente, opérationnelle et substantielle :

- **La pertinence** : les variables de segmentation retenues sont-elles au final réellement explicatrices des comportements réels ? Par ailleurs, il faut que les segments obtenus diffèrent bien les uns des autres sur des éléments directement liés au comportement du consommateur vis-à-vis du produit considéré. Lors de notre étude, les tests statistiques comme le test du chi-deux nous permettent de lier des variables de segmentation (variables explicatrices) et des comportements (variables expliquées). Les variables relevant de la personnalité ou des besoins sont en général particulièrement pertinentes.
- **L'opérationnalité** : une fois les critères de segmentations identifiés dans notre échantillon, il faut pouvoir les généraliser à l'ensemble de la population et être en mesure de retrouver concrètement les consommateurs que nous souhaitons toucher. Les groupes de consommateurs obtenus doivent être mesurables et nous devons être capables d'évaluer leur potentiel. Les variables sociodémographiques sont particulièrement opérationnelles.
- **Une segmentation doit être substantielle** : à vouloir toujours coller au plus près des besoins, nous sommes amenés à définir des segments de plus en plus précis, à offrir des produits de plus en plus différenciés et donc plus faciles à vendre. Cette politique peut toutefois conduire à une hyper-segmentation qui elle-même aboutit à des seg-

ments dont la taille est insuffisante pour garantir la rentabilité essentielle à toute action marketing. Le segment doit donc toujours être d'une taille suffisante pour justifier la construction d'une offre spécifique. De plus, la relative stabilité des segments est une condition de rentabilité.

Nous touchons ici à une des limites de la démarche marketing. Par souci d'opérationnalité, les variables les plus fréquemment utilisées sont sociodémographiques. Cependant, ces dernières ne sont pas toujours en mesure d'expliquer les comportements réels. De fait, une stratégie construite en référence à ces variables peut, dans un contexte de marché donné, s'avérer insatisfaisante. Le positionnement qui en découle est, lui aussi, entaché de cette imperfection. Enfin, les résultats liés à cette action marketing sont particulièrement aléatoires.

(Non-)Pertinence des critères sociodémographiques au cinéma

Un distributeur de films souhaite optimiser le lancement de ses produits. Afin de mieux connaître les préférences en matière de genres cinématographiques, il mène une étude auprès des spectateurs (personnes allant au moins une fois par an au cinéma).

Les résultats obtenus sont mitigés : les préférences en matière de genres cinématographiques ne sont que partiellement expliquées par le sexe, l'âge ou la profession. En revanche, une caractéristique semble particulièrement pertinente et explicatrice des comportements réels : l'orientation visuelle/verbale. Les résultats démontrent que les personnes ayant une orientation verbale privilégient les films d'auteurs, historiques, dramatiques, psychologiques et les comédies, alors que les personnes ayant une orientation visuelle privilégient les films d'aventure, de science-fiction, fantastiques et les comédies. La comédie est donc un genre fédérateur. Le fait qu'il plaise à tous les publics démontre que ce genre est le plus porteur en matière d'entrées. À titre d'exemple, *Bienvenue chez les Ch'tis* a rencontré un immense succès auprès du public avec 20 458 104 entrées.

Le distributeur souhaite utiliser ces résultats pour lancer la campagne de communication d'un film psychologique. Mais il ne peut réellement utiliser le critère de segmentation visuel/verbal car, même si ce dernier est pertinent, il ne permet pas de toucher opérationnellement les spectateurs. Il est en effet impossible de définir qui a une orientation visuelle et qui a une orientation verbale dans l'ensemble de la population. Il utilise donc par défaut les variables sociodémographiques.

7.2 LES FONDEMENTS DU DIAGNOSTIC STRATÉGIQUE

Il faut en premier lieu préciser qu'il existe deux niveaux de stratégie. Le premier relève du long terme et l'objectif majeur de cette stratégie est d'orienter les activités et de sélectionner des marchés : nous parlerons de stratégie d'entreprise. Un autre niveau stratégique s'intéresse au positionnement de l'offre de l'entreprise sur ses marchés actuels : nous parlerons de stratégie opérationnelle ou de stratégie marketing.

a) La stratégie d'entreprise

Nous sommes ici au niveau corporate. La perspective temporelle des objectifs que se fixe l'entreprise par rapport à ses marchés, à ses activités ou encore à la répartition des ressources financières se fait à un horizon de trois ans et plus. Nous pouvons également parler de gestion de portefeuille d'activités de l'entreprise. L'outil de référence consiste à former des couples « produit-marché » afin de définir les activités d'un groupe ou d'une entreprise en décomposant le marché principal en sous-ensembles.

Chaque activité se définit en fonction de trois dimensions : un groupe d'acheteurs, des besoins spécifiques à satisfaire et une technologie.

- Le **groupe d'acheteurs** est assimilé à la clientèle. Nous pouvons ainsi distinguer les professionnels et les particuliers, les hommes et les femmes, les jeunes et les seniors, etc. Nous nous situons donc une fois encore dans une approche relevant de la segmentation du marché. Dans le cas présent, nous parlerons plutôt de macro-segmentation par opposition à la micro-segmentation développée précédemment.
- Il en est de même concernant les **besoins à satisfaire**. La question est là encore plus générale que celle posée au niveau de la micro-segmentation : quels sont les besoins auxquels l'entreprise peut répondre ? En effet, sur un même marché principal, il y a plusieurs manières de répondre à un même besoin générique. Par exemple, Renault a commercialisé historiquement des camions, des autobus, des voitures, des scooters et même des vélos, répondant ainsi de cinq manières différentes à un même besoin : la mobilité.
- La **technologie** distingue les différents modes de production qui permettent de répondre à une même fonction. Chez Renault, un véhicule peut à la fois être motorisé *via* une technologie essence, diesel ou bientôt électrique. L'entreprise peut donc répondre à la fonction de motorisation des véhicules de trois manières différentes. À ce niveau, l'entreprise doit s'interroger sur ses compétences techniques actuelles et futures afin de maintenir et même de développer ses parts de marché.

La stratégie d'Orange

La société Orange s'intéresse à plusieurs types de clientèle en matière de communication. Elle distingue les particuliers et les professionnels. Pour ces derniers, une force de vente spécifique a été mise en place avec des offres de téléphonie fixe intégrant la mise en œuvre des standards téléphoniques, des lignes sécurisées, des numéros internes, etc. Les professionnels sont également concernés par des offres spécifiques pour les mobiles (forfaits flottes) et Internet.

Orange cherche également à répondre aux besoins des particuliers avec, là encore, un réseau dédié (les boutiques Orange et les revendeurs). Les besoins visés concernent la téléphonie fixe avec la vente des téléphones classiques, l'Internet fixe et mobile (y compris la commercialisation d'ordinateurs) et la téléphonie mobile. Plus récemment, *via* l'offre Internet, Orange a développé des chaînes de télévision et le cinéma à la demande élargissant ainsi son périmètre en matière d'offre et sortant, de fait, de l'univers de la communication pure.

Pour répondre aux besoins de sa clientèle, Orange fait appel à plusieurs technologies, le téléphone filaire classique, l'ADSL, le Wi-Fi, la technologie 3G, etc. L'explosion de l'Internet mobile, la fusion entre le téléphone, Internet et maintenant la télévision oblige sans cesse Orange à s'interroger sur ses compétences techniques et à innover.

b) La stratégie opérationnelle (ou stratégie marketing)

L'entreprise s'interroge sur la politique à mener concernant des marchés sur lesquels elle est déjà présente ou qui sont déjà actifs. L'enjeu est donc de se positionner sur un segment de marché existant. Les questions auxquelles nous répondons ici relèvent du choix des cibles, de la stratégie de gamme ou encore de l'établissement de notre marketing-mix.

Une fois le segment sélectionné, il devient une cible. L'entreprise construit alors une offre qui se décompose en quatre éléments majeurs : le produit, le prix, la distribution et la communication.

Nous ne développerons pas ici ces éléments qui seront traités dans la partie 4.

Bouygues, stratégie d'entreprise et stratégie marketing

Nous pouvons distinguer les différents niveaux de stratégie en les appliquant aux décisions prises par l'entreprise Bouygues.

Lorsque l'entreprise spécialisée dans les travaux publics décide successivement de racheter TF1, puis de se lancer dans la téléphonie mobile et Internet, et enfin dans le secteur de l'énergie (par le rachat partiel d'Alstom), il s'agit là de décisions qui entrent dans la stratégie d'entreprise. Ces orientations ont conduit Bouygues à se lancer sur de nouveaux marchés en répondant à de nouveaux besoins : l'entreprise a été amenée à développer de nouvelles compétences technologiques en ciblant une clientèle à laquelle elle ne s'intéressait pas historiquement. Lorsque la filiale de téléphonie mobile mène une action en justice visant à pouvoir commercialiser l'iPhone d'Apple, qu'elle lance la Bbox, fait évoluer sa politique tarifaire ou communique sur l'obtention par son service relation client de la norme NF, nous nous situons au niveau de la stratégie marketing. Bouygues fait ici évoluer son offre sur des marchés existants en direction de publics déjà ciblés.

7.3 LES STRATÉGIES DE BASE

De nombreuses stratégies sont envisageables en fonction des conditions de marché, des compétences spécifiques de l'entreprise et de ses objectifs. Nous pouvons les classer en fonction du critère de ciblage allant ainsi d'une stratégie visant à toucher le plus grand nombre avec une offre unique à la stratégie *one to one*, consistant à formuler une offre pour un micro-segment. Nous nous intéresserons également à une stratégie particulière s'appuyant sur la variable prix : la stratégie de domination par les coûts.

Figure 7-2 Les différentes formes de stratégies.

a) La stratégie indifférenciée

Elle est par nature presque anti-marketing car elle consiste à satisfaire tous les consommateurs avec une seule offre. Cette stratégie n'est envisageable que sous certaines conditions : une demande à la fois forte et homogène (le besoin de boire), un marché peu concurrentiel (celui de l'électricité en France) ou des produits banalisés (le sucre en poudre). La stratégie indifférenciée est également privilégiée lors du lancement d'un nouveau produit bénéficiant d'une innovation technologique majeure. Apple a proposé une seule version de son iPhone à l'occasion de son lancement (seule la capacité mémoire pouvait varier).

b) La différenciation

Elle vise à adapter l'offre aux différents segments de marchés identifiés. Cela ne signifie pas que l'entreprise cherche à couvrir l'ensemble des segments mais qu'elle construit des offres spécifiques pour les segments retenus. La majorité des entreprises actuelles optent pour une stratégie marketing différenciée.

La stratégie de Renault

Dans l'industrie automobile, le constructeur généraliste Renault a fait le choix de couvrir la quasi-totalité des segments. La marque s'intéresse aussi bien aux particuliers qu'aux professionnels en distinguant une gamme VU (véhicules utilitaires) et une gamme VP (véhicules particuliers). Elle vise les clients recherchant une solution « entrée de gamme » (segment I ou inférieur, avec Twingo et Clio 2 et 3), aussi bien que les clients « haut de gamme » avec le segment S (supérieur) en proposant Espace, VelSatis et plus récemment le 4×4 Koleos.

c) La concentration

Une stratégie de concentration correspond à une volonté de différentiation concentrée sur un seul segment de marché. Nous pouvons parler de stratégie de niche lorsque l'entreprise cible un segment de très petite taille (Ferrari) ou de spécialisation, si le segment visé est le plus important (Dacia avec Logan).

d) La stratégie *one to one*

Cette démarche correspond à une stratégie d'individualisation de l'offre. En théorie, elle vise à tenir compte des caractéristiques spécifiques de chaque client visé. Elle n'a donc de sens que dans des cas très particuliers comme ceux que nous pouvons rencontrer en *business to business*. Par exemple, chaque centrale nucléaire vendue par Areva fait l'objet d'adaptations aux exigences du client. Il est évident que cela suppose la commercialisation de produits dont la valeur unitaire est très élevée.

e) La domination par les coûts

Nous pouvons rapprocher cette stratégie de la « stratégie de pénétration ». Elle suppose une demande forte et relativement homogène. Les consommateurs doivent être sensibles à l'effet prix (élasticité prix, voir chapitre 2 sur le prix). L'entreprise qui souhaite appliquer cette stratégie doit être capable de produire à grande échelle à faible coût ou de proposer un service à un prix *low cost*. Cette capacité à produire et donc à vendre moins cher que la concurrence peut provenir d'une compétence technologique spécifique, de gains de productivité liés à un effet d'expérience ou tout simplement à un effet volume (plus nous fabriquons un produit, plus le coût de production unitaire sera faible). L'entreprise compense les faibles marges commerciales par l'effet volume des ventes.

Cette stratégie peut être qualifiée de stratégie indifférenciée si elle vise l'ensemble des consommateurs (comme EasyJet) ou concentrée si l'offre *low cost* se focalise sur un segment particulier (L'Avion, *business class* à prix réduit entre l'Europe et les États-Unis, qui ne s'intéresse qu'à la clientèle d'affaires). Pour réussir, il faut que les consommateurs soient sensibles à l'effet prix (élasticité-prix, voir chapitre 10). Par ailleurs, plus la demande est forte et relativement homogène, plus cette stratégie a de chances d'être couronnée de succès. La domination par les coûts, qui permet de limiter le risque de voir apparaître de nouveaux compétiteurs, est un excellent moyen de pénétrer de nouveaux marchés.

Le concept d'hôtellerie Formule 1 du groupe Accor

L'offre historique (Sofitel, Novotel, Mercure et Ibis) du groupe Accor présentant des perspectives de développement limitées, il a été décidé de se lancer sur un nouveau créneau : l'hôtellerie économique. Ce choix se fondait sur un constat simple : au début des années quatre-vingt, plus d'un Français sur deux n'avait jamais été à l'hôtel, et ce, pour des raisons essentiellement économiques. Une étude rapide a mis en avant les attentes principales des non-consommateurs relatifs : un lit confortable, une chambre propre et surtout un prix autour de 15 euros (100 francs de l'époque). Ce prix semblait au préalable incompatible avec un objectif

de rentabilité. Une première décision a été prise en retirant du projet l'offre de restauration, limitant ainsi une partie de frais fixes. En effet, l'hébergement et la restauration sont deux besoins différents, même si le secteur hôtelier a tendance à les lier. Par ailleurs, par une approche très pragmatique, le groupe Accor a été conduit à repenser certains fondamentaux du secteur. L'objectif était de réduire au maximum les frais fixes en limitant la présence et le temps de travail du personnel.
Dès son lancement, ce nouveau type d'hôtel a connu un réel succès. Aujourd'hui, presque 400 hôtels Formule 1 existent dans le monde.

EXERCICES

1. Segmentation du public de cinéma

Travail à faire : Identifiez les différentes variables de segmentation (variables explicatives) susceptibles d'expliquer le comportement du consommateur concernant ses préférences en matière de genre cinématographique (variable expliquée).

2. Identification d'un segment

Travail à faire : Voici les résultats de l'étude concernant le public de cinéma. Quel est le segment *a priori* le plus intéressé par les films pour enfants ? Définissez ainsi la cible principale et une cible secondaire.

Les résultats obtenus portent sur une étude réalisée auprès d'un échantillon de 2 248 personnes. Les résultats principaux sont présentés ci-dessous. Le traitement des données a été réalisé à l'aide du logiciel Sphinx.

Les nombres en rouge correspondent à des moyennes par catégorie significativement différentes (test t) de l'ensemble de l'échantillon (au risque de 95 %). Les paramètres sont établis sur une notation de 1 (pas du tout) à 4 (tout à fait). Les résultats des tests de Fisher-Snedecor sont indiqués en dessous des tableaux. À titre d'exemple, lorsque l'on vérifie le lien statistique entre l'âge et la préférence pour le genre, le test s'avère significatif (enfants : V_inter = 3,64, V_intra = 1,06, $F = 3{,}42$, $1 - p = 99{,}93$ %). Nous pouvons conclure qu'il y a bien un lien entre l'âge et la préférence ou non pour les films pour enfants.

Profession	Enfants
Agriculteur	2,15
Chef d'entreprise	2,45
Cadre supérieur, Profession libérale	2,23
Cadre	**2,09**
Employés	2,33
Ouvrier	2,32
Étudiants, Lycéen	2,30
Collégien	**2,64**
Militaire	2,00
Total	**2,31**

Âge	Enfants
6-10 ans	2,75
11-14 ans	**2,66**
15-19 ans	2,33
20-24 ans	2,28
25-34 ans	2,25
35-49 ans	2,28
40-59 ans	2,33
60-69 ans	2,25
70 ans et plus	**2,77**
Total	**2,32**

Niveau d'étude	Enfants
Primaire	2,40
Secondaire	2,41
Technique/Professionnel	2,39
Supérieur	**2,23**
Total	**2,32**

Sexe	Enfants
Une femme	**2,46**
Un homme	**2,20**
Total	**2,32**

Fréquence de sortie	Enfants
Au moins une sortie au cinéma par semaine	2,26
Entre une et trois sorties par mois	2,31
Moins d'une sortie par mois et au moins une sortie dans l'année	2,37
Total	**2,32**

Résultats du test de Fisher sexe : enfants : V_inter = 37,43 ; V_intra = 1,06 ; $F = 35{,}43$; $1 - p \geq 99{,}99\ \%$

Résultats du test de Fisher niveau d'études : enfants : V_inter = 5,19 ; V_intra = 1,05 ; $F = 4{,}93$; $1 - p = 99{,}78\ \%$

Résultats du test de Fisher profession : enfants : V_inter = 4,21 ; V_intra = 0,99 ; $F = 4{,}27$; $1 - p = 99{,}99\ \%$

Résultats du test de Fisher fréquence sortie : enfants : V_inter = 1,93 ; V_intra = 1,07 ; $F = 1{,}81$; $1 - p = 83{,}82\ \%$

SOLUTIONS

Exercice 1

Les variables peuvent relever des avantages recherchés (besoins). Nous pouvons les différencier en deux groupes, les motivations intrinsèques (je vais au cinéma pour l'expérience cinématographique en elle-même) et les motivations extrinsèques (je vais au cinéma pour ce que va m'apporter le film au-delà de l'expérience en salle) :

- se faire plaisir (motivation intrinsèque) ;
- faire plaisir à sa famille (motivation intrinsèque) ;
- s'instruire (motivation extrinsèque) ;
- chercher à se valoriser (motivation extrinsèque).

Nous pouvons ensuite répertorier les variables qui relèvent des **comportements** :

- la fréquence de sortie en salle ;
- la composition du groupe.

Mentionnons enfin, les **caractéristiques individuelles** et, en premier, lieu les variables sociodémographiques :

- l'âge ;
- le sexe ;
- la PCS ;
- la profession ;
- le niveau d'étude.

Nous pouvons également nous intéresser à des variables relevant de la personnalité, comme l'orientation visuelle/verbale.

Exercice 2

Lorsque je souhaite mettre un avant un film pour enfants, le segment naturel est composé des caractéristiques suivantes :

- concernant l'âge, les 11-14 ans dominent et de manière plus surprenante, les plus de 70 ans (sans doute les grands-parents qui accompagnent leurs petits-enfants au cinéma) ;
- de fait, le niveau d'études est essentiellement primaire et secondaire ;
- le statut majoritaire est celui de collégien, ce qui est logique au regard de l'âge du segment considéré ;

– en matière de sexe, les femmes (ou jeunes filles) sont plus attirées par les films pour enfants que les hommes (ou les jeunes garçons) ;

– en revanche, il n'y a pas de lien entre la fréquence de sortie au cinéma et la préférence pour le genre « films pour enfants ».

Sur la base de ces données, nous pouvons définir une cible principale (collégiens de 11 à 14 ans avec une légère préférence pour un public composé de jeunes filles) et une cible secondaire (personnes de plus de 70 ans, avec là encore, un public plus féminin que masculin).

Il sera donc nécessaire de construire notre stratégie de positionnement en référence à ces deux cibles. En ce qui concerne le cinéma, l'élément moteur du marketing-mix concerne la communication. Il est donc nécessaire d'aller plus loin dans l'analyse, afin de savoir comment ces deux cibles s'informent sur les films et d'être ainsi en mesure d'optimiser la campagne de communication (voir chapitre 12 sur la communication).

POINTS CLEFS

- La segmentation du marché est l'étape première et essentielle de toute démarche stratégique.
- La segmentation se fait uniquement en référence à trois types de variables : les avantages recherchés, les comportements et les caractéristiques individuelles.
- Une segmentation doit à la fois être pertinente, opérationnelle et rentable.
- La cible est un segment qui a été retenu par l'entreprise.
- La stratégie s'exerce à deux niveaux : un niveau *corporate*, qui permet de définir les activités futures de l'entreprise, et un niveau marketing, qui vise à piloter les activités actuelles.
- La stratégie *corporate* vise à définir des couples « produit-marché » en référence à trois dimensions : un groupe d'acheteurs, des besoins spécifiques à satisfaire et une technologie.
- La stratégie marketing cherche à adapter le positionnement d'une offre vis-à-vis d'une cible au travers du marketing-mix (produit, prix, distribution et communication).

CHAPITRE 8

Les outils du diagnostic stratégique

OBJECTIFS

- Être en mesure d'appliquer les outils du diagnostic stratégique.
- Savoir en tirer des décisions de nature stratégique.

PLAN

Nous allons nous pencher sur différents types d'outils de diagnostic. Nous nous intéresserons en premier lieu aux matrices (Boston Consulting Group ou BCG et McKinsey), qui permettent d'opérer des choix entre des activités ou de sélectionner des marchés, et ensuite aux différents outils nous permettant d'affiner notre positionnement sur un marché.

8.1 LES MATRICES DE DIAGNOSTIC STRATÉGIQUE

Elles sont de deux types, soit orientées vers la gestion des activités (BCG), soit tournées vers la sélection des marchés (McKinsey).

a) La matrice BCG

Ce modèle permet d'évaluer la pertinence du développement, du maintien ou de l'abandon d'une activité, et ce, au regard de deux dimensions :

- Le **taux de croissance annuel** du marché (en valeur de préférence) peut être actuel ou prévisionnel. Plus il sera élevé, plus nous serons incités à lancer ou à maintenir une activité. Nous pouvons le fixer arbitrairement à 10 % mais il faut prendre en considération la croissance moyenne de l'économie mondiale (critère du produit national brut [PNB]). En effet, un marché qui croît de 5 % dans une économie mondiale qui ne progresse en moyenne que de 2 % sera plus attractif qu'un marché qui augmente de 10 % alors que l'économie mondiale gagne 8 %. Il est également possible de se référer à la croissance moyenne des marchés sur lesquels l'entreprise est ou souhaite être présente (voir exercice). Un chiffre doit donc toujours être relativisé.
- La **part de marché relative** de l'entreprise est une mesure de sa compétitivité. Elle se calcule en effectuant un rapport entre la part de marché de l'entreprise et celle du concurrent ayant la part de marché la plus importante. La valeur moyenne est fixée à 1, ce qui correspondrait à une situation de co-leadership sur le marché.

Calcul d'une part de marché relative

Voici les parts de marché en valeur des leaders sur le marché des scooters 125 cc en 2009 :
– Yamaha : 20 % ;
– Honda : 13 % ;
– Piaggio : 14 %.
La part de marché relative de Yamaha, le leader, est de 20 % (sa part) que divise 14 % (la part de marché en valeur de son concurrent le plus important, c'est-à-dire Piaggio), soit 20 / 14 = 1,43.
La part de marché relative de Honda est 13 / 20 = 0,65.
La part de marché relative de Piaggio est 14 / 20 = 0,7.
Ici, la part de marché relative est inférieure à 1 pour Honda et Piaggio. Il est cependant évident qu'il n'est pas question d'abandonner ces activités.

Quatre types d'activité sont envisageables :

- Les **dilemmes** (*question marks*) : c'est l'activité 4. Elle est à faible part de marché dans un marché à forte croissance. Il convient de décider si elle est à développer en « stars » ou à abandonner. C'est géné-

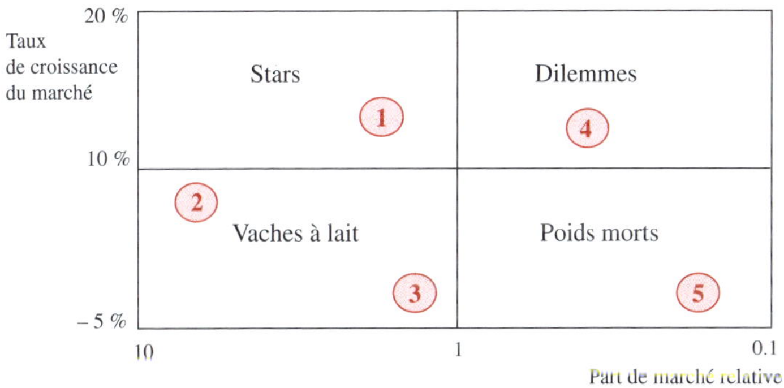

Figure 8-1 Représentation graphique du modèle BCG.

ralement à cette position que débute une activité, la logique voulant que l'entreprise investisse pour la développer. Si plusieurs activités s'avèrent être des dilemmes, au regard des ressources de l'entreprise, il faudra choisir celles à développer en « stars » et celles à abandonner. Ces dernières rapportent peu et nécessitent des investissements importants.

- Les **stars** (*stars*) : l'activité 1 a une part de marché élevée dans un marché en forte croissance. Elle est à développer tant que le marché pousse, puis à laisser glisser dans la partie « vaches à lait ». Ces activités contribuent à la rentabilité de l'entreprise mais nécessitent des investissements encore élevés.
- Les **vaches à lait** (*cash cows*) : cette position est représentée par les activités 2 et 3 qui présentent une forte part de marché dans un marché en faible croissance (ou en baisse). Ces deux activités sont à maintenir en l'état tout en limitant au maximum les investissements. Ce sont ces activités qui génèrent le cash indispensable au développement de l'entreprise.
- Les **poids morts** (*dogs*) : nous retrouvons ici l'activité 5 qui présente une faible part de marché dans un marché en décroissance (ou croissance faible). La théorie indique que ces activités sont à abandonner. Il faut toutefois vérifier leur contribution à la marge de l'entreprise. Bien qu'il ne faille plus investir à ce niveau, tant qu'elles rapportent de l'argent, il faut les maintenir sur le marché. Cependant la contribution de ces activités à la rentabilité de l'entreprise est généralement faible.

Cette matrice est particulièrement intéressante lorsque nous voulons faire un point sur les différentes activités d'une entreprise. En effet, le cycle de vie naturel d'une activité est de passer successivement par les quatre stades : dilemmes, stars, vaches à lait et enfin poids morts. Pour assurer sa pérennité, une entreprise doit disposer d'une bonne répartition de ses activités. Par exemple, une trop grande proportion de poids morts et l'absence de vaches à lait risquent de mettre l'entreprise en difficulté.

Une variante possible consiste à représenter le poids des différentes activités en fonction de la part qu'elles représentent dans le chiffre d'affaires total de l'entreprise. Plus le chiffre d'affaires est important, plus le cercle représentant l'activité est grand.

Cette matrice présente cependant une limite majeure en ne prenant pas en considération les points forts ou les points faibles de l'entreprise. Si cette dernière suit ce modèle à la lettre, elle risque de se lancer dans des diversifications hasardeuses sur des marchés qu'elle ne connaît pas, au détriment d'activités certes matures mais, surtout, qu'elle maîtrise et qui sont pérennes.

b) La matrice McKinsey

Là encore, cette matrice vise à analyser un portefeuille d'activités. Cependant elle permet essentiellement d'effectuer des choix entre plusieurs activités et marchés potentiels.

Le modèle se construit en référence à deux dimensions :

- **L'attrait du marché** résulte d'une pondération de facteurs comme la taille du marché, les perspectives d'innovation technologique, l'importance des investissements pour y rentrer ou s'y maintenir, les risques politiques, etc. Il est également possible d'affecter des coefficients aux différents facteurs.
- **La compétence de l'entreprise** est appréciée à partir de notions comme la part de marché actuelle, l'importance des ressources financières, technologiques ou humaines, de ses coûts de revient relatifs, de la qualité de ses produits, de son image, de sa notoriété et des relations établies avec les partenaires commerciaux, etc.

Nous retrouvons dans cette matrice neuf cases possibles. Plus l'attrait est fort et plus la compétence de l'entreprise est élevée, plus l'activité est ou sera rentable (situation de l'activité 1). Pour l'activité 2, il est nécessaire d'améliorer les compétences de l'entreprise. L'activité 3 est à maintenir sans chercher à trop investir, au même titre que l'activité 4. L'activité 5, si elle existe déjà, est à abandonner, sous condition qu'elle ne soit pas source de profit pour l'entreprise.

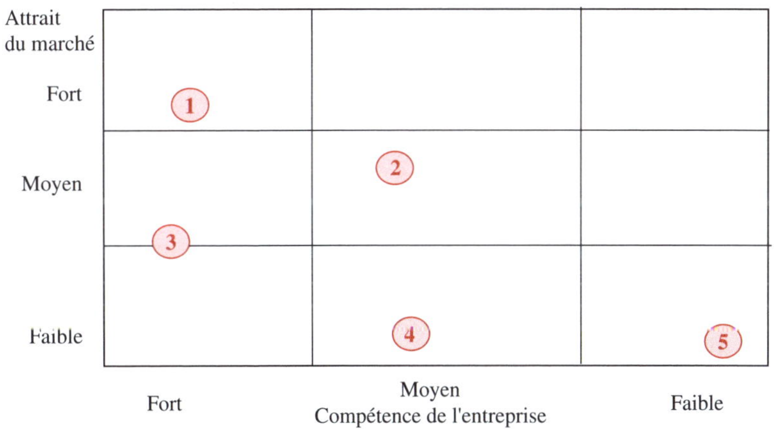

Figure 8-2 Représentation graphique du modèle McKinsey.

Cette matrice a une limite majeure : les critères retenus et surtout l'évaluation qui en est faite présentent un caractère subjectif. À titre d'exemple, la mesure d'un risque politique lié à l'instabilité d'un pays est, par nature, difficile à quantifier.

Choix d'internationalisation d'un constructeur automobile européen

Un constructeur automobile européen souhaite se développer à l'international. Deux marchés semblent particulièrement porteurs : la Chine et l'Inde. L'entreprise n'est cependant pas en mesure de se lancer conjointement sur ces deux marchés. Elle établit un tableau (voir ci-après) pour mesurer l'attractivité du marché. Sur le critère du marché, il apparaît que l'Inde obtient une note de 100 sur un maximum de 145 contre 92 pour la Chine.
De plus, l'entreprise a réalisé un bilan de ses compétences internes selon la même logique que celle retenue pour mesurer l'attractivité du marché (choix de critères, pondération éventuelle, notation et obtention d'une note finale). La majeure partie des équipes pratique l'anglais, ce qui joue essentiellement en faveur de l'Inde. En revanche, les ingénieurs produit ainsi que les services achats ont déjà plusieurs expériences de sous-traitance avec la Chine et seulement une avec l'Inde. Nous obtenons les notes suivantes : 10 points pour l'Inde sur un total de 20 possibles et 14 points pour la Chine. Au final, le choix se portera sur l'Inde car il est plus facile de travailler ses points faibles que d'espérer une évolution favorable du marché.

Critères retenus	Coefficient de pondération de 1 à 5	Notes Inde sans pondération 1 à 5	Notes Inde pondérées	Notes Chine sans pondération 1 à 5	Notes Chine pondérées
Accessibilité du marché					
Infrastructures de transport	3	2	6	4	12
Facteurs socioculturels	2	3	6	2	4
Facteurs juridiques/ administratifs	4	3	12	3	12
Potentialité du marché					
Importance de la demande	5	4	20	5	25
Ouverture internationale du marché	3	4	12	5	15
Concurrence locale et internationale	4	3	12	2	8
Risque pays					
Sécurité des transactions	4	4	16	2	8
Sécurité des investissements	4	4	16	2	8
		Score Inde	100	Score Chine	92

8.2 LE MODÈLE SWOT

Ce modèle intègre les deux dimensions évoquées précédemment. Pour établir un diagnostic stratégique, nous devons prendre en considération à la fois les éléments du marché et ceux qui relèvent de l'entreprise. Nous parlons de modèle SWOT, acronyme qui correspond aux quatre premières lettres en anglais des éléments à étudier :

- ***Strenghts*** (forces) : ressources et capacités qui permettent à une entreprise de développer un avantage concurrentiel, par exemple : une image de marque forte ;
- ***Weaknesses*** (faiblesses) : absence de certaines forces, par exemple : coûts de structure élevés ;
- ***Opportunities*** (opportunités) : éléments environnementaux qui constituent des possibilités de croissance et de profit, par exemple : arrivée de nouvelles technologies ;
- ***Threats*** (menaces) : évolution des conditions économiques qui peut pénaliser l'entreprise, par exemple : modification des tarifs douaniers.

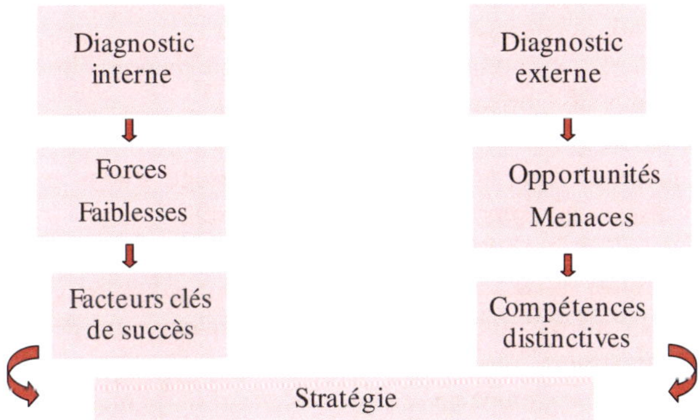

Figure 8-3 Démarche générale du diagnostic SWOT.

Nous pouvons classer ce qui relève de l'interne et de l'externe de la manière suivante : si l'entreprise peut modifier le point considéré, il s'agit alors d'une force ou d'une faiblesse ; en revanche, si l'entreprise n'a pas de pouvoir sur l'élément en question, nous sommes dans ce cas en présence d'une menace ou d'une opportunité.

Dans le SWOT, il ne faut surtout pas reprendre l'ensemble du diagnostic de marché ou d'entreprise, mais il faut être sélectif afin de mettre en exergue les points essentiels (idéalement quatre à cinq points par élément). Les premières recommandations sont établies sur la base du SWOT. Elles relèvent des compétences distinctives à développer ou à acquérir et des facteurs clés de succès qui permettront d'inscrire la stratégie de l'entreprise dans les tendances lourdes de l'environnement. Là encore, il faut être sélectif, les facteurs clés de succès et les compétences distinctives ne doivent pas dépasser cinq points.

Les opportunités et menaces sur le marché de la tablette de chocolat

Opportunités

– De nouvelles attentes à satisfaire plus porteuses en termes de marges (dégustation, nomadisme) ;
– des produits moins banalisés où pour lesquels l'effet marque est important (baisse de la concurrence des marques de distributeurs) ;
– un marché qui progresse en valeur par une montée en gamme.

Menaces

– Beaucoup de nouveaux produits, d'où une difficulté à donner de la lisibilité au client ;

– incertitudes concernant les cours du cacao ;
– un cycle de vie produit court (il est difficile de rentabiliser les investissements de fabrication et de promotion) ;
– un marché qui ne progresse pas en volume ;
– un environnement de plus en plus concurrentiel, avec les MDD qui investissent le segment des tablettes dégustation.

Cela débouche sur la mise en avant des **facteurs clés de succès** suivants :
– sécuriser au maximum les approvisionnements afin de maîtriser le coût du cacao ;
– développer la gamme en se concentrant sur le segment des tablettes à déguster et proposer de la variété avec des produits de type « série limitée » ;
– faire évoluer le packaging des produits afin de les rendre nomades ;
– travailler l'image de marque afin de limiter la montée en puissance des MDD et développer la notion de gamme autour d'une recette principale pour limiter les coûts de promotion.

8.3 LES CINQ FORCES CONCURRENTIELLES DE PORTER

Nous nous situons une fois de plus au niveau du diagnostic externe. L'analyse de Porter permet de sélectionner les marchés les plus attractifs et guide la stratégie de l'entreprise afin qu'elle joue sur certaines de ces forces pour modifier, quand c'est possible, la structure concurrentielle du marché. L'intérêt majeur de ce modèle est qu'il ne limite pas l'intensité concurrentielle sur un marché au nombre de concurrents mais la rend dépendante de la structure de la concurrence elle-même.

a) Les concurrents du secteur

Cette force évalue l'intensité de la concurrence entre les entreprises du même secteur déjà actives sur le marché. À ce niveau, la part de marché relative est l'élément clé car elle mesure l'avance ou le retard par rapport aux concurrents les plus proches. Un marché sera peu attractif s'il est déjà investi par un grand nombre de concurrents puissants et agressifs.

Les concurrents luttent au sein d'un secteur pour accroître ou maintenir leur position. Il existe entre les firmes des rapports de forces plus ou moins intenses en fonction du caractère stratégique du secteur, de l'attrait du marché, de ses perspectives de développement, du nombre de concurrents, de la taille et de la diversité des compétiteurs, etc.

Exemple. Dans l'industrie automobile européenne, la rivalité interne sur le marché est particulièrement forte. Presque tous les constructeurs mondiaux sont présents et, dans un contexte de surcapacité de production généralisée, couplé à une baisse des ventes historique en 2008, l'intensité concurrentielle n'a jamais été aussi forte. Les constructeurs redoublent de promotions, renforcent leurs actions de communication et travaillent en permanence leurs offres afin d'attirer un consommateur de plus en plus difficile à convaincre.

b) Les clients et leur force de négociation

S'ils ont un pouvoir de négociation fort, les clients influencent la rentabilité du marché avec leurs exigences en matière de prix, de services ou bien de conditions et de délais de livraison. Leur pouvoir est directement lié à leur nombre et au poids qu'ils représentent dans le chiffre d'affaires de l'entreprise. Plus ils sont dispersés, moins leur pouvoir sera grand.

Exemple. Les constructeurs automobiles qui sont les clients des sous-traitants ont un pouvoir de négociation très élevé. Une partie des gains de productivité gagnés dans l'industrie automobile a été réalisée par la sous-traitance sous la pression des constructeurs. En revanche, le pouvoir de négociation des clients finaux de l'industrie automobile reste limité, car la demande est très atomisée.

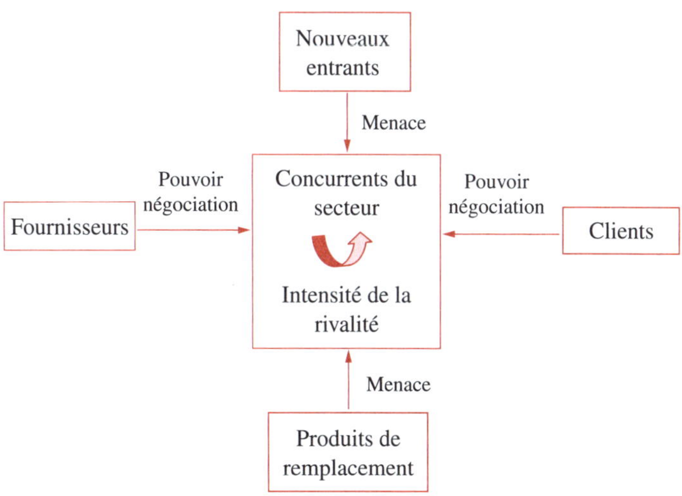

Figure 8-4 Modélisation des cinq forces concurrentielles selon Porter.

c) Les fournisseurs et leur force de négociation

Les fournisseurs peuvent disposer d'un important pouvoir, en négociant les prix et les conditions de vente. Cette capacité de négociation dépendra toutefois de leur savoir-faire (reconnu par la profession), du poids relatif des fournitures ou des matières dans les coûts de production, de la facilité à changer de fournisseur, etc. Des fournisseurs puissants peuvent fixer leurs conditions en termes de prix ou de qualité. À l'inverse, si le segment des fournisseurs est éclaté, comptant de nombreux fournisseurs peu organisés, leur poids et leur influence seront faibles.

Exemple. Le fournisseur d'une pièce standard (donc facile à produire) dans l'industrie automobile a un pouvoir de négociation très faible et se trouve en situation de dépendance vis-à-vis des constructeurs. Toutefois, il n'en est pas de même pour tous les fournisseurs de ce secteur. Ainsi le poids des producteurs d'acier s'est avéré grandissant du fait des tensions sur les marchés des matières premières. Avant la crise de 2008, sous la pression de la demande chinoise et du fait du regroupement d'acteurs comme celui opéré par ArcelorMittal, le rapport de force tournait en faveur des producteurs d'acier. Certains constructeurs comme Renault n'ont pas hésité à investir dans des fonderies comme celle du Mans (Sarthe) ou à racheter d'anciens sites comme celui de Cléon (Seine-Maritime) afin d'assurer leurs approvisionnements et de maîtriser les coûts de cette matière première.

d) Les produits de substitution

Ils correspondent à des produits qui répondent à des besoins identiques à ceux commercialisés sur un marché mais qui utilisent une technologie différente. Ils font donc partie du marché environnant. Le danger principal réside dans une perte de parts de marché face à des produits bénéficiant de coûts de production inférieurs. Le risque de voir se développer des produits de substitution est lié conjointement aux évolutions technologiques, à celle de la demande, aux coûts relatifs des matières et des méthodes de production utilisées. La veille technologique et concurrentielle est le meilleur moyen de rester en alerte à ce sujet.

Exemple. Un véhicule répond à un besoin de mobilité. Il existe donc plusieurs produits de substitution présentant une menace pour les constructeurs automobiles. C'est actuellement le scooter, plus particulièrement la version 125 cc – elle peut se conduire en étant simplement titulaire d'un permis voiture – qui constitue la menace principale. Les évolutions technologiques, comme l'apparition d'un scooter à trois roues, rendent ce véhicule plus attractif. Par ailleurs, les difficultés de déplacement et de stationnement liés aux encombrements urbains, renforcés par l'effet prix en faveur des scooters, jouent contre les voitures. Aujourd'hui, un ménage peut ainsi privilégier un scooter comme deuxième véhicule, au détriment d'une petite voiture urbaine.

e) Les entrants potentiels

Cette menace dépend des barrières à l'entrée qui peuvent exister sur un marché et dont l'objectif est d'interdire ou de rendre difficile l'arrivée de nouveaux concurrents. Nous parlons généralement d'un ticket d'entrée qui correspond à l'investissement nécessaire pour s'installer sur le marché. Les barrières susceptibles de limiter l'arrivée de nouveaux compétiteurs sur le marché sont les suivantes : la nécessité de réaliser des investissements élevés en termes de recherche et développement (R & D), de publicité, l'obligation de disposer d'un brevet ou d'une licence, l'existence de barrières culturelles ou encore la nature des réactions des acteurs historiques du marché.

Exemple. Dans le secteur automobile, les barrières à l'entrée sont à la fois fortes et nombreuses. La conception d'un véhicule suppose des compétences techniques importantes et des investissements en R & D très élevés. Les coûts marketing sont également très importants, les constructeurs faisant généralement partie des principaux annonceurs. La distribution d'un véhicule contraint à mettre en place des réseaux de concessionnaires ou de succursales. Enfin, les acteurs historiques du secteur sont particulièrement bien organisés et agressifs.

8.4 LES CARTES PERCEPTUELLES DE POSITIONNEMENT : LE MAPPING

Elles se sont imposées comme outil privilégié du positionnement grâce à leur capacité à visualiser la position d'un produit ou d'une offre. Elles mettent en évidence les dimensions essentielles et synthétiques sur lesquelles les acheteurs jugent les produits et précisent pour certains les attributs accordés à chaque marque. Ces cartes perceptuelles, qui présentent un caractère pédagogique, permettent de définir les concurrents directs et d'identifier éventuellement des opportunités en matière de repositionnement.

Le *Mapping* du Club Med

Dans l'univers des clubs de vacances, deux axes semblent déterminants dans l'esprit des consommateurs. Un premier axe représente le positionnement haut de gamme *versus* bas de gamme (cet axe exprime en premier lieu le prix et, de fait, les loisirs proposés, la qualité des buffets, la beauté du site, etc.). Un deuxième axe encore ignoré, mais déterminant, oppose le caractère familial du village de vacances à celui plus adapté aux attentes des couples.

Le mapping présenté ci-après illustre la situation initiale. Le positionnement historique du Club Med a été largement copié par des acteurs proposant des prestations de moindre qualité à des tarifs plus abordables. Pour se démarquer de ses concurrents, le Club Med a opté pour une stratégie de montée en gamme par le biais d'un vaste programme de rénovation de ses villages de vacances. Un constat s'est cependant imposé : une opposition entre deux types de clientèle. Une première correspondant à la cible historique composée de familles aisées souhaitant passer des vacances où parents et enfants peuvent s'épanouir pleinement. Cependant la nouvelle stratégie s'est traduite par une augmentation significative du prix des séjours rendant le Club inaccessible à

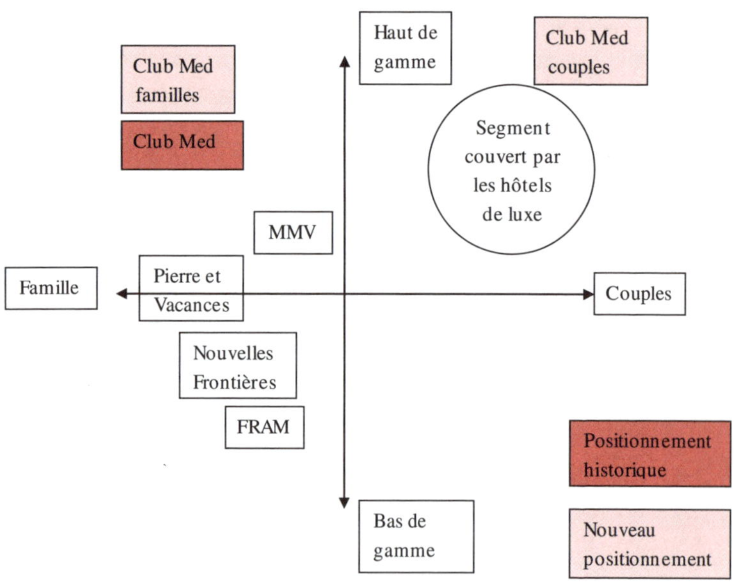

Figure 8-5 Carte perceptuelle du marché des clubs de vacances.

une partie des Gentils Membres. Il fallait donc développer un nouveau positionnement pour assurer le chiffre d'affaires. L'idée a été de proposer une nouvelle offre, destinée exclusivement aux couples (les moins de 18 ans étant théoriquement refusés dans ces villages), reposant sur le principe suivant : un couple sans enfant qui part en vacances ne souhaite pas être dérangé par ceux des autres. Il en est de même pour les couples partant sans leurs enfants.

Les cartes perceptuelles sont à manier avec précaution. En effet, le choix des axes est en partie subjectif. De plus, en résumant à deux dimensions les attentes des consommateurs, nous sommes forcément réducteurs.

8.5 LES CARACTÉRISTIQUES D'UN BON POSITIONNEMENT

Un bon positionnement doit être à la fois :

➤ **clair** : si le positionnement est trop riche, le consommateur ne sera pas en mesure de le comprendre clairement. Idéalement, un positionnement doit pouvoir être résumé en une seule phrase : « Formule 1 : l'hôtellerie à la fois économique et de qualité » ;

➤ **attractif** : il faut que la promesse principale corresponde à l'attente majoritairement exprimée par les clients potentiels. Pour Formule 1, l'attente majeure concernait un prix autour de 15 euros (100 francs) et c'est l'élément qui a été mis en avant par le groupe Accor ;

➤ **crédible** : il faut s'assurer de la cohérence entre l'offre et l'image de la marque sous laquelle le produit sera vendu. La marque du groupe Accor était un élément à porter au crédit des hôtels Formule 1 ;

➤ **différent** : un positionnement a du sens dans la mesure où il apporte une réponse nouvelle à un besoin. C'est le cas de la chaîne des Formule 1 qui, pour la première fois, proposait le confort à un prix attractif dans l'univers de l'hôtellerie. Il est toutefois possible de déroger à cette règle lorsqu'une entreprise copie le positionnement d'une autre (stratégie *me too*, qui peut se traduire par « moi aussi »). Face à la montée en puissance de la chaîne Formule 1, le groupe Envergure, concurrent direct d'Accor, n'a pas eu d'autre solution que de lancer les hôtels Première Classe ;

➤ **profitable** : en référence à la définition du marketing, toute action de positionnement doit être évaluée par rapport à sa capacité à générer des bénéfices. Les Formule 1 se sont avérés être des hôtels particulièrement rentables, surtout grâce à des taux de remplissage élevés ;

- **pérenne** : un positionnement doit s'inscrire dans la durée. Il met du temps à s'ancrer dans l'esprit du consommateur et constitue un engagement de l'entreprise vis-à-vis du client. Changer un positionnement est à la fois complexe et dangereux. Le positionnement initial de Formule 1 reste inchangé, seul le prix a été réajusté afin de tenir compte de l'inflation.

EXERCICE

Analyse d'un portefeuille d'activités

La société Vin and Co est spécialisée historiquement dans la commercialisation de vin de Bourgogne moyen de gamme. Au fil des années, elle s'est diversifiée vers des vins d'autres régions et d'autres pays, des vins plus haut de gamme mais aussi des alcools forts comme le whisky et le pastis. Elle souhaite faire un point sur ses différentes activités.

Activités	Taux de croissance du marché (en %)	CA de l'activité (en euros)	CA concurrent principal (en euros)	Taille du marché total (en euros)	Marge nette (en %)
Bourgogne haut de gamme	7	5 000 000	4 000 000	50 000 000	15
Bourgogne moyen de gamme	2	10 000 000	20 000 000	100 000 000	2
Whisky entré de gamme	5	25 000 000	100 000 000	300 000 000	5
Whisky haut de gamme	12	12 000 000	15 000 000	50 000 000	20
Pastis	1	5 000 000	80 000 000	150 000 000	– 2
Vins du sud de la France	5	35 000 000	90 000 000	1 200 000 000	1
Bordeaux Moyen de gamme	3	15 000 000	60 000 000	500 000 000	2
Vins d'Afrique du Sud	2	2 000 000	50 000 000	250 000 000	- 5
Vins du Chili	7	8 000 000	4 000 000	40 000 000	7

Travail à faire : En référence au tableau précédent, construisez une matrice BCG et élaborez des recommandations stratégiques pour chaque activité.

SOLUTION

Activités	Poids dans le CA (en %)	Part de marché (en %) (en %)	PDM concurrent principal (en %)	Part de marché relative
1/Bourgogne haut de gamme	4,27	10,00	8,00	1,25
2/Bourgogne moyen de gamme	8,55	10,00	20,00	0,50
3/Whisky entrée de gamme	21,37	8,33	33,33	0,25
4/Whisky haut de gamme	10,26	24,00	30,00	0,80
5/Pastis	4,27	3,33	53,33	0,06
6/Vins du sud de la France	29,91	2,917	7,50	0,39
7/Bordeaux Moyen de gamme	12,82	3,00	12,00	0,25
8/Vins d'Afrique du Sud	1,71	0,8	20,00	0,04
9/Vins du Chili	6,84	20,00	10,00	2,00

Le taux de croissance médian est de (15 + 2 +... – 5 + 7) = 45/9 soit 5 %.

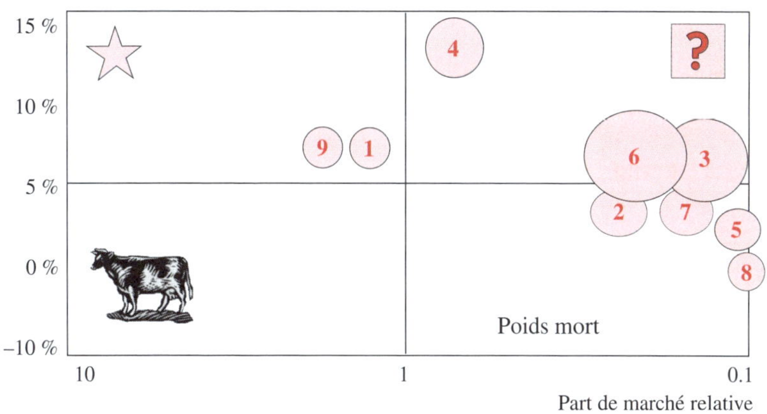

Figure 8-6

Bilan : L'entreprise ne dispose pas de produit vache à lait, ce qui risque de peser sur sa trésorerie.

L'activité whisky haut de gamme (4) est clairement porteuse : c'est là qu'il faut investir massivement.

Concernant les activités bourgognes haut de gamme (1) et vins du Chili (9), elles doivent encore être développées : ce sont actuellement des stars. L'objectif est de gagner encore des parts de marché. Ces activités seront ensuite appelées à devenir des vaches à lait.

Les activités 5 et 8 (pastis et vins d'Afrique du Sud) sont en situation de poids morts et contribuent négativement à la marge : il faut les abandonner.

Les autres activités sont à maintenir en l'état en limitant les investissements au maximum.

POINTS CLÉS

- Toute démarche stratégique doit s'établir en référence à un diagnostic interne et externe.
- Le diagnostic interne est fondé sur l'analyse des forces et faiblesses de l'entreprise et vise à dégager des compétences spécifiques à renforcer ou à développer. L'entreprise a donc prise sur ces facteurs.
- Le diagnostic externe s'intéresse aux menaces et aux opportunités du marché et permet d'identifier les facteurs clés de succès du secteur considéré. L'entreprise n'a pas prise sur ces facteurs mais doit s'y adapter.
- Chaque activité actuelle ou potentielle doit être évaluée au filtre de l'évolution du marché, de la part de marché relative et de la contribution à la marge de l'entreprise. Il ne faut pas hésiter à abandonner une activité.

PARTIE 4

Le marke
opératio

Le marketing-mix correspond à la traduction opérationnelle de la stratégie de positionnement. Il est donc en lien direct avec les décisions prises au niveau stratégique en référence à l'analyse des points forts et points faibles de l'entreprise et des opportunités et menaces du marché. Par ailleurs, le marketing-mix doit reprendre les caractéristiques de différentiation indispensables à un bon positionnement.

La qualité essentielle d'un mix est liée à son équilibre général. En, effet comme le laisse supposer le schéma présenté ci-après, les quatre

composantes du marketing-mix constituent un ensemble indissociable. L'objectif n'est pas seulement d'être excellent sur le produit ou d'avoir une communication adaptée et un prix en rapport avec son offre. En effet, si la distribution n'est pas à la hauteur des autres variables alors notre mix est de faible valeur et l'action marketing sera un échec.

CHAPITRE 9

Le produit

OBJECTIFS

- Comprendre la complexité d'un produit.
- Être en mesure de définir une gamme de produit.
- Intégrer l'importance du processus d'innovation et de la marque dans la notion de produit.

PLAN

9.1 LA NOTION DE PRODUIT

a) Définition de la notion de produit

Il est possible de définir un produit par tout ce qui peut être offert sur un marché de façon à y être remarqué, acquis ou consommé, en vue de satisfaire un besoin. Un produit ne se définit donc pas en référence à ses caractéristiques intrinsèques mais par rapport aux services qu'il rend.

b) Les différents types de produits

Il est possible de classer les produits en fonction de différentes caractéristiques :

- **leur nature** : un produit peut-être de nature tangible, comme une voiture, ou intangible, c'est-à-dire sans réalité matérielle, comme une assurance ;
- **leur durée de vie** : nous pouvons distinguer les biens durables comme une machine à laver le linge, les biens non durables, à l'image des produits alimentaires et les services, dont l'existence est liée à la simultanéité entre la production et la consommation du service. À titre d'exemple, un cours dans une classe est un service dont l'existence s'inscrit temporellement dans un créneau horaire prédéfini. La prestation de service commence et se termine avec le cours en lui-même ;
- **leur fréquence d'achat** : certains produits font l'objet d'achats fréquents comme le pain. En revanche, l'électroménager englobe des produits dont les achats sont non fréquents ;
- **la nature de l'utilisateur** : ce peut-être une industrie ou une entreprise, auquel cas le produit est soit de la matière première (billes de plastique), soit un produit semi-fini (tubes en acier) ou fini (composants électroniques). Nous sommes ici dans le cadre d'une activité *business to business*. Le produit peut également être de « consommation » et englober les biens de commodité (comme les cigarettes) ; certains correspondent à des achats réfléchis (les meubles par exemple) ; d'autres regroupent les biens de spécialités (à l'image des bijoux) et enfin les biens non recherchés (comme les articles funéraires).

c) Les différentes dimensions d'un produit

Tout produit se décompose en trois attributs majeurs : physique, de service et symbolique. Les **attributs physiques** correspondent aux caractéristiques intrinsèques du produit comme la composition, la forme, la

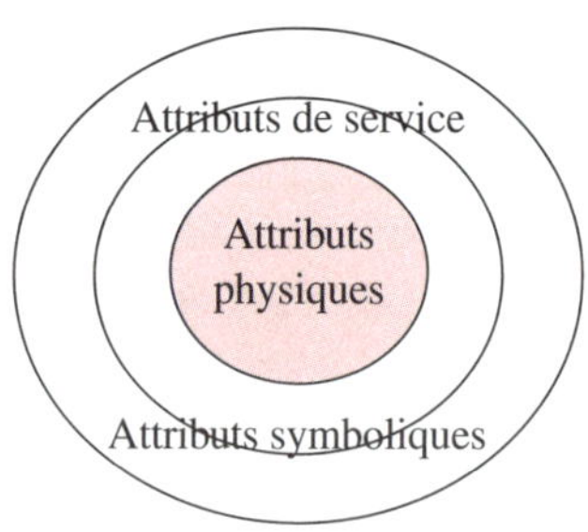

Figure 9-1 Les différentes dimensions d'un produit.

taille, le poids, les performances techniques, l'aspect matériel du packaging, etc.

Les **attributs de service** regroupent les conditions de paiement, la livraison, l'installation, les instructions d'utilisation, la garantie, la maintenance, etc.

Les **attributs symboliques** englobent toutes les significations véhiculées par le produit à travers le nom de marque, le logo, le pays d'origine, la forme, les odeurs associées ou encore les couleurs utilisées etc.

Modifier un des attributs peut nuire au produit dans son ensemble. À titre d'exemple, le logo Nestlé est composé du nom de la marque et d'un nid d'oiseau. La symbolique de nid est claire : Nestlé apporte de la nourriture. En dissociant le nid du logo pour ne conserver que le nom et la marque, ce dernier perd tout son sens. Enfin, il ne faut pas oublier qu'un dessin est souvent le seul élément de reconnaissance immédiate dans des pays à faible taux d'alphabétisation.

d) Le cycle de vie des produits

Un produit, par nature périssable, a une espérance de vie limitée. Le cycle de vie des produits s'inspire directement des modèles de la biologie. Ainsi, tel un être vivant, un produit suit irrémédiablement quatre phases, en référence au temps : lancement, croissance, maturité et déclin. La phase dans laquelle se trouve le produit dépend des conditions de marché et influence la majorité des éléments du marketing-mix.

- **Phase de lancement** : à cette étape, la demande est faible et évolue peu. La concurrence est nulle ou faible. La cible visée est composée essentiellement de personnes prêtent à payer cher pour bénéficier du nouveau produit dans les premiers (innovateurs). Concernant le mix, la gamme est réduite, le prix est élevé, la distribution est sélective et les investissements en communication cherchent à cibler les innovateurs pour les inciter à adopter le produit et à développer la notoriété du produit. Lors de cette phase, il est peu probable que l'entreprise dégage des marges bénéficiaires avec le produit considéré.
- **Phase de croissance** : à cette étape, la demande se développe rapidement. La cible passe des catégories socioprofessionnelles élevées, en début de phase, à la totalité de la population, vers la fin. La gamme s'étoffe de nouvelles versions en intégrant éventuellement des innovations supplémentaires, les prix baissent légèrement, la distribution

se veut moins sélective et la communication, plus grand public. C'est la phase la plus importante, car c'est à ce niveau que se forgent à la fois l'image de marque et la part de marché finale. De plus, l'entreprise commence à gagner de l'argent.

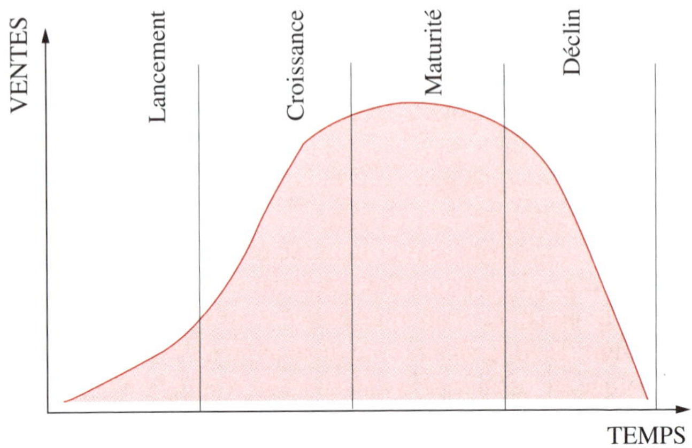

Figure 9-2 Les différentes phases de la vie d'un produit.

Phase de lancement et de croissance de l'iPhone

Lors de son lancement en juin 2007, l'iPhone d'Apple était positionné à un prix élevé (399 euros), ne pouvait être acheté que chez Orange et nécessitait généralement d'être commandé, la marque à la pomme organisant savamment la pénurie. La communication visait essentiellement à faire tester le produit ou à démontrer ses capacités techniques. En décembre 2007, seulement 70 000 innovateurs avaient acheté ce nouveau téléphone. Un an plus tard, 210 000 personnes possédaient un iPhone V1. Avec les lancements successifs de la version 3G et 3GS, Apple a su maintenir la phase de croissance. Il a ainsi écoulé 5,2 millions d'iPhone dans le monde entre fin mars et fin juin 2009, soit une hausse de 626 % par rapport à la même période en 2008. À cette occasion, la distribution est devenue moins sélective (le téléphone est maintenant disponible chez l'ensemble des opérateurs). Le prix de vente a baissé. La communication vise toujours à accroître la notoriété et à démontrer les différentes capacités du produit mais est clairement orientée grand public, notamment au travers des premières publicités télévisuelles. Dans ce spot TV, nous pouvons voir en gros plan un iPhone allumé par un homme qui utilise successivement la fonction

MP3 (type iPod), les e-mails et Internet. Le spot met également en avant le côté orientable de l'écran. Finalement l'homme reçoit un appel téléphonique.

- **Phase de maturité** : la demande concernant le produit se stabilise, elle s'oriente de plus en plus vers du renouvellement. À ce stade, la concurrence s'est organisée et propose des produits quasi identiques. La gamme s'élargit encore, afin de couvrir l'ensemble des segments de marché, et des innovations techniques permettent d'améliorer le produit. Les prix baissent puis se stabilisent, la distribution reste intensive au départ et devient plus sélective en fin de phase de maturité. La communication est en baisse et vise surtout à consolider l'image du produit. C'est à ce stade que les bénéfices sont les plus importants.
- **Phase de déclin** : la demande du produit est décroissante, la concurrence se fait de moins en moins nombreuse, la cible visée est constituée de « traînards » qui profitent des déstockages pour s'équiper à bon compte ou de nostalgiques qui n'arrivent pas à passer à la nouvelle génération de produits. La gamme se réduit fortement, les prix baissent dans un premier temps en relation avec l'écoulement des stocks puis augmentent sous l'effet de rareté, la distribution est quasi confidentielle et la communication, totalement arrêtée. Le marché des platines pour disques vinyles a été largement supplanté par le compact-disc (CD) et plus récemment par le format MP3. Il subsiste toutefois un marché composé essentiellement de personnes qui souhaitent pouvoir continuer à écouter leurs 33 tours. Ce marché de niche positionne une platine milieu de gamme autour de 150 euros, ce qui est cher comparé, au prix des lecteurs de CD.

Il est également possible d'utiliser ce schéma pour décrire le cycle de vie d'un marché. Il correspond à l'évolution des ventes de l'ensemble des produits du marché considéré. Un produit peut être en déclin sur un marché en croissance et inversement. À titre d'exemple, l'iPhone est en pleine croissance, à l'image des Smart Phone, alors que le marché des téléphones mobiles en France est arrivé à maturité (marché principalement de renouvellement).

L'axe temps peut varier très fortement en fonction de la nature du produit considéré. Nous pouvons ainsi observer les trois formes présentées à la figure 9.3, page suivante.

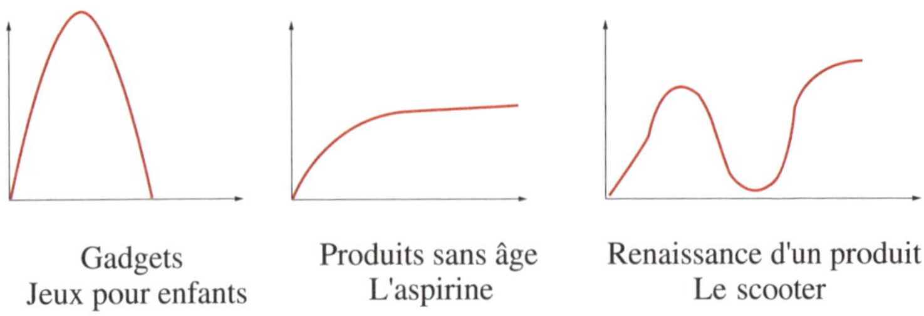

Figure 9-3 Variation de l'axe temps d'un produit.

9.2 LA GAMME

Une **gamme** correspond à un ensemble de produits liés entre eux du fait qu'ils fonctionnent de la même manière, s'adressent aux mêmes clients, ou sont vendus dans les mêmes points de vente.

a) Les dimensions d'une gamme

Une gamme a trois dimensions : la **largeur**, qui correspond au nombre de lignes ou de familles de produits distinctes, la **profondeur**, qui est liée au nombre de variantes possibles d'un modèle de base et, enfin, la **longueur**, qui représente la somme du nombre total de produits différents offerts dans la gamme, soit la totalité des produits de toutes les lignes.

La gamme des véhicules particuliers chez Renault en septembre 2009

Chez le constructeur automobile Renault, la largeur de la gamme est constituée des différents modèles (de la Twingo à la VelSatis en passant par la Mégane, soit onze modèles en considérant que le Scénic est un modèle à part entière, en conservant la Clio 2 et en excluant le Trafic dans sa version passager).

La profondeur du modèle Clio sera liée aux sous-modèles, classique et Estate, aux motorisations proposées (essence ou diesel, voire même éthanol), à la puissance des différentes motorisations, au nombre de portes (trois ou cinq) et aux différents niveaux de finition (par exemple authentique, expression, dynamique, exception pour la version Estate). Il faut y ajouter la version GT pour les Clio classiques et les séries limitées. La profondeur de gamme de la Clio correspond de fait à 59

versions différentes. Nous pouvons en compter 37 pour la Twingo et 13 pour la VelSatis. La classe Mégane présente la plus grande diversité : 55 versions pour la berline, 34 pour le coupé, 45 versions Estate et 16 pour le cabriolet, soit un total de 150 versions.
La longueur de la gamme Renault est donc composée de centaines de versions différentes des onze modèles de base.

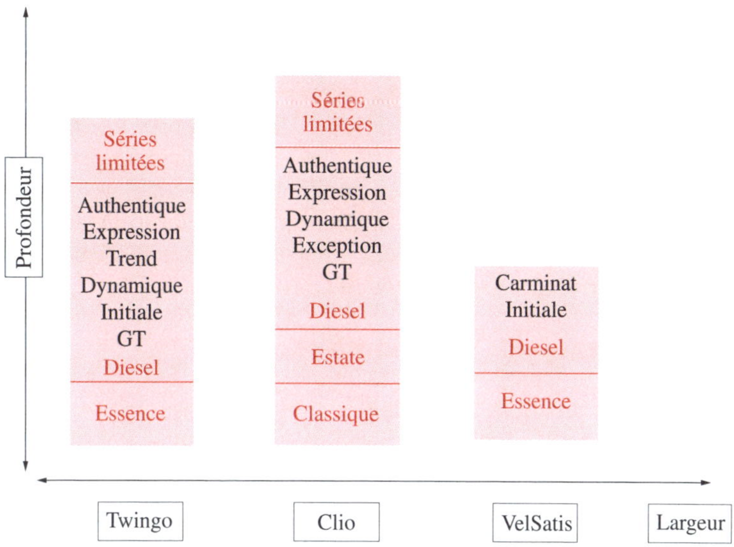

Figure 9-4

Une gamme est constituée de :

- produits d'entrée de gamme (produits d'appel), dont la fonction est essentiellement d'attirer le consommateur dans l'univers de la marque. Ils génèrent peu de marge ;
- produits milieu de gamme qui offrent théoriquement le meilleur rapport qualité prix. Ce sont généralement les produits les plus lucratifs pour l'entreprise (produits leaders) ;
- produits haut de gamme, dont la vocation est de conforter l'image de marque et d'en faire bénéficier l'ensemble de la gamme. Les marges réalisées sur ces produits sont importantes mais la contribution à la rentabilité totale de l'entreprise est faible (produits d'image).

Nous pouvons également retrouver dans une gamme des produits de transition qui préparent l'avenir (Avantime de Renault), des produits tactiques dont l'objectif essentiel est de gêner la concurrence (comme Dan'up de Danone, en réponse à Yop de Yoplait) et des produits régulateurs, dont la fonction est de compenser les fluctuations des ventes des produits leaders. Un exploitant en vin s'est ainsi lancé dans la commercialisation de whisky afin de limiter les conséquences d'une éventuelle mauvaise récolte, tout en générant des marges permettant de couvrir les frais fixes.

Exemple. La Twingo propose la solution prix la plus avantageuse mais également la performance la plus faible. La Mégane est le produit emblématique du milieu de gamme de la marque au losange. C'est sur ce modèle que se construit l'essentiel de la rentabilité du groupe. À l'opposé, nous retrouvons la VelSatis qui, avec l'Espace, est le véhicule le plus cher de la gamme. Ce modèle bénéficie de l'ensemble des innovations de la marque bien qu'il génère peu de chiffre d'affaires. L'Avantime avait pour fonction de préparer le public à la nouvelle stratégie de design différencié et n'avait pas pour vocation d'être produit dans la durée.

b) Les stratégies de gamme

L'arbitrage principal réside dans le choix d'une gamme plus ou moins longue. Chaque stratégie de gamme présente des avantages et des inconvénients.

Une gamme courte confère à l'entreprise une image de spécialiste, limite les coûts comme ceux de production et de stockage, améliore la connaissance des produits au niveau de la force de vente et permet un positionnement haut de gamme. Cependant une gamme courte suppose que l'entreprise ne réponde pas à l'ensemble des besoins du marché et est donc plus vulnérable aux changements de goûts des consommateurs. Cela correspond à mettre presque tous ses œufs dans le même panier.

Exemple. C'est ce qui est arrivé à la marque de 4×4 Hummer, dont les modèles dérivés des véhicules militaires américains connaissaient un réel succès. La crise des subprimes, renforcée par une prise de conscience du caractère polluant de ces véhicules, a mis la marque dans une situation plus que difficile. En juin 2009, suite à sa mise en faillite, General Motors a vendu la marque à des investisseurs chinois. Son avenir reste aujourd'hui encore plus qu'incertain.

Une gamme longue permet de s'adresser à l'ensemble du marché et donc de proposer aux clients des produits qui s'adaptent à l'évolution de leurs besoins (d'où, par exemple, l'importance des véhicules haut de gamme chez les constructeurs généralistes comme Renault). Les risques liés à l'échec d'un modèle sont limités, car répartis sur l'ensemble de la gamme. Cependant une gamme longue est plus coûteuse (logistique, administration, communication, etc.) et présente surtout un risque de cannibalisation des produits entre eux. La volonté de répondre toujours plus aux attentes du marché amène ainsi les constructeurs automobiles à lancer des modèles intermédiaires comme la Modus. Ce véhicule n'a pas été le développeur de ventes attendu. Ses parts de marché se sont construites en grande partie au détriment de la Clio et de la Mégane. L'apport de ce modèle est donc discutable puisqu'il vient peser sur les frais fixes de l'entreprise (développement, production et commercialisation).

Tableau 9.1

Stratégie	Gamme
Indifférenciée	Étroite et peu profonde
Extensive ou différenciée	Large et profonde
Concentrée	Étroite et profonde
Sur mesure	Très large et peu profonde

Comme l'ensemble du marketing-mix, la stratégie de gamme doit être en cohérence avec la stratégie globale de l'entreprise.

9.3 L'INNOVATION ET LE DÉVELOPPEMENT DE NOUVEAUX PRODUITS

Une entreprise doit veiller à avoir une répartition équilibrée de ses produits. Trop de produits en phase de lancement risquent de mettre en péril la rentabilité de l'entreprise. Inversement, une majorité de produits en déclin ou à maturité est un signe de vieillissement de la gamme et d'un manque de préparation de l'avenir. De plus, il ne faut pas attendre la disparition définitive d'un produit mais l'anticiper en lançant de nouvelles offres dès le début de la phase de déclin du produit à remplacer. Cela évitera notamment que la concurrence capte la clientèle avec une offre plus actuelle. C'est à ce niveau que le processus d'innovation s'avère indispensable.

Exemple. Lors du renouvellement de la Safrane, Renault a décidé d'arrêter la production de cet ancien modèle qui avait rencontré un réel succès sur le marché haut de gamme alors que sa remplaçante, la VelSatis, n'était pas encore commercialisée. Des clients historiques de Renault, principalement des chefs d'entreprise, qui ne souhaitaient pas avoir un Espace ou une Laguna à titre transitoire, sont partis à la concurrence. La principale gagnante a été la Peugeot 607.

a) L'innovation du point de vue du consommateur

L'innovation est un élément par nature subjectif et ne peut être appréhendée que du point de vue du consommateur. Au final, n'est nouveau que ce qui est jugé comme tel par l'utilisateur potentiel et non pas simplement voulu par l'entreprise. Nous pouvons donc retenir la définition suivante : l'innovation correspond à n'importe quelle chose perçue comme étant nouvelle par un utilisateur éventuel, l'adoption du produit se traduisant par un changement dans le comportement de l'acheteur.

L'innovation permet à l'entreprise de survivre et présente trois avantages majeurs :

- **Elle stimule la demande**. Le marché des lecteurs de DVD de salon se renouvelle plus rapidement grâce aux innovations. Sans l'apparition des formats DivX ou Blue-Ray, bon nombre de consommateurs auraient attendu une défaillance du matériel en leur possession pour le changer.
- **L'innovation est source de marges additionnelles**. Une nouvelle technologie évite la banalisation du produit et justifie un prix de lancement supérieur aux prix du marché. Au fur et à mesure qu'une technologie se diffuse dans la population, elle perd son caractère innovant. Cette diffusion s'accompagne d'une augmentation des ventes et une baisse des prix. Elle permet parfois de relancer un produit tout en améliorant significativement la rentabilité. Les salades préparées en sachet sont vendues aux environs des 3 euros les 250 grammes soit six fois plus cher qu'une salade vendue entière.
- **L'innovation permet de se différencier de la concurrence**. Lorsque le marché est mature, les perspectives de gains de parts de marchés sont faibles. Innover est la meilleure façon de redistribuer les cartes sur un marché. Sur un marché des téléphones portables mature et dominé par des intervenants historiques comme Nokia, Apple, avec son iPhone, est en passe de devenir un des acteurs principaux. Ainsi sur un marché mondial en baisse de 6,1 % au deuxième trimestre 2008 avec 286,1 millions de téléphones portables vendus, Apple a écoulé 5,3 millions d'iPhone au cours de cette même période. Ce résultat reste certes modeste, mais il ne faut oublier que la marque à la pomme n'est active sur ce marché que depuis deux ans.

b) Nature et types d'innovations

Nous pouvons classifier les innovations en fonction de deux critères. En premier lieu, nous devons prendre en considération la perception de l'innovation du point de vue du client qui la perçoit forte ou faible. Dans un deuxième temps, il convient de nous intéresser à la nature de l'innovation en elle-même, qui peut être essentiellement technique ou prendre sa source dans le marketing. La majorité des innovations sont aujourd'hui dominées par le marketing.

Nous pouvons ainsi distinguer quatre types d'innovations, classées de la moins à la plus importante :

- **Innovation de renouvellement** : elle consiste principalement en une simple évolution de la gamme. Le fait de proposer le sucre sous poche plastique transparente avec bouchon permet d'améliorer l'aspect du produit et d'en faciliter l'utilisation. Mais cela ne modifie en rien la façon de consommer du sucre, ne suppose aucune évolution technologique majeure et ne va pas redynamiser le marché.
- **Innovation de production** : elle est peu perceptible par le consommateur car elle concerne essentiellement le processus de fabrication. Le fait d'avoir des plateformes communes entre différents modèles des marques Nissan et Renault ne change rien pour le consommateur final. L'intérêt majeur est la réalisation d'économies d'échelle.
- **Innovation de rupture** : c'est une innovation qui vient rompre avec un certain nombre d'idées reçues sur les produits du marché ou de la marque. Ainsi le fait de proposer la compote de pomme dans un conditionnement nomade et individuel est une véritable rupture. Le consommateur a modifié sa manière de consommer ce produit. Cette innovation a relancé le marché de la compote.
- **Innovation radicale** : ce sont les innovations les plus rares. L'apparition d'Internet dans nos modes de vie personnels et professionnels a radicalement modifié nombre de comportements. La perception de l'innovation est très forte du point de vue de consommateur.

Tableau 9.2 Typologie des innovations

Typologie des innovations	Perception de l'innovation par les clients	
	Fort	**Faible**
Innovation à dominante technologique	Innovation radicale Lancement de la technologie Internet	Innovation de production Mise en place des plateformes communes
Innovation à dominante Marketing	Innovation de rupture Lancement de la compote en format de poche	Innovation de renouvellement Proposition de sucre sous poche plastique avec bouchon

9.4 LA MARQUE ET SA GESTION

Nous pouvons définir la marque ainsi : la marque est un nom, un terme, un signe, un symbole, un dessin ou toute combinaison de ces éléments servant à identifier les biens ou services d'un vendeur ou d'un groupe de vendeurs et à les différencier des concurrents.

Si l'on évoque un simple symbole : une virgule inversée et allongée, c'est à Nike que nous pensons. Dans le même ordre d'idée, un enfant qui ne sait pas encore lire est parfaitement en mesure de reconnaître le logo de McDonald's et donc de négocier son Happy Meal. Les marques sont partout, elles envahissent notre espace visuel, sonore voire même olfactif. Des dizaines de milliers de marques font leur apparition chaque année mais peu sont, au final, mémorisées par les consommateurs.

Une bonne marque doit combiner de nombreuses qualités :

- Elle doit être **lisible et audible**. Il faut éviter les noms trop longs, plus difficilement mémorisables. La marque Kodak a été créée en 1888 par George Eastman avec un seul objectif : se prononcer phonétiquement de manière similaire dans l'ensemble du monde.
- Elle doit être **évocatrice** de l'univers de référence de la marque et si possible exportable afin d'en favoriser la mémorisation. La marque Taillefine est clairement évocatrice de l'univers des produits allégés mais peu utilisable en dehors des zones francophones, ce qui peut être considéré comme une faiblesse.
- Elle doit être **déclinable**. Une marque peut ainsi servir de racine à d'autres marques. L'exemple le plus célèbre est sans doute Danone avec Danao, Dan'up, Danette, Danacol, etc.

a) Les fonctions de la marque

La marque est donc clairement un signe distinctif, synthétique, clair, dont l'objet est de résumer un positionnement aux individus. Du point de vue des consommateurs, la marque a les fonctions suivantes :

- une fonction de **repérage** : elle permet, une fois mémorisée, une identification presque automatique du produit. Dans la durée, cela peut déboucher sur un sentiment de permanence et d'intimité avec la marque ;
- une fonction de **praticité** : en s'appuyant sur le simple repérage de la marque, le consommateur limite ses dépenses en temps et en énergie lors de ses courses (rachat à l'identique) ;
- une fonction de **garantie** : la marque rassure, elle est gage pour le consommateur de constance dans la qualité quels que soient les lieux ou les moments de l'achat ;
- une fonction d'**optimisation** : dans l'esprit du client, la marque est supposée proposer la meilleure performance pour la classe de produits considérée. Nous insistons sur le mot « supposée » car la marque en elle-même influence la perception de la qualité du produit ;
- une fonction de **personnalisation** : un individu cherche à consommer des produits qui sont en adéquation avec l'idée qu'il a ou qu'il veut donner de sa personnalité. Le comportement de la marque sur des critères d'éthique peut également être intégré à ce niveau.

Les jus d'orange

Une expérience menée dans le cadre d'un cours nous a conduits à démonter à quel point les marques influencent la perception gustative des produits. Les étudiants devaient déguster en aveugle quatre jus d'orange de catégorie identique. Ils devaient évaluer les produits en référence à une grille de dégustation, permettant d'arriver à une note pour chaque produit. Il suffisait ensuite de faire la moyenne des réponses et de les classer. Ils ont ainsi dégusté un jus bio, un jus d'orange de la marque Tropicana, un jus d'orange de la marque de distributeur Auchan en bouteille de verre et un jus d'orange de la marque de distributeur Auchan en boîte carton. Nous avons ensuite renouvelé l'expérience, mais cette fois avec les marques visibles.
En aveugle, le jus préféré était celui de la marque Auchan en bouteille de verre, puis le Tropicana, puis la marque Auchan en boîte carton et enfin la marque bio qui avait été perçue à l'unanimité comme trop

acide. Avec les marques visibles, le classement s'est trouvé bouleversé : Tropicana devenait numéro un, la marque bio passait en deuxième position, la marque Auchan (bouteille verre) reculait en troisième position et enfin la marque Auchan (boîte carton) se retrouvait bonne dernière. Le plus étonnant est que l'acidité perçue en aveugle pour le produit bio avait presque totalement disparu.

Une marque présente donc également des avantages pour l'entreprise. **Elle a une valeur financière et commerciale** : en fidélisant les consommateurs, elle constitue un fonds de commerce valorisable pour l'entreprise. La marque peut également faire l'objet de cession ou de droits d'exploitation sous la forme de licences.

La marque Coca-Cola, leader incontesté depuis de nombreuses années, est ainsi valorisée en 2008 à plus de 66 milliards de dollars, IBM et Microsoft sont à quasi-égalité à 59 milliards et, pour la première fois, une valeur issue du monde d'Internet fait son entrée dans le top 10 (Google à la dixième place est valorisée à presque 26 milliards). Cette valeur se justifie par le fait qu'une marque permet de vendre davantage, notamment grâce à sa fonction de repérage, mais aussi de vendre plus cher. Le client est prêt à dépenser plus pour bénéficier des qualités perçues de la marque.

b) Les différents types et statuts de marques

Il convient de distinguer divers types de marques de fabricants ou marques nationales, comme Yoplait, et les marques de distributeurs qui, à l'image de celles développées par Carrefour, correspondent soit à des produits marqués à l'enseigne du distributeur (Carrefour, Auchan, etc.), soit à des marques nouvelles mais gérées par le distributeur (Tex, Firstline, etc.).

Par ailleurs, il existe de nombreux statuts de marques que nous pouvons classer en fonction de la capacité pour le consommateur à en authentifier l'origine et sur le caractère plus ou moins individualisé de la marque vis-à-vis d'un produit.

La marque peut se confondre totalement avec le produit et le nom de l'entreprise, nous parlons de « **branduit** ». C'est un cas de plus en plus rare car ces entreprises sont généralement rachetées par des groupes comme Schweppes l'a été par Cadbury. Nous avons la **marque produit**, une marque pour un seul produit à laquelle nous pouvons associer une promesse spécifique. La **marque gamme**, quant à elle, associe un ensemble de produits avec une promesse commune. La **marque**

ombrelle qui vient cautionner et parfois se juxtaposer à la marque gamme ou produit. Danone en signant l'ensemble de ses produits fournit une caution. Enfin nous avons la **griffe** que nous pouvons associer à une signature, un style qui incarnent une compétence reconnue et qui vient marquer des produits très divers.

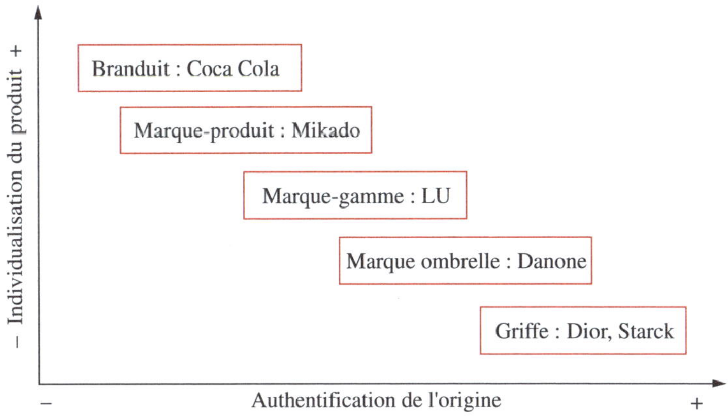

Figure 9-5 Les différents statuts de marques.

c) Les concepts de notoriété et d'image de marque

Les deux notions se complètent, l'une vise à mesurer le niveau de connaissance de la marque, l'autre se focalise plus sur la relation du consommateur à la marque. Il est possible d'être connu sans être apprécié, l'inverse n'est pas possible. La notoriété est donc première, l'image vient ensuite.

- La **notoriété** mesure l'étendue de la connaissance de la marque. Elle peut-être « spontanée » (pouvez-vous citer toutes les marques de lessives que vous connaissez, ne serait-ce que de nom ?). La marque citée en moyenne en premier sera qualifiée de « top of mind » (la première dans l'esprit). Il est également possible de mesurer une notoriété assistée (parmi les marques de lessives suivantes, lesquelles connaissez-vous, ne serait-ce que de nom ?). La notoriété est essentielle car plus une marque est connue, plus elle a de chance de faire partie de l'ensemble évoqué du consommateur, c'est-à-dire le groupe de marques qui sera évalué dans le cadre du choix final. De plus, il a été démontré que, dans une catégorie de produits similaires, la marque la plus connue est celle qui est la plus achetée. L'entreprise peut modifier la notoriété de ses produits et de marques par ses actions de communication. La notoriété d'une marque peut ainsi évoluer rapidement.

Exemple. Si l'on vous parle de restauration rapide, vous pensez à McDonald's, si l'on vous demande de trouver un hôtel économique en France, c'est Formule 1 qui vous vient à l'esprit et, si vous devez louer une voiture, c'est en priorité chez Avis ou Hertz que vous vous renseignerez. La notoriété est donc une formidable manière de pré-vendre. Vous observerez que, dans tous les aéroports du monde, il y a deux comptoirs de location de voiture avec une file d'attente : Hertz et Avis. Si nous nous intéressons fondamentalement aux offres de ces deux entreprises, elles ne sont pas de meilleure qualité que les offres locales et sont parfois plus chères. Pourtant ce sont elles que nous privilégions. Nous parlerons ici de stratégie de « pull », qui consiste à attirer le consommateur vers les produits.

- L'**image de marque** correspond à la perception de la marque par le consommateur. C'est un élément plus stable et plus difficile à faire changer car l'image de marque est propre à chaque consommateur, subjective et souvent simplificatrice. Elle se construit en référence à des sources multiples, dont les principales sont les caractéristiques des produits (comme la qualité perçue), la satisfaction liée aux expériences des clients, la communication de la marque, les relations interpersonnelles autour de la marque (rumeur et bouche à oreille) et, enfin, l'image que confèrent ses acheteurs à la marque.

d) La stratégie de marque

Lorsqu'elle lance un nouveau produit, l'entreprise dispose de quatre stratégies de marques possibles. Les choix dépendent essentiellement de deux paramètres, le caractère nouveau ou non de la catégorie de produits et de la marque.

Tableau 9.3 Les différentes stratégies de marques

Les différentes stratégies de marques		Catégorie de produits	
		Nouvelle	**Existante**
Marque	**Nouvelle**	Nouvelles marques	Marques multiples
	Existante	Extension de marque	Extension de gamme

- **Nouvelle marque** : c'est le choix le plus onéreux car pour donner de la lisibilité à la nouvelle marque, il est nécessaire d'investir massivement en communication. Ce choix est à faire uniquement lorsqu'il n'existe pas d'alternative et que la marque de l'entreprise est jugée inappropriée pour se lancer. En 1996, lors du lancement d'un nouveau yaourt qui aide à renforcer les défenses naturelles, aucune des marques existantes n'était adaptée : ainsi est né Actimel.

➤ **Marque multiple** : même si cela peut paraître paradoxal, l'entreprise développe plusieurs marques qui se concurrencent. Pratiquée essentiellement dans l'univers de la grande distribution, cette stratégie a pour objectif d'obtenir plus d'espace dans les linéaires. Cela permet également d'investir des axes publicitaires différents en fonction des marques, tirant ainsi profit de l'ensemble des segments du marché.

Exemple. C'est typiquement la stratégie développée par Procter & Gamble dans l'univers des lessives. Le groupe propose ainsi Ace, Bonux, Gama, Dash 2 en 1, Vizir, Ariel et plus récemment M. Propre. Ace se positionne dans l'univers du détachant, Gama est la lessive entrée de gamme, Dash 2 en 1 incorpore un assouplissant, Vizir permet des lavages à basse température, Ariel, la marque leader, est positionnée haut de gamme sur le principe de préservation du linge et M. Propre joue sur l'idée de la « force » du nettoyage. Dans ce cas particulier, le fait d'utiliser la marque M. Propre pour se développer dans les lessives correspond à une extension de marque.

➤ **Extension de marque** : l'entreprise réutilise une marque ayant déjà fait ses preuves pour développer une nouvelle catégorie de produits. C'est un choix peu onéreux car le nouveau produit profite immédiatement de la notoriété de la marque. Il est toutefois important de s'assurer de la cohérence entre le positionnement historique de la marque et la nouvelle catégorie de produit. L'exemple maintenant célèbre du lancement du parfum Bic est exactement le type d'extension de marque raté. Le concept du produit jetable était cohérent pour les stylos, rasoirs et briquets mais pas pour le parfum.

➤ **Extension de gamme** : l'entreprise se contente ici d'ajouter une variété dans une gamme et une marque déjà existantes. Lorsque le groupe Procter & Gamble ajoute la nouvelle version de lessive Excel Gel sous le nom d'Ariel, c'est une extension de gamme.

EXERCICES

1. Les différentes dimensions d'un produit

Travail à faire : Identifiez les différentes dimensions possibles des catégories de produits suivantes :

- un véhicule particulier (par exemple le Scénic) ;
- une boîte de petits pois ;
- un séjour dans un club de vacances.

2. Cycle de vie

Travail à faire : Indiquez pour les produits suivants où ils se trouvent dans leur cycle de vie fin 2009 :

- l'iPhone 3G ;
- l'iPhone 3GS ;
- la VelSatis de chez Renault ;
- le Doliprane ;
- la Logan de chez Dacia ;
- le scooter 125 cc MP3 de Piaggio ;
- le scooter 400 cc MP4 de Piaggio.

SOLUTIONS

Exercice 1

- Un véhicule particulier : attributs physiques (nombre de places, taille du coffre, puissance du moteur, nature des équipements, etc.), attributs de services (durée de la garantie, délais de livraison, modalités de paiement, etc.) et attributs symboliques (appartenance à un groupe, image de marque associée, sentiment de domination, de puissance, etc.).
- Une boîte de petits pois : attributs physiques (poids et taille de la boîte, facilité d'ouverture, etc.), attributs de services (numéro vert principalement) et attributs symboliques (couleurs du packaging, qualité associée à la marque, etc.).
- Un séjour dans un club de vacances : attributs physiques (catégorie de logement, nature des prestations, durée, date de départ, etc.), attributs

de services (conditions de paiement, d'annulation éventuelle, garanties données concernant la qualité des prestations) et attributs symboliques (statut social lié au club de vacances, besoins d'évasion, etc.).

Exercice 2

Fin 2009 sont :

– en phase de lancement : le scooter 400 cc MP4 de Piaggio ;

– en phase de croissance : l'iPhone 3GS et la Logan de chez Dacia ;

– en phase de maturité : le Doliprane ;

– en phase de déclin : le scooter 125 cc MP3 de Piaggio, l'iPhone 3G et la VelSatis.

POINTS CLEFS

- Un produit ne se résume pas à ses dimensions physiques mais doit être appréhendé également au travers de ses attributs de service et symboliques.
- La compréhension de l'étape du cycle de vie dans laquelle se trouve un produit permet d'adapter l'ensemble de la stratégie de positionnement.
- Une gamme s'appréhende en fonction de trois dimensions : la largeur, la profondeur et la longueur.
- L'innovation est indispensable à la survie de l'entreprise et peut prendre différentes formes (radicale, rupture, production et renouvellement).
- La gestion de la marque doit faire l'objet d'une attention toute particulière au sein de l'entreprise. Une marque doit être à la fois lisible, audible, évocatrice et déclinable. Par ailleurs, la marque a plusieurs fonctions : repérage, praticité, garantie, optimisation et personnalisation.
- La notoriété et l'image de marque des produits sont deux paramètres à mesurer et à contrôler car ils ont une influence directe sur le comportement du consommateur.

CHAPITRE 10

Le prix

OBJECTIFS

- Intégrer l'importance du prix dans le marketing-mix et les antécédents d'un prix du point de vue du consommateur.
- Comprendre les principales méthodes de fixation d'un prix ainsi que les différentes stratégies prix envisageables.

PLAN

10.1 LE CONCEPT DE PRIX

a) Définition et déterminants d'un prix

Quel est le juste prix d'un produit ? Cette question est récurrente dans la démarche marketing. Doit-il y avoir un lien direct entre le coût de fabrication d'un produit ou service et son prix de vente ? En fait, tout dépend de la perception du consommateur. Dans l'univers des produits de luxe, les prix de vente sont souvent sans aucun rapport avec les coûts de fabrication et, pourtant, il existe une demande pour cette catégorie de biens.

De fait, le prix n'a de sens que du point de vue de consommateur. Nous pouvons en donner la définition suivante : le prix est un sacrifice que le consommateur est prêt à consentir pour acquérir un bien ou un service.

Le prix apparaît *a priori* comme la variable du marketing-mix la plus simple à établir, car elle se traduit par un élément objectif. C'est, par ailleurs, la seule composante qui rapporte de l'argent à l'entreprise.

Enfin, le prix est particulièrement important, car c'est le critère le plus considéré par le consommateur au moment de l'achat, et ce, toutes catégories de produits confondues. Un mauvais positionnement prix aura des conséquences lourdes sur la rentabilité de l'entreprise.

b) Quand doit-on fixer ou modifier un prix ?

Quatre situations imposent de déterminer un prix :

- **L'entreprise lance un nouveau produit**. Elle se trouve donc dans l'obligation de fixer un prix de vente. C'est à ce niveau que les incertitudes sont les plus grandes. Le processus de fixation du prix est particulièrement complexe : de nombreuses inconnues existent comme les réactions de la clientèle et de la concurrence, le coût de revient, l'image associée au produit, etc. Un prix élevé est généralement privilégié dans la phase de lancement afin de se prémunir contre des coûts non maîtrisés. Le prix aura tendance à baisser durant la vie du produit. Toutefois, un prix de lancement trop élevé peut décourager les consommateurs potentiels et ainsi tuer dans l'œuf les perspectives de croissance du produit. Un prix trop faible peut s'avérer désastreux en termes de rentabilité et son augmentation *a posteriori* est toujours très difficile à justifier.
- **L'entreprise lance un produit sur un nouveau segment de clientèle, par un nouveau circuit de distribution, ou encore sur un nouveau marché géographique**. Dans ce contexte, elle bénéficie de l'expérience acquise (prix de revient principalement). Lorsque Dell décide de développer ses ventes d'ordinateurs, elle privilégie un canal de distribution : Internet. Cette nouvelle stratégie de distribution permet une meilleure préservation de la marge et conduit Dell à repositionner ses prix à la baisse. La firme devient leader en 1999 de la vente de PC aux États-Unis.
- **Les concurrents les plus directs ont modifié leur prix**. Lorsqu'un concurrent direct modifie à la baisse sa politique prix, l'entreprise est alors obligée d'organiser une contre-attaque, sous peine de voir sa part de marché diminuer. La modification du prix à la baisse, en s'alignant, peut être une stratégie envisageable. L'arrivée de l'opérateur Free dans l'univers de la téléphonie fixe et d'Internet a ainsi obligé Orange à revoir sa politique tarifaire à la baisse. Les trois opérateurs historiques de la téléphonie mobile en France voient ainsi d'un très mauvais œil l'arrivée potentielle de Free sur ce marché au travers de l'achat de la quatrième licence.
- **Une hausse ou une baisse du coût d'achat des composants du produit**. Cela entraîne une modification du coût de revient, qui rend

possible ou impose une révision des tarifs à la hausse ou à la baisse. Les fabricants de chocolat sont particulièrement dépendants du cours du cacao. Nous pouvons ainsi observer une hausse du prix moyen des tablettes de chocolat en période de hausse des cours de cacao. Inversement, en période de baisse des cours, le prix des tablettes baisse également.

Lancement d'un nouveau produit

Lorsque la firme Apple a introduit l'iPhone sur le marché français, elle a fait le choix d'un prix de lancement particulièrement élevé (399 euros avec un abonnement). La marque à la pomme manquait d'éléments de référence. Elle ouvrait en effet un nouveau segment – les smartphones – et n'était pas en mesure d'anticiper sa légitimité dans l'univers de la téléphonie mobile. Par ailleurs, une partie des coûts de fabrication et de commercialisation restait incertaine du fait du manque de visibilité sur les volumes de vente. Devant le succès rencontré, Apple a régulièrement baissé le prix de son téléphone, afin d'en améliorer la diffusion.

c) Les conséquences de la fixation d'un prix

- **sur la rentabilité** : le prix de vente est à l'origine de la marge qui permet d'amortir les charges fixes engagées pour la fabrication et la commercialisation d'un produit ainsi que de couvrir l'ensemble des frais généraux de l'entreprise. Le prix retenu doit donc permettre de dégager une marge globale suffisante (nombre d'unités vendues que multiplie la marge unitaire) à la couverture des charges fixes totales. Il convient d'ajouter à ces dernières les charges variables nécessaires à la fabrication et à la commercialisation des produits ;
- **sur la demande** : la demande qui s'exerce vis-à-vis du produit est directement liée à son prix et influence le niveau des ventes. Ainsi, un prix trop élevé risque de faire subir au produit un effet de revenu (le nombre de personnes en mesure d'acheter le produit est limité) et un prix trop faible risque de faire subir un effet de qualité perçue médiocre (les personnes n'achètent pas car elles ont un doute en ce qui concerne la qualité du produit). L'attitude des distributeurs est également susceptible d'influencer les ventes. En effet, ces derniers auront tendance à mettre en avant les produits sur lesquels ils réalisent les plus fortes marges ;
- **sur le positionnement** : la perception du produit par les consommateurs, autrement dit l'image, est fortement influencée par son prix. Le

prix est un facteur puissant d'image de marque, il doit donc être en cohérence avec le positionnement perçu ou souhaité par l'entreprise. Ainsi, un prix élevé confère au produit une image haut de gamme. À ce niveau, l'entreprise doit veiller à ce que le prix d'un produit reste en phase avec son positionnement global ;

- **sur la comparaison avec la concurrence** : le prix est la composante la plus visible et la plus accessible du marketing-mix pour le consommateur lors du processus d'achat. Le tarif adopté est une source de comparaison entre produits concurrents et peut être à l'origine d'une modification du rapport de force en termes de parts de marché.

Lancement de la Laguna III par Renault

À l'image de Renault avec la Laguna III, lorsqu'un constructeur automobile lance un nouveau modèle, il ne cherche pas simplement à le rentabiliser, il vise également à couvrir les frais de structure (direction, communication corporate, communication interne, etc.). Cependant, lors de son lancement en juin 2007, le prix de la Laguna III a été perçu comme trop élevé, détournant ainsi des acheteurs potentiels vers d'autres modèles de la gamme Renault moins générateurs de marges ou, plus grave, vers des véhicules de marques concurrentes. Se pose à ce niveau le problème du positionnement du véhicule par rapport à l'image de marque de Renault. L'objectif visait d'être une alternative crédible à la Série 3 de BMW ou encore l'Audi A4. Sans minimiser les qualités intrinsèques de la Laguna III, son prix n'est pas en rapport avec le positionnement historique de la marque. À prix égal, un automobiliste privilégie des marques plus porteuses en matière d'image.

10.2 LE PRIX ET LE COMPORTEMENT DU CONSOMMATEUR

Nous le comprenons par les développements précédents, la perception du prix par le consommateur est essentielle. Une des traductions marketing de cette perception du prix est la notion de sensibilité au prix.

Nous devons préciser que l'importance du prix du produit lors du processus d'achat varie. Ainsi, plus l'achat pèse dans le budget global, plus la sensibilité au prix est forte (logement, voiture, etc.). La sensibilité au prix n'est pas la même en fonction de qui supporte le montant de l'achat (une personne bénéficiant d'une prise en charge par sa mutuelle à 300 % des dépassements d'honoraires est moins sensible aux prix pratiqués par un médecin que celle qui n'est couverte qu'à hauteur de 100 % du tarif Sécurité sociale). La sensibilité au prix est également minorée lorsque des critères d'image, d'ergonomie ou encore de qualité dominent au détriment du prix (le whisky lancé sous diverses marques de distributeurs a été un échec, car, avant le prix, ce sont des critères d'image qui dominent).

La mesure de la sensibilité au prix la plus fréquemment utilisée est celle de l'élasticité de la demande au prix. L'élasticité-prix d'un produit peut être définie comme l'ampleur des réactions, sur les achats ou les intentions d'achat, d'une variation de prix. Il est important de la connaître avant de fixer ou de modifier un prix.

Il existe deux mesures de l'élasticité-prix : l'élasticité simple et l'élasticité croisée.

a) L'élasticité simple

Elle exprime l'impact sur la demande (Dde) d'un produit ou d'une marque (exprimé en pourcentage) d'une modification de prix (en pourcentage) de ce produit ou de cette marque.

$$E = \frac{Variation\ de\ la\ Dde\ (en\ \%)}{Variation\ du\ prix\ (en\ \%)} = \frac{\frac{\delta Q}{Q}}{\frac{\delta P}{P}}$$

Quatre types d'interprétations concernant l'élasticité simple sont possibles :

- **une élasticité supérieure à 0** : ici la hausse du prix entraîne une hausse des quantités demandées. C'est là un cas exceptionnel : soit l'entreprise bénéficie d'un effet d'image, soit les produits sont mis en avant par les distributeurs qui cherchent à profiter d'une meilleure marge unitaire ;
- **une élasticité égale à 0**, c'est-à-dire que la demande est constante quel que soit le prix. C'est un cas extrêmement rare et ne concerne que des produits très spécifiques comme l'essence. Une augmentation du prix ne fait pas varier la demande à court terme ;
- **une élasticité inférieure à 0 et supérieure à – 1** : la variation de la demande est inférieure à celle du prix. La demande est peu élastique par rapport au prix. C'est généralement le cas des produits de première nécessité (comme le pain) pour lesquels une variation du prix a peu d'influence sur la demande ;
- **une élasticité inférieure à – 1** : la variation de la demande est supérieure à celle du prix, donc une variation du prix provoque une variation plus que proportionnelle des ventes. Une légère baisse des prix entraîne une forte hausse des ventes et donc du chiffre d'affaires et inversement.

Le Nutella est en promotion

Durant la première semaine de février, les pots de Nutella en verre de 220 grammes sont en promotion exceptionnelle à 1 euro. Durant cette semaine, 1 000 tonnes ont été vendues.
Pendant la deuxième semaine de février, la promotion s'achève et le prix revient à 1,20 euro le pot. Les ventes passent alors à 780 tonnes.

$$E = [(780 - 1\,000)/1\,000]/[(1{,}2 - 1)/1] = -0{,}22/0{,}20 = -1{,}1$$

Une hausse de 20 % du prix entraîne une baisse de 22 % de la demande. La demande de Nutella est donc fortement élastique. Ici, la baisse du prix entraîne une hausse des ventes plus forte proportionnellement. Nutella a donc intérêt à multiplier les actions promotionnelles pour stimuler ses ventes.

b) L'élasticité croisée

Elle intègre les effets d'une variation du prix dans une autre catégorie de produits (ou un produit similaire d'une marque concurrente) sur la demande du produit (ou de la marque) de l'entreprise.

$$E = \frac{Variation\ de\ la\ Dde\ du\ produit\ A\ (en\ \%)}{Variation\ du\ prix\ du\ produit\ B\ (en\ \%)}$$

Trois types d'interprétations concernant l'élasticité croisée sont possibles :

- **une élasticité égale à 0** démontre que les produits ne sont pas concurrents, tout du moins dans l'esprit des consommateurs ;
- **une élasticité supérieure à 0** : dans ce cas, les produits sont substituables et donc concurrents. Une variation à la baisse de prix du produit B entraînera une baisse des ventes du produit A concurrent.
- **une élasticité inférieure à 0** : une baisse des prix du produit B entraîne une hausse des ventes du produit A. Dans ce cas, les deux produits sont complémentaires. Par exemple, une baisse des prix des imprimantes aura un effet bénéfique sur la vente de cartouches d'encre.

La pâte à tartiner Carrefour est en promotion

Au cours de la deuxième semaine de mars, Carrefour lance une promotion sur sa pâte à tartiner marque de distributeur. Cette dernière est théoriquement un produit concurrent de Nutella. Il propose le pot de

500 grammes au prix exceptionnel de 2 euros, soit une baisse de 20 % par rapport au tarif habituel. Durant cette même semaine, les ventes de Nutella ne varient pas. L'élasticité croisée est donc égale à 0.
Ce résultat s'explique principalement par le fait que Nutella est protégé par son image de marque. La promotion n'attire donc pas et les consommateurs préfèrent rester fidèles à Nutella. Seuls les consommateurs historiques de la MDD seront tentés d'acheter le produit en promotion. Dans l'univers des pâtes à tartiner, Nutella reste le leader incontesté et les marques de distributeurs ont des résultats très faibles.

Le concept d'élasticité permet donc d'éclairer les réactions des consommateurs face à une modification du prix. Il comporte cependant quelques limites. Tout d'abord, la mesure de l'élasticité est réalisée *a posteriori* et concerne des produits déjà existants. Sa validité prédictive pour de nouveaux produits est donc nulle. De plus, la mesure de l'élasticité ne prend pas en considération les réactions de la clientèle à une éventuelle campagne de publicité qui peut influencer les ventes, sans pour autant que l'entreprise modifie son prix.

10.3 LES MÉTHODES DE FIXATION DES PRIX

Il existe deux méthodes principales de fixation des prix. La première privilégie le point de vue des consommateurs et vise à satisfaire le plus grand nombre, la seconde privilégie la couverture des coûts fixes et variables.

a) En fonction des consommateurs (le prix psychologique)

Pour un produit donné, le prix psychologique correspond à celui que sont disposés à payer le plus grand nombre d'acheteurs pour l'acquérir. De fait, ce n'est pas forcément le prix le plus bas car, pour la majorité des consommateurs, le prix est source d'un double effet :

- **un effet revenu** : l'acheteur n'est pas disposé à payer un prix trop élevé par rapport à ses revenus. Au-dessus d'un seuil, la majorité des consommateurs n'achètent plus car ils considèrent que le produit est trop cher ;
- **un effet qualité** : en règle générale, le consommateur associe à un prix élevé une qualité élevée et inversement. En dessous d'un certain prix, les consommateurs mettent en doute la qualité de l'offre et se détournent du produit.

Pour déterminer le prix psychologique d'un produit, plusieurs étapes s'imposent :

- construire un échantillon représentatif de la clientèle du produit considéré ;
- poser deux questions à l'ensemble de l'échantillon :
  - au-dessus de quel prix n'achèteriez-vous pas le produit car vous considérez qu'il est trop cher ?
  - en dessous de quel prix n'achèteriez-vous pas le produit car vous considérez qu'il est de mauvaise qualité ?
- il est ensuite possible au travers des pourcentages des effectifs cumulés croissants du prix maximal et des pourcentages des effectifs cumulés décroissants du prix minimal d'établir le prix psychologique optimal. L'analyse des réponses permet de dégager une zone de prix acceptable, c'est-à-dire celle où le prix proposé garantit une qualité suffisante, tout en restant abordable, au plus grand nombre de consommateurs. Deux solutions sont envisageables, la méthode graphique et celle du calcul sous la forme d'un tableau. C'est cette dernière que nous retenons ici.

Calcul du prix psychologique du e-Solex (Solex électrique)

Un échantillon de 1 000 personnes a été consulté concernant le prix d'acceptabilité de la version électrique du Solex.

Il apparaît que c'est à 1 200 euros que le nombre d'acheteurs potentiels sera le plus élevé. À ce prix, 37 % de notre échantillon considère à la fois que le prix n'est pas trop élevé et que le cyclomoteur électrique est de qualité.

Dans la colonne A, 8 % (80 / 1 000 × 100) des personnes interrogées considèrent que le produit est trop cher à 1 200 euros.

Dans la colonne B, 18 % (180 / 1 000 × 100) des personnes interrogées considèrent que le produit est de mauvaise qualité à 1 200 euros.

La colonne C présente la somme des pourcentages cumulés croissants de la colonne A. Au prix de 1 200 euros, 12 % (0 % + 4 % + 8 %) des personnes ayant répondu à l'enquête le trouvent trop cher.

La colonne D présente la somme des pourcentages cumulés décroissant de la colonne B. Au prix de 1 200 euros, 51 % des répondants remettent en cause la qualité du e-Solex.

La colonne E donne en lecture directe le nombre de clients susceptibles d'acheter le produit au niveau de prix considéré. Ainsi, à 1 200 euros, la clientèle potentielle est de 37 % [100 % – (12 % + 51 %)], c'est-à-dire la totalité de l'échantillon, moins ceux qui trouvent le produit trop cher et ceux qui le considèrent de mauvaise qualité à ce niveau de prix.

Prix élevé	Prix trop élevé	Mauvaise qualité (en %)	(A) Prix trop élevé	(B) Mauvaise qualité (en %)	(C) % cumulés croissants	(D) % cumulés décroissants	(E) Clientèle potentielle (en %)
800	0	270	0	27	0	100	0
1 000	40	220	4	22	4	73	23
1 200	**80**	**180**	**8**	**18**	**12**	**51**	**37**
1 400	200	160	20	16	32	33	35
1 600	270	110	27	11	59	17	24
1 800	180	60	18	6	77	6	17
2 000	150	0	15	0	92	0	8
2 200	80	0	8	0	100	0	0
2 400	0	0	0	0	100	0	0
Total	1 000	1 000	100	100			

La méthode du prix psychologique présente cependant certaines limites. Tout d'abord, elle ne convient qu'aux produits de grande consommation pour lesquels le prix est un facteur déterminant de l'achat. Elle est peu exploitable pour les produits dont le consommateur est incapable d'estimer un prix par manque de références, donc peu adaptée aux nouveaux produits. Enfin, elle permet de déterminer pour quel prix les quantités vendues sont les plus élevées, mais pas forcément celui qui maximise le chiffre d'affaires ou encore le profit.

b) En fonction des coûts (le seuil de rentabilité)

Cette méthode suppose en premier lieu d'identifier les coûts fixes (par exemple, les salaires du personnel en contrat à durée indéterminée) et les coûts variables (par exemple, le coût des matières premières nécessaires à la fabrication du produit). Les coûts fixes subsistent même si l'entreprise ne vend aucun produit, en revanche les coûts variables sont directement corrélés aux quantités de produits vendus.

Il est à noter que les coûts variables ne sont pas constants et qu'ils varient sous un effet volume et temps. Logiquement, plus une firme produit longtemps et en quantités croissantes un même bien, plus les coûts variables associés à ce bien diminuent. Ce phénomène « de la courbe d'expérience » s'observe essentiellement dans l'industrie. En augmentant les quantités fabriquées d'un même bien, l'entreprise est en mesure de mieux négocier ses approvisionnements vis-à-vis de ses fournisseurs (effet volume) et elle améliore progressivement la productivité du personnel et de ses équipements (effet temps).

En référence à ces deux coûts, il est possible de définir le seuil de rentabilité ou point mort, c'est-à-dire le volume de ventes nécessaires à la réalisation d'un chiffre d'affaires qui s'équilibre avec le coût de revient total (coûts fixes + coûts variables).

Le point mort correspond donc au nombre de ventes que l'entreprise doit réaliser pour ne faire ni bénéfice ni perte sur la vente du produit à un prix de vente donné.

$$Q = \frac{CF}{PVU - CVU}$$

- **CF** : charges fixes
- **PVU** : prix de vente unitaire
- **CVU** : charges variables unitaires
- **Q** : quantité vendue

Il est possible d'illustrer graphiquement le concept du point mort. Ici les coûts fixes sont de 40 millions d'euros (ligne noire). Les coûts variables sont représentés par la ligne en rouge. En faisant partir ces derniers de la courbe des coûts fixes, cela nous permet de représenter directement les coûts totaux. La droite pointillée rouge représente la marge unitaire cumulée qui correspond à la différence entre le prix de vente unitaire et les charges variables unitaires (soit 800 euros par produit). Lorsque la marge brute cumulée est égale à la totalité des charges, nous atteignons le point mort. Il faudrait vendre 50 000 exemplaires du produit pour atteindre le seuil de rentabilité.

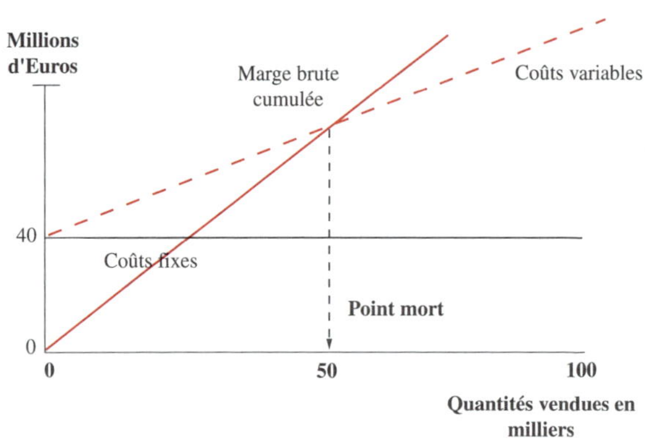

Figure 10-1 Le concept du point mort.

Ici les coûts fixes sont de 40 millions d'euros. La marge unitaire étant de 800 euros, il faut vendre au minimum 50 000 exemplaires du produit (40 millions/800).

10.4 LES DIFFÉRENTES STRATÉGIES PRIX

La politique prix, au même titre que les autres composantes du marketing-mix, est une des variables au service de la stratégie marketing de l'entreprise. Les stratégies prix présentent les grandes orientations qui président à la politique des prix de vente, en cohérence avec le positionnement global de l'entreprise, tout en tenant compte des facteurs environnementaux. Nous nous focaliserons sur les quatre principales stratégies prix (écrémage, pénétration, alignement et prix différenciés).

a) La stratégie d'écrémage

La stratégie d'écrémage consiste à vendre le produit à un prix élevé, de façon à toucher uniquement les acheteurs prêts à payer ce tarif. Dans ce contexte, l'entreprise privilégie des marges unitaires importantes au détriment des quantités vendues.

Objectifs associés

- réaliser des recettes importantes (par exemple, en phase de lancement d'un nouveau produit), afin de rentabiliser au plus vite les frais de développement ;
- associer au positionnement prix élevé de la firme une image haut de gamme ;
- limiter les coûts marketing (communication et commercialisation) en se concentrant sur une clientèle à haut revenu prête à bénéficier en priorité d'une innovation.

Facteurs de réussite

- la clientèle ciblée doit être peu sensible au prix et le produit considéré doit lui permettre de se distinguer socialement ;
- l'entreprise doit avoir une image de marque crédible ;
- l'entreprise doit avoir des moyens importants en R & D.

La stratégie d'écrémage de Porsche

Le constructeur allemand Porsche a clairement opté pour une stratégie privilégiant les marges au détriment des volumes. Avec un prix moyen de vente autour des 60 000 euros, la marque s'adresse clairement à une clientèle en recherche de distinction sociale. Avec moins de 100 000 véhicules vendus, cette stratégie n'a pas empêché l'entreprise d'être en 2007 un des constructeurs les plus rentables. Par ailleurs, Porsche, qui a été moins touché en 2008 que la moyenne des autres acteurs du secteur automobile, avec une baisse de 2 à 5 % de ses ventes sur ses différents marchés historiques, bénéficie parallèlement de la montée en puissance de nouveaux marchés comme la Chine et le Moyen-Orient. L'année 2009 a, semble-t-il, été plus difficile, avec des baisses de volume de l'ordre de 20 %. La marque reste cependant confiante en annonçant une rentabilité à deux chiffres.

b) La stratégie de pénétration

La stratégie de pénétration consiste à pratiquer des prix inférieurs au prix moyen du marché pour attirer un maximum d'acheteurs. L'entreprise, en faisant jouer le phénomène d'élasticité-prix, cherche à compenser de faibles marges commerciales unitaires par d'importantes quantités vendues.

Objectifs associés

- pénétrer de nouveaux marchés en jouant sur l'effet prix ;
- lutter contre la concurrence, notamment les marques de distributeurs et les nouveaux entrants sur le marché. Des prix bas laissent moins de perspectives de marges à des MDD et constituent une excellente barrière à l'entrée contre d'éventuels nouveaux concurrents ;
- réduire les coûts unitaires grâce aux économies d'échelle procurées par la production de masse.

Facteurs de réussite

- l'entreprise doit disposer de moyens nécessaires à la production et à la commercialisation à grande échelle. Cette stratégie s'accompagne généralement d'une stratégie intensive de distribution ;
- la demande doit être sensible au prix pour un écoulement conséquent de la production.

c) La stratégie d'alignement

La stratégie d'alignement consiste, pour l'entreprise, à se placer dans une fourchette de prix dans laquelle se situent les prix des concurrents.

Objectifs associés

- permettre d'écarter les risques de guerre des prix préjudiciable aux marchés oligopolistiques. En effet, si l'ensemble des acteurs majeurs s'alignent les uns sur les autres, ils préservent leurs marges ;
- si l'entreprise est leader, empêcher la montée des challengers en limitant l'avantage concurrentiel qu'ils pourraient tirer d'une baisse des prix ;
- rechercher des avantages concurrentiels autres tels que la qualité du produit, les services offerts, les méthodes de vente proposées (Internet par exemple).

Facteurs de réussite

- le marché doit être oligopolistique (quelques entreprises réalisent la majorité du chiffre d'affaires) ;
- l'entreprise doit être en mesure de se différencier sur d'autres variables du marketing-mix comme la distribution, les services associés au produit ou encore l'image.

La téléphonie mobile en France

Le marché français de la téléphonie mobile est par nature oligopolistique avec trois opérateurs historiques qui se partagent la totalité du marché. La présence d'opérateurs virtuels comme Virgin ou Auchan ne doit pas faire oublier que ces derniers se contentent de commercialiser les offres d'Orange, de Bouygues ou de SFR. Les trois acteurs ont clairement opté pour une stratégie d'alignement en maintenant artificiellement des tarifs élevés en France. Le 25 mars 2009, jugeant les prix pratiqués par les opérateurs français trop élevés, la Commission européenne a recommandé l'arrivée d'un quatrième opérateur afin de stimuler la concurrence. En effet, un consommateur français faisant un usage moyen de son téléphone portable paie la deuxième facture la plus élevée de l'Union européenne, avec un montant d'environ 30 euros pour une moyenne de moins de 20 euros dans l'UE.

d) La stratégie de prix différenciés

La stratégie de prix différenciés revient à proposer le même produit, mais à des prix différents, sans que ces différences soient justifiées par des écarts de coût de fabrication. Nous pouvons parler à ce niveau de stratégie discriminatoire.

Objectifs associés

- compenser les marges unitaires réduites par des quantités vendues plus importantes à plus ou moins long terme ;
- moduler le prix en fonction des conditions de paiement (escompte pour paiement comptant), des quantités achetées, du moment de l'achat (soldes, promotions) ou même des caractéristiques de l'acheteur (moins de 25 ans pour les compagnies aériennes). La stratégie consistant à faire varier les prix en fonction du moment de l'achat est nommée *yield management*. Elle est principalement utilisée dans l'univers des services et vise à réguler les ventes au cours du temps ;
- couvrir l'ensemble des segments de marché avec des produits quasi identiques mais commercialisés sous des marques différentes. Cette stratégie est particulièrement développée dans l'univers des produits blancs (machines à laver le linge par exemple).

Facteurs de réussite

- cette stratégie doit être en accord avec la législation en vigueur en matière de prix. Cette pratique est autorisée en France à condition qu'elle ne soit pas préjudiciable à certaines catégories de clientèle et que les conditions d'obtention des meilleurs tarifs soient clairement établies ;
- le principe de modulation de prix doit être accepté et compris par les consommateurs. Une baisse trop importante du prix d'un produit peut nuire à son image de marque.

Le groupe électroménager BSH

Le groupe BSH a bien compris qu'en matière d'électroménager, l'effet marque était essentiel. L'occupation de l'espace dans les points de vente est également primordiale. Fort de ces constats, le groupe s'appuie sur quatre marques : Bosch, Siemens, Neff et Gaggenau. Les prix pratiqués entre les différentes marques ne sont pas justifiés en totalité par les caractéristiques techniques intrinsèques des produits.

EXERCICE

Politique de prix de l'hôtel Beauséjour

Un hôtel du sud de la France, le Beauséjour, vous consulte. Il est positionné au niveau d'un quatre étoiles. Il dispose au total de 35 chambres identiques, d'un bel espace réception utilisé notamment pour le petit-déjeuner et d'une piscine en extérieur. Il reste ouvert toute l'année. En 2008, ce sont 5 228 chambres qui ont été louées. Le tarif affiché à l'entrée de l'hôtel et sur son site Internet est le suivant : 190 euros la chambre pour une ou deux personnes et 14 euros le petit-déjeuner par personne. Le propriétaire actuel n'a pas souhaité moduler le tarif affiché en fonction des saisons et préfère négocier au cas par cas. Au final, en 2008, les groupes, qui constituent 60 % de la clientèle, payent en moyenne 120 euros par nuit pour une chambre double avec deux petits-déjeuners (compris dans le prix). La clientèle individuelle est facturée, en moyenne, 150 euros la nuit et 12 euros le petit-déjeuner. Chaque chambre louée à cette clientèle individuelle génère la consommation de 1,8 petit-déjeuner en moyenne. Par ailleurs, l'hôtel réalise environ 45 000 euros de chiffre d'affaires additionnel par an grâce à des prestations diverses comme la location de salles, un service de pressing, les minibars dans les chambres, etc.

Travail à faire :

Calculez le taux d'occupation de l'hôtel. Qu'en pensez-vous, sachant que le seuil de rentabilité se situe autour de 54 % de taux d'occupation ?

Calculez le chiffre d'affaires 2008 de l'hôtel.

Que pensez-vous de la politique tarifaire ?

Que proposez-vous en matière de politique prix afin d'améliorer la rentabilité de l'hôtel ?

SOLUTION

Le potentiel de location correspond à 365 jours par an que multiplie 35 (nombre de chambres) soit 12 775. En 2008, 5 228 chambres ont été louées, soit un taux d'occupation de 40,92 %. Nous sommes donc très loin du seuil de rentabilité établi à 54 %.

Le chiffre d'affaires généré par la chambre louée à des groupes est de 5 228 × 0,6 × 120 euros, soit 376 416 euros. Selon un calcul identique, les chambres louées à des particuliers rapportent 313 680 euros, auxquels il convient d'ajouter les petits-déjeuners facturés à 12 euros, soit 45 170 euros. Le chiffre d'affaires total de l'hôtel est de 780 265 euros (en incluant les prestations diverses d'un montant de 45 000 euros).

La politique tarifaire est plus que discutable. Au final, le prix affiché n'est jamais pratiqué. La politique de tarif unique et d'affichage prix décourage une partie de la clientèle individuelle potentielle, ce qui explique sans doute le poids des groupes. Ce déséquilibre pèse sur la rentabilité globale de l'hôtel.

Concernant les mesures envisageables afin d'améliorer la rentabilité, la première consiste à augmenter le taux d'occupation de l'hôtel et à faire varier à la hausse le pourcentage représenté par la clientèle individuelle. Pour ce faire, il faut baisser le prix affiché afin de se rapprocher du tarif réellement appliqué. Un prix de 160 euros est ici approprié avec un petit-déjeuner à 12 euros. Il faut conjointement moduler le prix en fonction des saisons et utiliser des sites de « dernière minute » pour améliorer le taux de remplissage. Le prix en basse saison peut être affiché à 120 euros (ce qui sera toujours supérieur au tarif groupe, du fait de la facturation du petit-déjeuner). Une piste consiste également à augmenter le chiffre d'affaires des prestations annexes en proposant, par exemple, des excursions.

POINTS CLEFS

- Le prix est la variable du marketing-mix qui influence le plus la décision d'achat du consommateur.
- Le prix de vente le plus élevé n'est pas forcément associé aux bénéfices les plus importants et inversement.
- Le prix retenu influence à la fois l'image du produit, le volume de ses ventes et le niveau de rentabilité de l'entreprise.
- Il est possible de mesurer la sensibilité au prix au travers de l'élasticité-prix et un prix de vente optimal *via* la méthode du prix psychologique.
- Plusieurs stratégies prix sont envisageables : écrémage, pénétration, alignement et discriminatoire.

CHAPITRE 11

La distribution

OBJECTIFS

- Acquérir une meilleure connaissance du secteur, des acteurs et des différentes stratégies employées dans la distribution.
- Intégrer les données théoriques.
- Construire la réflexion à partir de nombreux exemples.

PLAN

11.1 DÉFINITIONS ET FONCTIONS DE LA DISTRIBUTION

a) Définition de la distribution

La distribution est la fonction de l'entreprise qui permet de mettre à la disposition des consommateurs les biens ou les services dont ils ont besoin, à l'endroit, dans les quantités et au moment où ils le désirent.

Le concept de la distribution : canal et circuit

Les termes de canal et de circuit sont assez indifféremment utilisés dans les enseignements et milieux professionnels. Il est donc important d'apporter une clarification du vocabulaire à employer selon les circonstances.

Définition du canal

Un canal de distribution représente le chemin parcouru par le produit, du producteur au consommateur. Il correspond à un sous-ensemble du circuit de distribution. La longueur du canal est plus ou moins importante selon qu'il y a ou non internalisation des fonctions. Nous différencions trois types de longueurs.

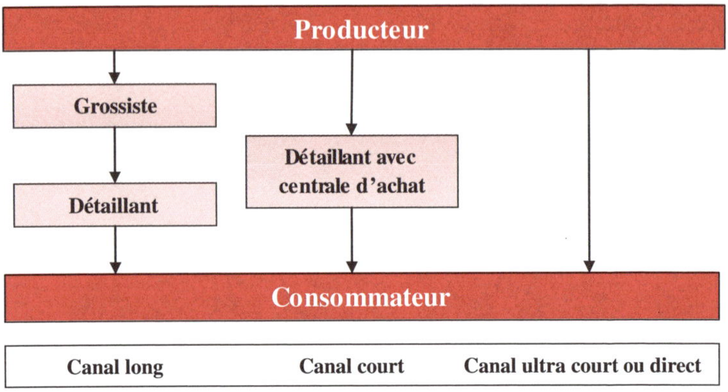

Figure 11-1 Les canaux de distribution suivant leur longueur.

Le canal ultracourt (ou direct) repose sur la mise en relation directe du producteur et du consommateur. Le canal court s'appuie sur la présence d'un seul intermédiaire (le détaillant) entre le producteur et le consommateur. Enfin, le canal long est rattaché à l'existence de deux intermédiaires (détaillant et grossiste) entre le producteur et le consommateur.

Définition du circuit

Un circuit de distribution est l'ensemble des canaux qu'un produit emprunte pour atteindre ses cibles. Certains d'entre eux sont assez complexes et le choix des canaux a une incidence sur toutes les autres variables du marketing-mix : fixation des prix, politique publicitaire (collaboration à attendre des distributeurs), organisation de la force de vente.

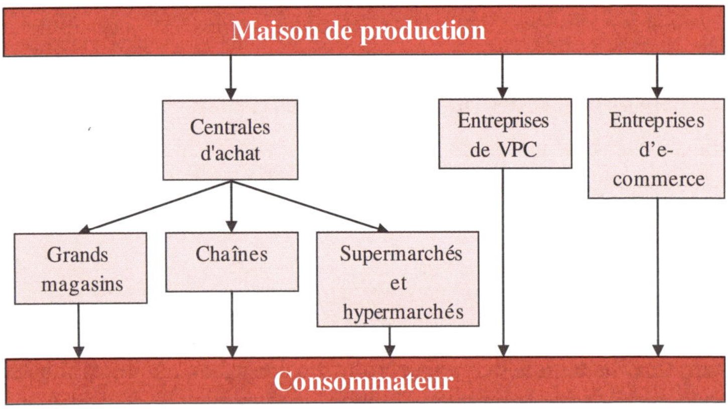

Figure 11-2 Le circuit de distribution d'un CD.

À partir de cet exemple, il est possible de dégager au moins cinq canaux :

- le canal de **grands magasins** du type Printemps, Galeries Lafayette avec centrales d'achat. Nous pouvons même ajouter les « city-marchés » tels que Monoprix ou Inno ;
- le canal des **chaînes** comme la Fnac, Virgin ou France Loisirs ;
- le canal des **supermarchés et hypermarchés** : Carrefour, Auchan, Géant, Casino, Hyper U, Intermarché ou Cora, caractérisé par la présence de centrales d'achat ;
- le canal de la vente par correspondance (VPC) comme La Redoute, les 3 Suisses ou France Loisirs ;
- le canal du **commerce en ligne** avec les sites spécialisés dans la commercialisation des produits dits culturels (livres, CD, DVD en particulier) : amazon.fr, fnac.com, alapage.com ; ou non spécialisés, derrière lesquels on retrouve entre autres les entreprises de VPC.

Cet exemple démontre une complexité grandissante des canaux et circuits, due à la fois à l'évolution technologique, commerciale ou électronique et à la présence des mêmes intermédiaires dans différents canaux.

b) Les fonctions de la distribution

Les fonctions de la distribution sont au nombre de six, parmi lesquelles nous retrouvons :

- **la fonction d'achat** consiste à acheter les marchandises auprès des producteurs et importateurs. C'est la fonction première du distributeur ;
- **la fonction d'assortiment** a pour but de fractionner des quantités importantes fabriquées par les producteurs en ensembles (lots) plus petits, adaptés aux besoins des consommateurs (par exemple : paquets de pâtes) ;
- **la fonction temporelle** repose sur l'ajustement des rythmes de production et de consommation (par exemple : flux tendu ou juste à temps) et le financement des marchandises ;
- **la fonction commerciale** a pour objectif de communiquer et d'informer les consommateurs sur les produits et leurs caractéristiques (par exemple : chef de rayon ou secteur), de mettre à disposition les produits au consommateur final et de proposer divers services accompagnant ou facilitant l'achat et l'utilisation du produit (livraison à domicile, carte enseigne, conseils, remboursements éventuels) ;
- **la fonction spatiale** représente le transport et la manipulation des marchandises des lieux de production aux lieux de consommation. On parle alors de séparation géographique ;

➤ **la fonction de logistique** est relative au stockage des produits. Il s'agit de la séparation chronologique.

c) Les différentes formes de distribution

Trois grandes formes de distribution peuvent être adoptées : le commerce intégré, le commerce indépendant associé et le commerce indépendant isolé.

Le commerce intégré (ou concentré)

C'est une forme de commerce selon laquelle les fonctions de gros et de détail sont remplies par une seule organisation, laquelle intervient directement entre le producteur et le consommateur. En d'autres termes, les centrales d'achat et les magasins appartiennent au siège, le personnel est salarié du siège ainsi que les directeurs des magasins. Il existe alors une dépendance juridique totale. Plusieurs formes de commerce intégré sont proposées.

Tableau 11.1 Formes de commerce integré

Formes	Surface de vente	Caractéristiques assortiment	Exemples enseignes
Grand magasin	Comprise entre 2 500 et 50 000 m^2	10 000 à 200 000 références Assortiment de produits large et profond	Printemps, Galeries Lafayette Le Bon Marché
Magasin populaire	Comprise entre 1 500 et 2 500 m^2	7 000 à 10 000 références Assortiment large et peu profond	Monoprix
Grande surface spécialisée	Comprise entre 300 et 20 000 m^2	1 000 à 5 000 références Assortiment étroit et profond	Ikea, Leroy Merlin, Castorama, Darty, Decathlon
Hyper-marché	Comprise entre 2 500 et 15 000 m^2	10 000 à 200 000 références Assortiment large et profond	Carrefour, Auchan, Intermarché, Leclerc
Super-marché	Comprise entre 400 et 2 500 m^2	7 000 à 10 000 références Assortiment large et peu profond	Intermarché, Carrefour Market, Super U, Casino
Commerce de proximité	Comprise entre 30 et 400 m^2	300 à 1 000 références Assortiment étroit et peu profond	*Stations service, Marché plus Petit Casino, 8 à Huit, etc.*
Hard discount	Comprise entre 600 et 800 m^2	300 à 1 000 références Assortiment étroit et peu profond	Aldi, Lidl, Ed, Leader Price

Deux modes d'exploitation du commerce intégré peuvent être adoptés.

Le succursalisme

Les succursales appartiennent à une « maison mère », qui veille à leur approvisionnement et assume les fonctions de direction. L'entreprise possède au moins dix points de vente au détail, dirigés par des gérants, dans lesquels elle propose des produits alimentaires ou non, qu'elle achète aux fabricants ou produit elle-même.

Exemples de magasins à succursales

Les magasins à succursales peuvent être orientés vers l'alimentation spécialisée comme les vins Nicolas, les surgelés Picard, etc. ou le non-alimentaire comme André, Etam, La Halle aux chaussures, Darty, etc. Ces magasins développent leurs parts de marché et bénéficient de plus ou moins d'autonomie selon les stratégies de l'entreprise.
Parmi les grandes entreprises succursalistes, nous avons les groupes :
– Carrefour : 680 hypermarchés, 2 600 supermarchés Carrefour Market, Champion et Shopi, 3 200 hard discounts et magasins de proximité Ed, Dia, 8 à Huit, Marché Plus dans 30 pays ;
– Auchan : 309 hypermarchés dans 14 pays, 601 supermarchés, 600 Eco Service sans oublier des participations dans les enseignes Decathlon, Leroy Merlin, Alinéa, Boulanger, Kiabi, Flunch, Norauto, Kiloutou, Pimkie, Phildar, 3 Suisses à hauteur de 45 %, etc.

Les coopératives de consommation

Il s'agit « de démocraties participatives qui lient les hommes autour de valeurs communes » ou sociétés de personnes (et non de capitaux) dont l'objet est de vendre des biens de consommation au plus juste prix. Les membres sont égaux (selon le principe un homme, une voix) et la distribution de l'excédent est faite au prorata de leurs achats. Aujourd'hui, il ne reste plus que quatre coopératives dans la distribution alimentaire : les groupes Coop Alsace, Coop Atlantique, Coop Champagne et Coop Normandie-Picardie.

La Coop Alsace

L'Union des coopérateurs d'Alsace a été fondée en 1902. En 2008, elle a réalisé un chiffre d'affaires de 649 millions d'euros et elle est détenue par 160 000 sociétaires. Il s'agit du premier distributeur indépendant et le deuxième employeur privé de la région. Le groupe compte 214 points de vente en Alsace : 6 hypermarchés Rond Point, 26 supermarchés Maxi, 10 discounteurs Le Mutant, 73 supermarchés Coop, 99 magasins de proximité « point coop » ; et possède également 26 stations service et 8 cafétérias « Le Perroquet ».

Le commerce indépendant associé

Tout en gardant leur indépendance juridique, les distributeurs peuvent se grouper selon des modalités diverses, souvent sous une enseigne commune, pour organiser leurs achats ainsi qu'un certain nombre de services tendant à favoriser leur développement. Les groupements sont de deux types : associations verticales et horizontales.

Les associations verticales

Il s'agit d'une association entre un producteur ou un grossiste, d'une part, et des détaillants, d'autre part. En s'associant, ils augmentent leur pouvoir de négociation face aux producteurs en accroissant leurs volumes de commandes. Tel est le cas des chaînes volontaires, de la franchise et de la concession.

Une **chaîne volontaire** est une association de commerçants indépendants formés à l'initiative d'un ou plusieurs grossistes en vue d'assurer la coordination des fonctions de gros et de détail, d'organiser l'achat et la vente dans les entreprises, tout en respectant l'indépendance juridique et financière de chacune d'entre elles (par exemple : Spar et Logis de France).

Logis de France, une chaîne volontaire

Logis de France regroupe 3 250 hôtels-restaurants, situés dans toute la France et tous adhérents à la charte de qualité de l'enseigne. Ils sont totalement indépendants. Chaque établissement est contrôlé par la chaîne qui lui attribue alors des cheminées (entre une à trois en fonction de la qualité). Un établissement ne respectant pas la charte de qualité peut être radié. Les avantages de l'adhésion sont le regroupement sous une enseigne commune reconnue, la mutualisation des actions de promotion (le site Internet Logis de France et des guides qui recensent tous les logis de France) et de commercialisation (système de réservation en ligne, chèques cadeaux valables dans tous les Logis de France).

La **franchise** est une forme d'association qui permet à l'industriel, au grossiste ou au prestataire de services de développer son réseau de distribution sans prise de participation dans les capitaux. En échange d'une contribution financière, le contrat permet aux franchisés d'utiliser l'enseigne ou la marque du franchiseur tout en bénéficiant de son savoir-faire, de ses droits de propriété intellectuelle et de son assistance technique et commerciale (par exemple : Yves Rocher, McDonald's, Benetton, Century 21, Bricomarché).

Bricomarché, une franchise

Bricomarché est la première franchise de distribution de produits non alimentaires créée par les Mousquetaires. Fort de 3 000 points de vente présents partout en France et en Europe, le groupement constitue le plus grand réseau français d'indépendants spécialistes du bricolage. Chaque magasin est dirigé par un chef d'entreprise indépendant qui dispose d'une autonomie totale. Le franchisé bénéficie des services d'une centrale d'achats internationale, d'entrepôts communs, d'une logistique étendue et d'un réseau informatique performant. Assuré de proposer les meilleurs produits aux meilleurs prix, le franchisé n'a qu'un objectif : accompagner les clients dans tous leurs projets (décoration, jardinage, bricolage, construction et animalerie), quel que soit leur budget, afin de les satisfaire.

La **concession** est formée par un contrat type que le concédant propose au futur concessionnaire. Le premier s'engage à l'exclusivité de fourniture et le second à s'approvisionner exclusivement à l'intérieur du réseau, en vue de vendre au consommateur, sur le territoire défini par le contrat, le produit contractuel (par exemple : Renault ou Xerox).

Xerox, une concession

Forte d'un réseau de 100 concessionnaires agréés, l'entreprise Xerox offre la possibilité à des entrepreneurs indépendants dans des communautés locales de devenir distributeur agréé ou concessionnaire. L'entreprise peut alors vendre les produits Xerox tels que des copieurs de bureau, des télécopieurs et des appareils multifonctions. Xerox offre à ses concessions un soutien en matière de marketing et de vente (localisation en ligne de partenaires, documentation de vente imprimée sur demande, foires commerciales, séminaires et événements, site Internet spécialisé pour les concessionnaires agrées). De même, Xerox assure un soutien technique comme par exemple : ligne d'assistance téléphonique gratuite à l'échelle nationale, manuels et bulletins de service. Enfin, Xerox propose au concessionnaire des formations de directeur des ventes ou des opérations attitrées et une formation technique sur les produits et services.

Les associations horizontales

Elles concernent les groupements de commerçants indépendants. Certaines respectent strictement le cadre juridique des sociétés coopératives de commerçants détaillants, tandis que d'autres adoptent des modèles originaux et spécifiques. Ces associations ont pour objet de court-circuiter les grossistes et de rassembler une partie de leurs achats.

Les **sociétés coopératives de commerçants détaillants** sont des sociétés anonymes à capital variable où les associés conservent leur indépendance juridique et financière. Elles représentent les groupements d'achats de grossistes ou de détaillants. La forme la plus courante est la coopérative. Les coopératives de détaillants sont regroupées au sein de l'union fédérale de coopérative de détaillants. Chaque associé dispose d'une voix quelle que soit la part du capital souscrite (par exemple : les centres Leclerc, Système U, le groupement Intermarché, les opticiens Krys).

Leclerc, une société coopérative de commerçants détaillants

E.Leclerc est une coopérative de commerçants, qui regroupe des magasins indépendants (supermarchés ou hypermarchés) de plusieurs pays européens respectant les exigences de l'organisation. Le système Leclerc repose sur un réseau d'indépendants propriétaires d'un ou plusieurs supermarchés ou hypermarchés. Au total, ils sont 460 à posséder 561 magasins (dont 391 hypermarchés). Tous sont réunis au sein d'une association de loi 1901 baptisée Association des centres distributeurs E.Leclerc (ACDLec), créée en 1964, et coprésidée par Édouard Leclerc et son fils Michel-Édouard Leclerc. Cette association prend les grandes décisions stratégiques, permet de gérer en commun la politique de prix, de communication nationale ou l'informatique. L'association concède l'enseigne aux adhérents du mouvement en fonction de leur réponse à trois exigences : respect de la politique des prix bas, mise en place de la participation des salariés aux résultats de l'entreprise, contribution active à la vie du mouvement à travers sa participation aux équipes d'achat ou de référencement. Les décisions sont prises en commun par la totalité des adhérents. Enfin, le Groupement d'achat des Centres E.Leclerc (Galec), centrale de référencement national du mouvement (lequel emploie plus de 100 000 personnes), est l'outil commercial de l'enseigne avec les 16 centrales d'achats implantées en régions.

Le commerce indépendant isolé exerce seul la fonction de gros ou de détail sans recours à un groupement ou une association. Il est totalement indépendant juridiquement et commercialement. Avec 17 % de l'ensemble du commerce en France, le petit commerce de détail est d'autant plus vulnérable qu'il n'est pas spécialisé. Si sa part de marché dans le commerce alimentaire est en forte diminution, boulangers-pâtissiers, libraires et fleuristes résistent plutôt bien en France.

11.2 LA DISTRIBUTION EN FRANCE

a) Les chiffres de la distribution

Dans un premier temps, nous présentons les parts de marché (PDM) des différentes formules de distribution avant d'exposer, dans un second temps, le top 20 des distributeurs mondiaux et la place des enseignes françaises.

Évolution des parts de marché des formules de distribution sur le marché des produits alimentaires en France

Le marché des produits alimentaires en France est dominé par deux formules de distribution : l'hypermarché et le supermarché. Depuis 1993, ces deux formules de distribution continuent à prendre des parts de marché avec une différence notable. L'hypermarché connaît ses premières difficultés depuis 2000, alors que le supermarché, grâce au hard discount, progresse jusqu'à rattraper l'hypermarché en 2005. Parallèlement les magasins d'alimentation spécialisée (boulangerie, boucherie, etc.) et les petites surfaces d'alimentation générale (supérette, etc.) perdent des parts de marché.

Né en 1963, l'hypermarché a connu plusieurs décennies de succès ininterrompu, et restait la formule de distribution alimentaire phare, devant le supermarché. Soumis à la concurrence du hard discount, l'hypermarché connaît depuis 2000, pour la première fois de son histoire, une baisse de ses parts de marché dans le domaine alimentaire. Faut-il y voir le début du déclin de l'hypermarché ? Ou plus simplement une période difficile d'adaptation face à la concurrence des hard discounters, de nouveaux spécialistes dans le domaine alimentaire comme Grand Frais, ou encore face à un relatif retour de la proximité ?

Les statistiques flatteuses du supermarché cachent plus exactement le succès continu depuis plus de quinze ans du hard discount en France. Les parts de marché de plus des deux tiers des hard discounts français sont comptabilisées dans la catégorie supermarché par l'Insee. Les supermarchés proprement dits connaissent donc un succès nettement

Tableau 11.2 Parts de marché des formules de distribution des produits alimentaires de 1993 à 2008

PDM (en %)	1993	1998	2001	2004	2005	2006	2007	2008
Hypermarchés	30,6	34,1	34,7	33,5	33,1	32,9	33,0	32,9
Supermarchés	28,0	28,3	29,9	33,4	33,1	33,0	33,1	34,6
Alimentation spécialisée (boulangerie, boucherie, etc.)	21,5	18,5	16,3	16,5	16,8	16,8	16,7	16,7
Petites surfaces d'alimentation générale (supérette, etc.)	11,3	9,8	8,5	8,6	8,5	8,7	8,3	8,3
Commerce hors magasin	3,4	3,7	3,7	3,8	3,6	3,7	3,7	3,8
Magasins populaires	1,1	0,8	1,5	1,5	1,6	1,4	1,4	1,4
Divers	4,1	4,8	5,4	2,7	3,3	3,5	3,8	2,3

Source : Insee.

moindre. Bon nombre d'entre eux, parmi les moins profitables, ont été transformés ces dernières années en hard discounts.

Les données ci-dessus (voir tableau 11.2) traduisent l'importance encore grande des magasins d'alimentation spécialisée, mais avec une érosion constante de leurs parts de marché jusqu'en 2001. Les petites surfaces d'alimentation générale (supérette, petit libre-service, etc.) connaissent le même sort, avec une stabilisation de leurs parts de marché depuis 1999. Le commerce hors magasin (marché, vente à distance, distribution automatique, etc.) enregistre une situation stable depuis quinze ans. Les magasins populaires connaissent une évolution favorable due à la bonne santé de la seule enseigne de magasin populaire existant encore en France : Monoprix. La loi Galland (voir ci-après) et l'affaiblissement de la concurrence sur les prix qui l'a accompagnée sont certainement en partie responsable de la forme de cette enseigne qualitative de centre-ville.

Les parts de marché des enseignes alimentaires en France

Leclerc est l'enseigne leader dans le domaine de l'alimentaire, avec 16 % de parts de marché, et ce, principalement avec des hypermarchés de taille moyenne.

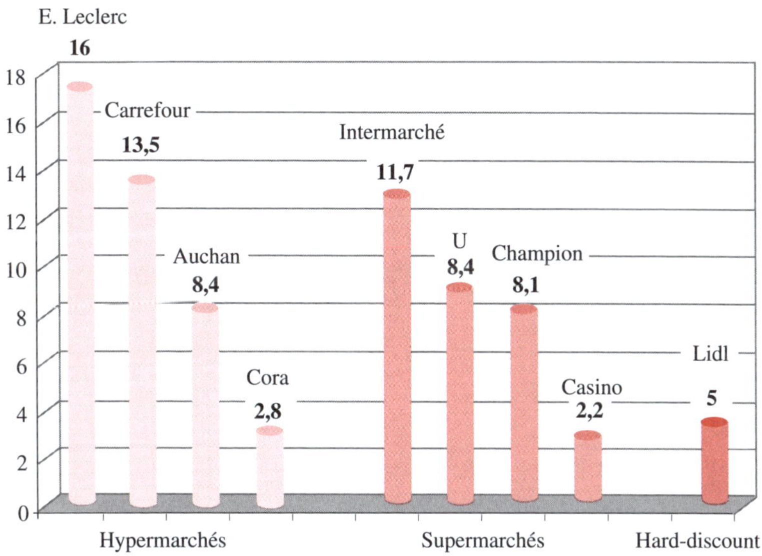

Source : TNS Worldpanel.

Figure 11-3 Parts de marché (en %) des enseignes alimentaires en France en 2008.

Carrefour connaît davantage de difficultés et représente 13,5 % de PDM en 2008. L'enseigne exploite des hypermarchés de grande taille (plus de 9 000 m^2 en moyenne). Les magasins Champion, essentiellement des supermarchés (8,1 % de PDM), sont progressivement passés en 2008 et 2009 à l'enseigne Carrefour Market. Cela devrait permettre à Carrefour de devenir, dans les prochaines statistiques, la première enseigne alimentaire en France – une place peut-être plus conforme à son statut de deuxième distributeur mondial. Viennent ensuite les enseignes d'hypermarchés : Auchan (8,4 % de PDM) et Cora (2,8 %).

Les enseignes exploitant surtout des supermarchés tiennent logiquement une place importante dans le secteur alimentaire. L'enseigne Intermarché du groupement des Mousquetaires possède 11,7 % de PDM, en baisse par rapport à 2007 (12,9 %) contre 8,4 % pour Système U, 8,1 % pour Champion et 2,2 % pour Casino. La seule enseigne de hard discount à figurer dans ce palmarès est Lidl avec 5 % de PDM (leader du hard discount en France). Lidl connaît une hausse, notamment grâce à l'ouverture de nouveaux magasins.

Évolution des parts de marché des formules de distribution sur le marché des produits non alimentaires en France

Le marché des produits non alimentaires en France est dominé par les magasins spécialisés : petites et grandes surfaces spécialisées. L'hypermarché reste – en dehors des marchés spécialisés que sont l'automobile et la pharmacie – le second acteur du marché du non-alimentaire, et réussit sur le long terme à prendre des parts de marché.

Tableau 11.3 Parts de marché des formules de distribution des produits non alimentaires de 1993 à 2008

PDM (en %)	1993	1998	2001	2004	2005	2006	2007	2008
Magasins non alimentaires spécialisés	43,1	42,2	40,7	42,6	42,1	42,3	42,9	43,5
Vente au détail automobile	14,8	15,7	16,3	13,9	14,9	15,2	15,4	15,0
Hypermarchés	11,5	12,0	12,4	12,7	13,5	13,2	13,4	13,8
Pharmacies et commerces d'articles médicaux	8,9	9,4	9,4	10,4	10,3	10,5	10,4	10,8
Supermarchés	6,0	6,8	7,3	5,6	4,8	4,4	3,8	3,6
Commerce hors magasin	4,9	5,0	4,6	4,4	4,2	4,3	4,0	3,9
Grands magasins	2,2	2,1	1,8	2,0	1,9	2,0	2,0	1,9
Autres ventes au détail (café-tabac, grossistes, etc.)	5,9	4,7	5,5	6,4	6,5	6,3	6,3	6,3
Divers	2,7	2,1	2,0	2,0	1,8	1,8	1,8	1,2

Source : Insee.

Les magasins spécialisés dominent le marché des produits non alimentaires, mais l'apparente stabilité de leurs parts de marché cache le succès constant des grandes surfaces spécialisées (GSS) au détriment des petites surfaces. Les hypermarchés, hors domaines spécifiques, tirent leur épingle du jeu et réussissent à prendre des parts de marché, là où les supermarchés, avec des surfaces plus petites et donc des rayons non alimentaires limités, cèdent du terrain. Le commerce hors magasin (marché, vente par correspondance, etc.) et les grands magasins connaissent entre 1993 et 2008 une faible érosion de leurs parts de marché. Les données statistiques permettent de constater l'importance de la formule très réglementée des pharmacies – dont le marché se développe –, ainsi que de la vente automobile.

b) L'environnement législatif

Plusieurs lois régissent le fonctionnement de la distribution française depuis plus de trente ans. Voici les plus significatives.

- **Loi Royer** : loi du 27 décembre 1973, destinée à protéger le commerce de proximité des procédures d'autorisation pour l'ouverture de grandes surfaces. Ainsi, une création (ou une extension) d'un magasin de vente au détail doit faire l'objet d'une demande d'autorisation lorsque la surface de vente dépasse 1 000 m^2 dans une commune de moins de 40 000 habitants et 1 500 m^2 pour une commune de plus de 40 000 habitants. Cette demande d'autorisation doit se faire auprès d'une commission départementale de l'équipement commercial (CDEC) composée d'élus locaux, de représentants consulaires et de représentants des associations de consommateurs.
- **Loi Raffarin** : loi du 5 juillet 1996, qui a pour objectif de renforcer la loi Royer en abaissant à 300 m^2 le seuil de la surface au-delà duquel une autorisation administrative d'implantation de surfaces commerciales est nécessaire.
- **Loi Galland** : mise en application le 1er janvier 1997, elle a pour but d'« assainir » et d'encadrer les relations entre fournisseurs et distributeurs et de protéger les petits commerces des pratiques tarifaires de la grande distribution. Elle empêche notamment la prise en compte des marges arrières (budgets octroyés par l'industriel et facturés par le distributeur en échange de prestations commerciales, comme la présence en catalogue) pour la détermination du seuil de vente à perte. Les autorités gouvernementales espèrent protéger le petit commerce et les fournisseurs. Cette loi a été critiquée puis complétée en 2005 par la loi Dutreil qui permet dans une certaine mesure de prendre en compte les marges arrières pour la fixation des prix de vente.
- **Loi Chatel** : mise en application le 1er janvier 2008 pour le développement de la concurrence au service des consommateurs, cette loi modifie le seuil de revente à perte permettant aux distributeurs d'inclure tous les avantages financiers dans la détermination du seuil et donc du prix.
- **Loi de modernisation de l'économie** (LME) : mise en application le 1er janvier 2009, elle vise à accroître la concurrence dans la grande distribution en relevant de 300 m^2 à 1 000 m^2 le seuil de déclenchement de la procédure d'autorisation préalable d'ouverture des commerces et en divisant par deux les délais d'examen des demandes par la Commission départementale d'aménagement commercial (CDAC). Elle libéralise également les négociations, c'est-à-dire que les fournisseurs peuvent proposer des tarifs différents selon les distributeurs.

11.3 LES STRATÉGIES DE DISTRIBUTION

L'option stratégique est la résultante de l'étude des besoins de la clientèle (volume unitaire d'achat), des contraintes et caractéristiques produit (durée de vie) et des caractéristiques des intermédiaires. On distingue deux types de stratégies de distribution des producteurs.

a) La distribution sélective

La distribution sélective passe par un choix des canaux en fonction des capacités et des qualités commerciales des détaillants et donc, par une logique de canal court, sans grossiste. Autrement dit, le producteur choisit un nombre restreint de distributeurs en raison de leur image et de leur compétence. Les intermédiaires retenus doivent être capables d'assurer une bonne information et un service après-vente efficace, de garantir un niveau de qualité constant et de promouvoir le prestige de la marque. Les avantages et inconvénients d'une distribution sélective sont présentés dans le tableau 11.4.

Tableau 11.4 Avantages et inconvénients de la distribution sélective

Avantages	Inconvénients
• Bon contact avec la clientèle	• Mettre en place une force de vente
• Pas de grossiste à rémunérer donc coût réduit	• Charges administratives et logistiques importantes
• Bénéficier de la compétence des distributeurs	• Faible couverture géographique du marché
• Permet de créer et renforcer une image de marque	• Stratégie attaquée par la grande distribution
• Meilleur contrôle de la distribution du produit	• Difficulté de recrutement des distributeurs
	• Contraintes légales significatives

Le producteur a également la possibilité de choisir des distributeurs « exclusifs ». Il opère alors une sélection sévère des détaillants qui, dans chaque aire de marché, auront le privilège de commercialiser le produit. L'exclusivité se définit donc sur un territoire donné : nul autre distributeur ne commercialisera les produits sur ce territoire. Cette stratégie permet de créer, de développer et de renforcer une image de marque. Elle est souvent réservée à des produits haut de gamme, voire des produits de luxe (par exemple : bijoux Cartier, briquets Dupont, café Nespresso, etc.). D'ailleurs, la société Tartine et Chocolat (plus de 50 % du chiffre d'affaires réalisé à l'international) a opté en France pour une stratégie exclusive en commercialisant ses vêtements haut de gamme pour bébés et juniors dans 40 boutiques franchisées.

La stratégie de distribution sélective de LVMH

LVMH (Moët Hennessy-Louis Vuitton) est un groupe constitué d'un ensemble de marques au fort pouvoir d'évocation et de grands noms emblématiques de l'histoire du luxe. Leader mondial de la fabrication et de la distribution de produits de luxe, le groupe est en constante expansion. Il dispose d'un portefeuille unique de 50 marques prestigieuses, réparties dans cinq métiers : vins et spiritueux, mode et maroquinerie, parfums et cosmétiques, montres et joaillerie, distribution sélective. En effet, les activités de distribution sélective ont pour vocation de promouvoir à l'échelle mondiale un environnement commercial favorisant l'image et le statut des marques de luxe du groupe. LVMH dispose d'un réseau de 1 053 magasins implantés en Europe, aux États-Unis et en Asie-Pacifique. Les magasins ont pour nom : DFS (vente aux voyageurs internationaux), Miami Cruiseline (vente sur les bateaux de croisière), Sephora (chaîne de parfumerie), Le Bon Marché (grand magasin) et La Samaritaine (grand magasin).

b) La distribution intensive (ou de masse)

La distribution intensive ou de masse consiste à vendre tous azimuts, afin de détenir la plus grande part de marché possible, le plus vite possible. C'est une stratégie appliquée dans le cas de la plupart des produits de grande consommation (ou achat impulsif) mais qui a de nombreux inconvénients, dans la mesure où elle est coûteuse (voir tableau 11.5). Bien qu'elle soit coûteuse, c'est la stratégie des grands distributeurs. Cette stratégie passe par un très grand nombre de points de vente afin que le consommateur puisse s'approvisionner facilement. Les distributeurs utilisent alors généralement les circuits longs et les circuits courts intégrés ou associés.

Tableau 11.5 Avantages et inconvénients de la distribution intensive

Avantages	Inconvénients
• Force de vente réduite • Meilleure diffusion des produits	• Coûts de distribution et de communication élevés (multiplicité des cibles, intermédiaires et consommateurs)
• Peu de frais de transport et stockage	• Absence de contact avec la clientèle finale
• Indispensable pour les produits de grande consommation	• Difficultés pour établir et maintenir une image cohérente
	• Stratégie attaquée par la grande distribution des distributeurs
	• Contraintes légales significatives

La stratégie de distribution intensive d'Evian

Les produits de la gamme Evian sont principalement disponibles dans les grandes surfaces alimentaires et les magasins d'alimentation générale. La gamme de soins de beauté se situe dans le rayon hygiène/beauté. Evian Affinity est également disponible dans les pharmacies et parapharmacies. Le groupe a mis en place des organisations transversales qui favorisent une distribution géographique optimale des produits. Par exemple, Coca Cola est chargé de distribuer l'eau minérale Evian en Amérique du Nord. Le groupe se renforce également sur de nouveaux canaux de distribution tels que le segment des bonbonnes livrées à domicile en Europe ou la consommation hors domicile (Evian peut être disponible dans les distributeurs automatiques). Bien que les grandes surfaces occupent une place importante dans la distribution des produits Evian, les magasins de proximité ne sont pour autant pas négligés. Evian souhaite donc proposer ses produits au plus grand nombre d'acheteurs potentiels et privilégie ainsi une stratégie de distribution intensive. Cette dernière garantit une large diffusion des produits et une proximité avec les consommateurs.

EXERCICES

1. Un producteur estonien de boissons énergisantes, appelées Luchow, souhaite investir le marché français. Une boisson énergisante est une boisson destinée à donner un regain d'énergie à son consommateur, à ne pas confondre avec une boisson énergétique, dédiée elle au renfort ponctuel et à l'hydratation des sportifs. En France, le marché est de 54,8 millions d'euros en 2008 et les ventes en valeur ont bondi de 169,2 % depuis un an. La performance est encore plus forte sur les six derniers mois, Red Bull n'étant arrivé officiellement en France qu'en avril 2008. Le marché des boissons énergisantes s'avère concurrentiel. Hormis Red Bull, plusieurs marques sont présentes : parmi les plus cotées, nous retrouvons Burn (31 % de parts de marché en 2008) et Dark Dog (29 % de PDM en 2008). Quelques prémisses laissent supposer que ces deux marques risquent de perdre beaucoup de leurs parts de marché au profit de la marque Red Bull en 2009. D'autres marques essayent d'exister sur le marché, telles que X Energy Cola, de Pepsi, ou encore V, du groupe Danone. Pour la marque Luchow, la cible est les adolescents et jeunes adultes (15-35 ans). L'objectif est d'être présent partout, dans toutes les situations de consommation, et de s'adapter ainsi au rythme de vie des jeunes. L'entreprise doit montrer que c'est une boisson qui peut se consommer à tout moment de la journée et en toute occasion : pour faire face aux signes de fatigue, au manque de sommeil et aux longues journées de travail, avant un match, pour les sportifs, ou même pour faire la fête et rester éveillé toute la nuit. Le principal argument commercial est de vitaliser le corps et l'esprit, avec un produit qui peut se boire 24h/24.

Travail à faire : À partir de ces informations et en tant que consultant marketing, il vous est demandé de proposer une stratégie de distribution de cette boisson à l'attention des consommateurs français. Quel canal et stratégie de distribution privilégieriez-vous ? Justifiez vos recommandations.

2. Le fabricant d'ordinateurs et de produits électroniques Apple a ouvert pour la première fois un Apple Store en 2000. Il s'agit d'une chaîne de magasins de détail en nom propre qui vendent les ordinateurs et les produits de la marque. D'ailleurs, le magasin de New York présente la particularité d'être ouvert 24h/24. En 2009, Apple a ouvert 260 magasins aux États-Unis, en Europe et à travers le monde. Trois magasins seront prochainement ouverts en France dont deux à Paris et un à Montpellier. En novembre 2009, Apple a inauguré un magasin dans la galerie du Louvre.

Travail à faire : D'après vous, pour quelles raisons Apple a-t-il décidé en 2000 de distribuer ses produits via un canal ultracourt (ou direct) ?

SOLUTIONS

Exercice 1

En ce qui concerne la distribution, nous conseillons à l'entreprise d'établir un circuit de distribution court. En effet, il est préférable de vendre directement aux centrales d'achat des magasins à dominante alimentaire et d'acheminer soi-même aux plates-formes commerciales correspondantes (Auchan, Carrefour, Metro, France Boisson, etc.). Ce sont ensuite ces centres d'achats qui fourniront en unités commerciales les grandes surfaces (hypermarchés, supermarchés) et magasins de proximité. Il convient également d'assurer la distribution relative aux stations services et aux bars et boîtes de nuit. Ces derniers endroits constituent un point fort pour l'entreprise compte tenu des caractéristiques sociodémographiques de la cible.

Le choix d'une distribution courte est intéressant pour trois raisons :

- elle permet à l'entreprise de mieux gérer le réapprovisionnement des magasins et le placement stratégique de son produit dans les rayons et en tête de caisse ;
- elle contribue à une meilleure visibilité dans les régions stratégiques ;
- elle favorise la remontée d'informations concrètes de la part de ses clients.

La stratégie de distribution doit être orientée sur le concept d'accessibilité dans l'ensemble des réseaux commerciaux afin de fournir aisément les consommateurs. Il pourrait également être intéressant de développer une procédure d'approvisionnement des distributeurs *on line*. Cette solution sera à étudier auprès des distributeurs et de leurs principales remarques en termes de *supply chain*. Enfin, les politiques de produit, prix et communication devront être en parfaite adéquation avec la politique de distribution du produit.

Exercice 2

L'ouverture des magasins Apple répond à trois objectifs :

- élargir le réseau de distribution de la marque qui avait fortement décliné avant la reprise de l'entreprise par Steve Jobs ;

– permettre aux clients de se familiariser avec la marque, de vivre une expérience « Apple » (design recherché, discussion libre avec des conseillers qui sont des aficionados de la marque, possibilité de consulter ses mails ou d'envoyer des photos par Internet, etc.) ;

– accroître le chiffre d'affaires.

POINTS CLEFS

- Un canal de distribution constitue le chemin parcouru par le produit, du producteur au consommateur, alors qu'un circuit représente l'ensemble des canaux qu'un produit emprunte pour atteindre ses cibles.
- Les fonctions de la distribution sont au nombre de six : achat, assortiment, temporelle, commerciale, spatiale et logistique.
- Trois formules animent la distribution française : le commerce intégré (ou concentré), le commerce indépendant associé et le commerce indépendant isolé.
- Les hypermarchés et les supermarchés constituent les deux principales formes de distribution dans le domaine alimentaire.
- Deux grandes stratégies de distribution peuvent être adoptées : sélective et intensive.

CHAPITRE 12

La communication

OBJECTIFS

- Comprendre le principe du processus de communication et ses objectifs majeurs.
- Intégrer les différents niveaux et formes de communication.
- Être en mesure de distinguer les principaux médias et de bâtir une stratégie de communication générique.

PLAN

12.1 DÉFINITION ET OBJECTIFS DE LA COMMUNICATION

a) Définition de la communication marketing

Nous ne parlerons pas ici de communication en général mais de communication marketing et plus particulièrement de communication commerciale par opposition à la communication *corporate*.

La communication *corporate* regroupe l'ensemble des actions qui visent à promouvoir l'image de l'entreprise ou d'une organisation vis-à-vis de ses clients et différents partenaires. À ce niveau, la communication se focalise sur l'entreprise (performances économiques, techniques de l'entreprise, etc.) ou sur l'institution (personnalité et valeurs de l'entreprise). De manière générique, la communication consiste à transmettre des messages aux différents publics de l'entreprise afin de modifier leurs niveaux d'information, leurs attitudes ont encore leurs comportements.

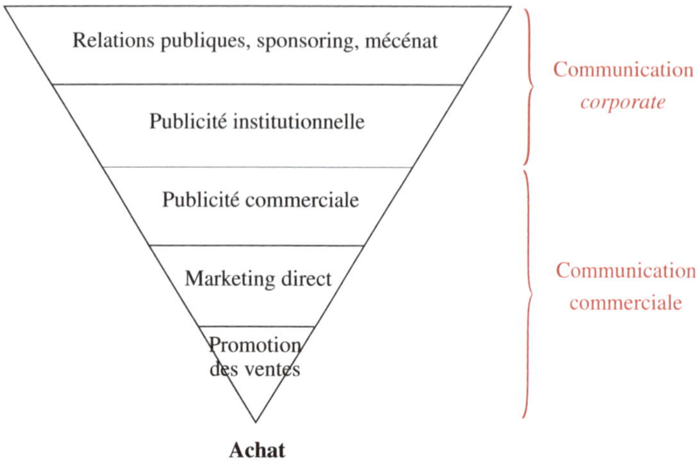

Figure 12-1 La communication marketing.

La communication commerciale se concentre sur l'offre de biens et services, comme la valorisation des performances, ou sur la communication autour de la marque par la mise en avant de la personnalité et des valeurs de cette dernière.

Nous pouvons définir la communication marketing comme la transmission d'un message entre des entreprises et des consommateurs. Il faut donc intégrer, dès à présent, l'existence d'un dialogue entre ces deux parties. Le message a généralement pour source les firmes, cependant l'individu visé répond et peut, lui-même, émettre un message en toute autonomie, en direction de l'entreprise, mais également vers d'autres consommateurs. L'autonomie des consommateurs a été renforcée avec l'apparition d'Internet. En effet, l'accès aux médias a été longtemps le privilège des entreprises. Aujourd'hui, à travers les forums, blogs, sites des entreprises sur lesquels les internautes peuvent s'exprimer, l'accès à la parole publique s'est démocratisé. Le modèle de la communication, en général, et celui de la communication marketing, en particulier, s'en trouvent modifiés. D'une communication de quelques-unes vers tous, nous sommes passés à une communication de tous vers tous.

De plus, la communication est, avec le prix, la variable du marketing-mix la plus visible pour les consommateurs. Elle est conçue pour eux et s'adresse à eux. La communication marketing est, par nature, contextuelle car elle s'intègre à l'environnement de l'entreprise. Ainsi, un même message n'a pas le même impact à deux moments différents ou en deux lieux différents (par exemple, deux pays) du fait, notamment, de l'état de l'opinion publique (microenvironnement) ou de facteurs sociologiques (macroenvironnement).

Cependant communiquer est de plus en plus complexe. Ainsi, un individu est exposé à un nombre journalier de messages toujours croissant (entre 300 et 1 000 selon les études et les pays considérés). Il est bien évident que seule une petite partie de ces messages fait l'objet d'une mémorisation. Cela se traduit notamment par une inflation des dépenses publicitaires sur les médias dits de masse (mass media) comme la télévision, les annonceurs espérant une meilleure mémorisation du message grâce à sa répétition. Cette stratégie a toutefois des limites (essentiellement budgétaires) et n'est pas en phase avec l'évolution du marketing qui se veut de plus en plus proche des besoins spécifiques des consommateurs. Ainsi, le marketing direct est devenu l'arme de prédilection de la communication commerciale car il permet de toucher directement, avec un message spécifique, l'individu ciblé.

b) Le processus de communication

Il existe de nombreux modèles qui visent à présenter le processus de communication. Nous nous référons au modèle de Shannon et Weaver. Ce dernier peut se décomposer en différentes étapes :

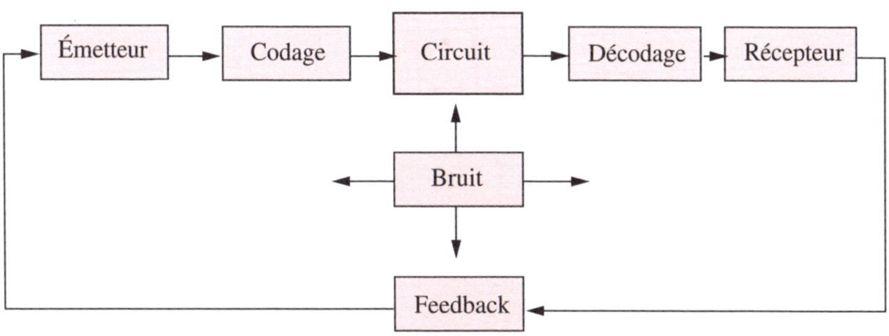

Figure 12-2 Le modèle de Shannon et Weaver.

- **un émetteur** : cela peut-être une entreprise, un produit ou encore une personne. L'émetteur est rattaché à une source principale (généralement la marque qui constitue la partie la plus visible de la communication marketing). Il est essentiel que le message soit clairement attribué à une source mais l'image de cette dernière peut modifier la perception, l'interprétation et les effets du message ;
- **le codage** : il correspond à la traduction opérationnelle de l'idée que l'émetteur se fait du message qu'il veut transmettre. Une même intention de message peut ainsi revêtir des formes diverses. Ici, le langage,

le ton, la posture ou les gestes des personnes mises éventuellement en scène, les couleurs « communiquent » et feront l'objet d'un décodage ;

- **le circuit** : c'est le canal de communication qui véhicule le message vers le récepteur. Un même message peut emprunter plusieurs canaux de communication (presse, affichage, force de vente, e-mailing, etc.). Nous parlerons dans ce cas du circuit de communication ;
- **le décodage** : si l'émetteur a bien codé le message, théoriquement, celui-ci sera bien décodé par le récepteur. À ce niveau, le message doit à la fois attirer l'attention du récepteur et être compris par ce dernier ;
- **le récepteur** : il représente la cible de communication primaire, c'est-à-dire celle que cherche à toucher en priorité l'entreprise. Il est évident qu'en fonction du circuit de communication retenu, d'autres récepteurs peuvent également percevoir le message. De plus, le récepteur peut lui-même relayer le message de manière plus ou moins fidèle ;
- **le feed-back** : principalement constitué de la communication « retour » du récepteur vers l'émetteur, c'est un processus de contrôle qui permet à l'émetteur de vérifier le niveau de compréhension du message et son impact sur le récepteur ;
- **le bruit** : le message n'arrive pas au récepteur de manière isolée mais dans un environnement « sonore ». Ainsi, les médias qui communiquent sur votre marque, vos produits ou votre entreprise, les concurrents qui mettent en avant leurs propres offres, l'opinion publique, etc. peuvent brouiller, détourner ou encore modifier le message et son interprétation. Si l'entreprise maîtrise certains canaux de communications, d'autres restent hors de contrôle comme la communication entre les consommateurs (le bouche à oreille), le rédactionnel média ou encore le discours des syndicats.

Total – « Vous ne viendrez plus chez nous par hasard »

En juin 2000, un peu plus de six mois après le naufrage du pétrolier Erika au large des côtes bretonnes, Total lance une nouvelle campagne de communication sur le thème : « Vous ne viendrez plus chez nous par hasard ». L'émetteur est clairement identifié, groupe Total. L'objectif du message était de mettre en avant, à la veille des grands départs en vacances, les qualités de services des stations essence de la marque. Le message a été codé en ce sens par l'agence Harrison & Wolf en mettant en situation des personnes bénéficiant de services personnalisés. Les canaux retenus sont la presse et la télévision. Dès les premiers spots, bon nombre d'élus bretons protestent, jugeant cette publicité particulièrement en décalage avec la situation vécue en Bretagne. L'opinion publique se mobilise *via* Internet où de multiples sites fleurissent pour dénoncer le cynisme du pétrolier. On trouve même sur la toile des affiches publicitaires de Total détournées, sur lesquelles a été apposé un nouveau slogan : « Vous ne viendrez plus chez nous, même par hasard ».

c) Les objectifs de la communication marketing et de la publicité

Nous l'avons déjà énoncé, le marketing vise à modifier un élément chez le consommateur. En tant que variable du marketing-mix, la communication poursuit également cet objectif. Pour structurer notre propos, nous nous référons au modèle de la hiérarchisation des effets qui identifie successivement trois étapes :

- **une étape cognitive** qui représente l'état de connaissance du consommateur sur l'existence ou la nature de l'offre, la traduction marketing du niveau de connaissance étant la notoriété ;
- **une étape affective** qui intègre les motivations, freins ou encore les jugements de valeur. Sa traduction commerciale est l'image de marque, permettant ainsi d'expliquer les préférences entre les marques ;
- **une étape conative** qui regroupe les comportements observés vis-à-vis de l'offre : déplacement dans les points de vente, demande d'information, achat ou non, fidélisation, etc.

Nous parlons de hiérarchisation des effets car, pour que l'individu réagisse affectivement par rapport à une offre, il est nécessaire qu'il en ait une connaissance minimale. Selon la même logique, pour acheter, il faut que le consommateur ait évalué l'offre commerciale.

L'action publicitaire a vocation à agir sur ces trois étapes. Le plus ancien modèle formalisant cette action est le modèle AIDA (Attention, Intérêt, Désir, Achat). Nous pouvons y rattacher les trois objectifs de la communication : faire connaître, faire aimer et faire agir.

Tableau 12.1 Les trois objectifs de la communication

Attitude	Modèle AIDA	Objectifs de la communication
Niveau cognitif	Attention (attirer)	**Faire connaître** (notoriété, connaissance)
Niveau affectif	Intérêt (provoquer) Désir (susciter)	**Faire aimer** (appréciation, préférence)
Niveau conatif	Achat (déclencher)	**Faire agir** (conviction, achat)

En fonction des objectifs poursuivis, les outils de communication utilisés sont différents.

Cognitif, affectif ou conatif ?

Cognitif : Lors de l'ouverture du marché des renseignements téléphoniques, la problématique pour les nouveaux entrants relevait avant tout de la maximisation de leur niveau de notoriété et de la mémorisation du numéro d'appel. Les opérateurs se sont livrés une bataille acharnée afin d'être le premier dans l'esprit des consommateurs en recherche d'une information. À ce jeu, le numéro 118 218 est sorti vainqueur. Le numéro n'était pas plus facile à mémoriser qu'un autre, voire moins que le 118 000, mais c'est lui qui a bénéficié de la couverture médiatique la plus importante.

Affectif : En septembre 2009, Renault lance la campagne « baby-boom » dont l'objectif est de mettre en avant la jeunesse de la gamme. En choisissant de faire figurer des enfants en plus des véhicules, Renault met en avant le caractère familial de la marque tout en jouant sur la relation affective positive que dégage naturellement la vue d'un enfant. Du 8 au 22 septembre, plus de 180 000 panneaux publicitaires sont ainsi déclinés sur l'ensemble du territoire français. Il s'agit de la plus grande campagne publicitaire d'affichage jamais réalisée en France.

Conatif : Un week-end portes ouvertes avec de nombreuses animations dans les points de vente, dont un grand jeu de la clé Renault permettant de gagner une voiture, complète la campagne de communication pour en faire l'événement promotionnel de la rentrée 2009. Les objectifs des animations et des promotions accordées dans le cadre des portes ouvertes sont de faire venir les consommateurs dans les concessions et d'agir directement sur le comportement d'achat.

12.2 LES OUTILS DE LA COMMUNICATION

Lors de la construction d'une campagne de communication, plusieurs canaux sont à notre disposition. Il convient de distinguer les canaux qui relèvent des médias et les canaux qualifiés de hors-médias. En 2008, les dépenses de communication en France se répartissent ainsi :

Tableau 12.2 Dépenses de communication des annonceurs en France en 2008

Médias (en milliards d'€)	Montant 2008/2007	Évolution (en %)	PDM (en %)
Télévision	4,112	–4,5	12,7
Cinéma	0,117	–15,4	0,4
Radio	0,952	-3,2	2,8
Internet	1,007	19,9	3,1
Presse	4,247	–3,4	13,1
Affichage	1,455	1,9	4,5
Annuaires	1,286	3,2	4,5
Marketing direct	9,559	–1,9	29,5
Promotion	5,106	–1,5	15,8
Salons et foires	1,539	2,7	4,8
Parrainage	0,833	–3,0	2,6
Mécénat	0,354	–3,0	1,1
Relations publiques	1,833	–2,0	5,7

Source : Irep, 2008.

Nous pouvons remarquer la progression constante d'Internet, la domination du marketing direct, en particulier, et du hors-médias, en général.

a) Les médias

Il existe cinq grands médias historiques, la presse, la télévision, la radio, l'affichage et le cinéma, auxquels il convient aujourd'hui d'ajouter Internet.

La presse

Elle reste le premier média en matière de captation des recettes publicitaires, mais force est de constater qu'elle perd régulièrement des parts de marché, au profit de la télévision et surtout d'Internet. La presse regroupe un ensemble hétérogène de supports écrits : la presse quotidienne nationale (PQN) comme *Le Monde*, la presse quotidienne régionale (PQR) comme *Les Nouvelles d'Alsace*, la presse gratuite (Metro) ou encore la presse magazine hebdomadaire (*Elle*) ou mensuelle (*Science et vie*). C'est aujourd'hui la presse magazine qui gagne des parts de marché au détriment de la presse quotidienne. Cette dernière est en effet à la fois plus souple (possibilité d'ajouter une page de publicité juste avant le bouclage) et plus pertinente en matière de ciblage.

Tableau 12.3 Points forts et points faibles de la presse

	Points forts	**Points faibles**
Magazine	Média à fort aspect visuel qui permet une argumentation Permet une très bonne sélectivité de la cible Bonne qualité de contact (lectures multiples et plusieurs lecteurs) Relativement souple en matière de parution	Très ciblé donc peu adapté à des campagnes visant à améliorer la notoriété
PQN/PQR	Média crédible et à forte implication Bénéficie d'une audience fidèle et permet de fidéliser la cible Compatible avec l'envoi de coupons et la mise en œuvre de concours Couverture nationale Fort argumentaire possible	Éphémère (un jour) Qualité de contact moyenne (temps de lecture faible) Fort encombrement (beaucoup de titres) Peu de souplesse ou de disponibilité (nécessité d'anticiper)

La télévision

C'est le média grand public par excellence. Les investissements publicitaires se concentrent sur un nombre réduit de chaînes dont la principale bénéficiaire reste TF1. L'accès aux meilleurs créneaux est difficile car, à la différence de la presse, l'espace publicitaire télévisuel se traduit en temps et n'est donc pas extensible. Cet effet d'encombrement a été renforcé par la disparition de la publicité après 20 heures sur les chaînes du groupe France Télévision.

Tableau 12.4 Points forts et points faibles de la télévision

	Points forts	Points faibles
Télévision	Média de grand public par excellence Média puissant et de notoriété Fort effet démonstratif Couverture nationale et pénétration rapide des foyers Fidélisation du public à une chaîne/une émission	Coûteux surtout si on choisit mal sa tranche horaire Média encombré avec un taux de mémorisation faible Sélectivité faible Contact faible (zapping et encombrement)

La radio

Sa part de marché a globalement progressé sur ces dix dernières années. La radio est par nature le média de proximité et de répétition. Elle est donc particulièrement adaptée à l'action promotionnelle. De plus, grâce au réseau des radios locales, elle est souvent la seule solution économiquement abordable pour des annonceurs comme un concessionnaire automobile qui souhaitent délivrer un message spécifique par rapport à la communication nationale de la marque.

Tableau 12.5 Points forts et points faibles de la radio

	Points forts	Points faibles
Radio	Pénétration de qualité et rapide si on choisit bien la tranche horaire Qualité du contact en fonction de l'heure et de l'émission Bonne représentativité des radios locales (média de proximité) Accoutumance et ritualisation avec ce média Faible coût	Demande une forte répétition pour obtenir un bon taux de mémorisation Absence de visualisation

L'affichage (publicité extérieure)

C'est le support de publicité le plus ancien et le plus accessible. Essentiellement situé en extérieur, il ne suppose l'achat d'aucun support comme un journal et ne passe pas par un outil technologique comme la télévision. Il peut revêtir différentes formes dont le 4×3 (quatre mètres de large sur trois mètres de haut) est le format le plus fréquent.

Tableau 12.6 Points forts et points faibles de l'affichage

	Points forts	Points faibles
Affichage	Média choc Crée une notoriété rapide Média complémentaire des autres car il fixe l'image transmise par les autres Bonne sélectivité géographique Lien direct avec la distribution Visualisation couleur	Éphémère et relativement cher Média à faible implication Sélectivité démographique faible Peu de souplesse d'utilisation Pas d'argumentation possible sauf si l'affiche aide à passer le temps (métro, gare, etc.) Nécessité d'une créativité forte pour attirer l'attention (avec le risque de détérioration de l'image)

Le cinéma

Il est plus à considérer comme un média de complément, en particulier par rapport à la télévision. Aujourd'hui, le cinéma récolte moins de 1 % des recettes publicitaires.

Tableau 12.7 Points forts et points faibles du cinéma

	Points forts	Points faibles
Cinéma	Média permettant la plus grande mémorisation Souplesse d'emploi Meilleure qualité contact Sélectivité géographique précise	Couverture faible Cible historiquement jeune et urbaine même si les plus de 50 ans voient régulièrement leurs entrées progresser Frais techniques importants Répétition faible

Internet

Le statut d'Internet est double, média lorsqu'il est utilisé comme support publicitaire (par exemple avec l'insertion d'une bannière), hors-médias lorsqu'il permet d'envoyer un message personnalisé à un internaute. La place prise par Internet en tant que média est croissante, suivant ainsi la progression du nombre d'internautes.

Tableau 12.8 Points forts et points faibles d'Internet

	Points forts	Points faibles
Internet	Très interactif Média pour créer une notoriété rapide grâce à l'effet buzz (bouche à oreille) Fort effet démonstratif Média à fort aspect visuel qui permet une argumentation Reste relativement peu onéreux	Cible historiquement jeune et urbaine même si les plus de 50 ans voient régulièrement leur utilisation d'Internet progresser Sélectivité géographique difficile

b) Le hors-médias

Il regroupe toutes les manières de communiquer en dehors des espaces médias classiques. Les dépenses hors-médias dominent en captant environ deux tiers des investissements en communication (source : France Pub 2007). La communication hors-médias peut conserver une forme intrusive en affichant une nature commerciale claire (marketing direct, promotion sur les points de vente) ou, dans certains cas, non intrusive (sponsoring, communication événementielle, relations publiques et relations presse). Nous retenons ici les principaux hors-médias : le marketing direct et la promotion de ventes. Nous aborderons plus succinctement les relations publiques, les relations presse, le sponsoring, le mécénat, la communication événementielle, ainsi que les foires et salons.

Le marketing direct

Il peut être adressé ou non, à vocation de conquête de nouveaux clients (transactionnel) ou de fidélisation (relationnel). Le marketing direct s'avère être le meilleur moyen de toucher des cibles restreintes avec un message personnalisé. Il s'est fortement développé depuis l'apparition d'Internet et du e-mailing. Le marketing direct s'inscrit parfaitement dans la démarche de marketing client qui vise à être au plus proche du client et de ses besoins. Presque 30 % des actions de communication en 2008 relèvent du marketing direct.

Tableau 12.9 Points forts et points faibles du marketing direct

	Points forts	Points faibles
Marketing direct	Permet un ciblage précis Coût du contact très faible surtout *via* Internet Support qui permet une argumentation Très adapté à une stratégie de fidélisation Généralement utilisé en accompagnement d'autres actions	Intrusif et peut engendrer une lassitude Dépend directement de la qualité des fichiers Peu adapté aux audiences larges et à la communication sur la marque

La promotion des ventes

Elle a deux objectifs, le recrutement de nouveaux acheteurs et la fidélisation des clients au travers d'un avantage ponctuel visant à stimuler les ventes, soit sous la forme d'un avantage financier (prix spécial, quantité en plus, couponing, offre de remboursement) ou au travers d'offres « dotation » (prime directe, prime différée, concours).

Tableau 12.10 Points forts et points faibles de la promotion des ventes

	Points forts	Points faibles
Promotion des ventes	Son effet est immédiat sur les ventes Stimule plus fortement les ventes que les autres actions publicitaires L'effet promotionnel est facile à mesurer Permet de baisser le prix sans altérer l'image du produit	Dégrade l'image de marque si elle est utilisée trop fréquemment Engendre un coût généralement important Facilement imitable par la concurrence

Les relations publiques, les relations presse, le sponsoring et le mécénat, la communication événementielle ainsi que les foires et salons

- **les relations publiques** (RP) visent à établir une relation de confiance, d'estime ou d'adhésion entre une entreprise et les différents acteurs et publics du microenvironnement (clients, actionnaires, distributeurs, opinion publique, etc.) ;
- **les relations presse** permettent d'augmenter la couverture médiatique de l'entreprise sans passer par l'achat d'espace publicitaire mais en cherchant à ce que les médias parlent de l'entreprise. À la différence des communications publicitaires, l'entreprise ne contrôle que partiellement le contenu des articles ou reportages diffusés ;
- **le sponsoring, le mécénat et la communication événementielle** regroupent les actions de stimulation et de motivation qui donnent lieu à des manifestations regroupant des publics internes, externes ou mixtes ;
- **les foires et salons** permettent de présenter l'entreprise et ses produits sur une période donnée et dans un lieu déterminé (souvent en présence de ses concurrents directs). Ce mode de communication est particulièrement utilisé en *B to B* (*Business to Business*). Plusieurs milliers de foires et salons se déroulent chaque année en France.

12.3 LA DÉMARCHE DE COMMUNICATION

a) Cible de communication et cible marketing

La cible de communication est généralement plus large que la cible marketing, sauf dans le cas d'une stratégie de marketing direct établie en référence à une base de données interne ou externe où les deux cibles se confondent.

Il est essentiel de limiter au maximum l'écart pouvant exister entre les deux cibles afin d'allouer au mieux les budgets de communication et d'éviter une déperdition de l'effort marketing.

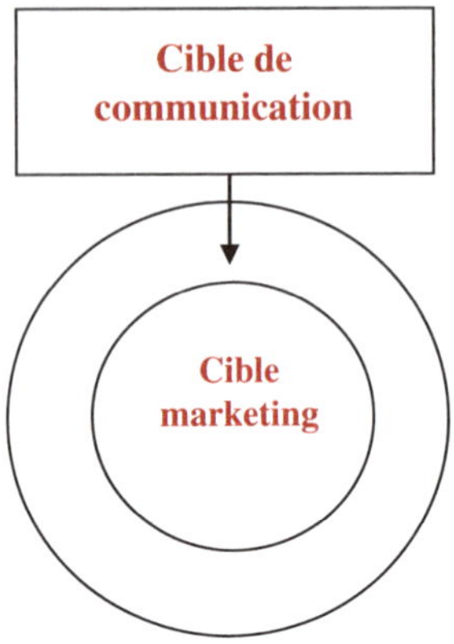

Figure 12-3 Cible de communication et cible marketing.

b) Les étapes de la communication publicitaire : exemple de la démarche publicitaire

Voici les différentes étapes de la démarche publicitaire. Nous en développerons les principaux points.

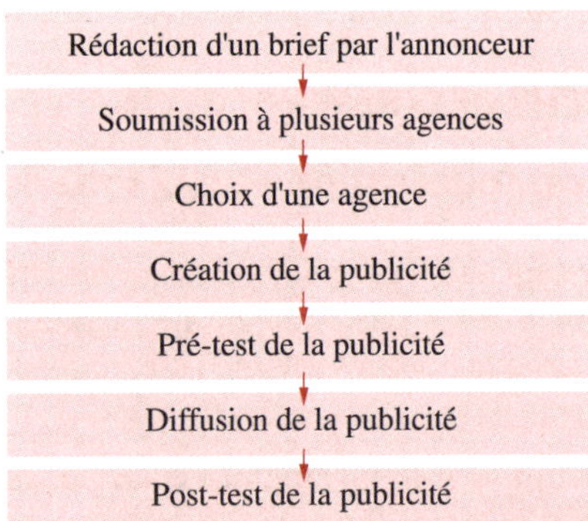

Figure 12-4 Les différentes étapes de la démarche publicitaire.

La rédaction du brief par l'annonceur, soumission et choix de l'agence

C'est le document écrit remis aux agences par les annonceurs. Il permet de définir le cadre et les objectifs de l'action publicitaire en présentant la situation de la marque et des produits. L'entreprise soumet en général le brief à quatre ou cinq agences qui disposent d'environ un mois pour formuler une proposition. Le choix de l'agence repose sur des critères objectifs comme le budget mais également plus subjectifs comme l'aspect créatif de la campagne proposée.

Le brief doit contenir les informations définies par l'Association des agences conseils en communication (AACC) :

- informations sur l'entreprise : ses marques, ses produits, ses marchés, ses parts de marché, son positionnement et un historique de sa communication. Ainsi, un challenger n'adoptera pas le même ton que le leader ;

Impact des parts de marché

Dans une publicité de Pespi, un enfant se tient devant un distributeur de boissons. Il prend une première cannette de Coca qu'il dépose devant la machine, puis une deuxième. Il monte ensuite sur les deux cannettes, afin d'atteindre la touche permettant d'obtenir une cannette de Pespi. L'enfant quitte les lieux, laissant les deux Coca-Cola devant la machine. Il est évident que seul un challenger peut se permettre d'avoir une telle stratégie de communication. Le petit peut en effet se moquer du grand. Si Coca-Cola optait pour une publicité similaire, cela serait perçu comme dédaigneux.

- sont également définis les points suivants : objectifs marketing, objectifs spécifiques de communication, cibles de communication, budget de communication, supports envisagés et éventuelles contraintes juridiques spécifiques au marché ou au produit concerné.

La création publicitaire

L'agence retenue produit un document détaillé reprenant la *copy strategy* qui contient les éléments suivants :

- la promesse ou l'axe publicitaire : message à communiquer à la cible de communication ;
- la preuve donnée que l'on peut tenir la promesse ;
- le bénéfice consommateur (*reason-why*) : avantage pour le consommateur ;
- le ton du message : humoristique, sérieux, sensuel, jeune, haut de gamme, etc.

Diffusion et post-test de la publicité

Une fois la campagne de publicité construite, il faut sélectionner les différents supports de communication. Le choix est donc double, média à sélectionner (télévision, presse, etc.) et support(s) en particulier (choix du ou des titres, de telle ou telle radio, etc.). C'est le travail du média planning qui consiste à sélectionner les médias et à définir leurs modes d'utilisation. L'objectif est de rechercher l'efficacité maximale des médias dans la contrainte budgétaire fixée par l'annonceur.

EXERCICE

Copy strategy

Travail à faire : Voici deux publicités : vous devrez définir pour chacune d'elles la cible ainsi que les différents éléments de la *copy strategy*.

Figure 12-5

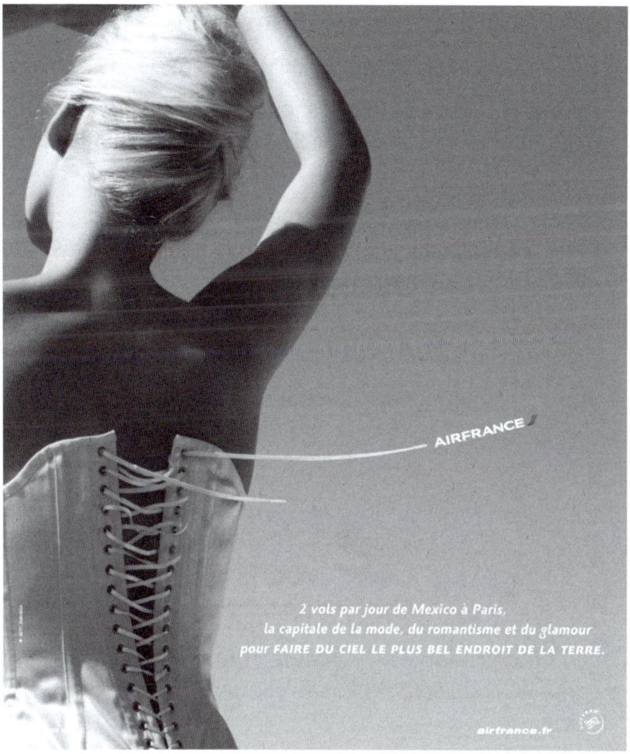

Figure 12-6

SOLUTION

- ***Copy strategy* d'Air France (figure 12-5)**
  - Cible : hommes et femmes de 25-60 ans, actifs, CSP+.
  - Promesse : des vols dans le monde entier (plus de 800 destinations), confort.
  - Preuve : dans le texte avec plus de 800 destinations avec SkyTeam, ainsi que le visuel avec des globes présentant les différents continents desservis par la compagnie.
  - Bénéfice consommateur : voyager dans tous les pays du monde.
  - Ton : informationnel, rassurant, esthétique.

➤ ***Copy strategy* d'Air France (figure 12-6)**

– Cible : hommes et femmes de 30-55 ans, actifs, modernes, CSP+.

– Promesse : des vols tous les jours entre Mexico et Paris, capitale du glamour et du romantisme, confort, prestations de qualité, sur mesure.

– Preuve : dans le texte, avec deux vols par jour entre Mexico et Paris, capitale du glamour et du romantisme, ainsi que le visuel avec le corset, synonyme de sur-mesure, de la mode

– Bénéfice consommateur : voyager entre Mexico et Paris tous les jours dans un confort total.

– Ton : informationnel, glamour, romantique.

POINTS CLEFS

➤ La communication est de nature *corporate* lorsqu'elle parle de l'entreprise et commerciale lorsqu'elle se focalise sur l'offre de biens et services.

➤ Une même communication n'est pas perçue de la même manière en fonction du contexte dans lequel elle est diffusée.

➤ La communication vise trois objectifs majeurs : faire connaître, faire aimer et faire acheter.

➤ En fonction des objectifs de communication, il est nécessaire d'adapter les canaux de communication (médias ou hors-médias).

➤ La cible de communication est généralement plus large que la cible marketing.

➤ Le marketing direct est l'outil de communication privilégié par les entreprises. Il capte à lui seul presque 30 % des dépenses de communication des entreprises.

ÉTUDE DE CAS

Logan : une stratégie *low cost* payante

1. PROBLÉMATIQUE

Renault est aujourd'hui le premier constructeur automobile français et l'une des premières marques de voitures particulières et utilitaires en Europe.

Le marché européen est depuis longtemps en phase de maturité. Dans ce contexte, Renault veut devenir une marque généraliste mondiale et conquérir les marchés à fort potentiel de croissance, à savoir les pays émergents. C'est dans ce but que la Logan, une voiture familiale, robuste et accessible en prix, a été conçue mais son succès s'est également affirmé dans les pays occidentaux, avec une version commercialisée plus adaptée à leurs standards.

Dans le cadre de cette étude, nous allons analyser les différentes étapes de la démarche marketing adoptée par Renault tout en nous référant aux concepts théoriques.

Nous aborderons ainsi les points suivants :

- le diagnostic du marché ;
- le diagnostic interne ;
- la définition de la cible (pays émergents et pays occidentaux) ;
- la définition de la stratégie globale et du marketing-mix.

a) Le concept Logan

Le projet de lancement par Renault d'un véhicule à la fois moderne et économique, à savoir la voiture à 5 000 euros, commercialisé hors Europe occidentale, est né en 1998. Toutefois, il a véritablement pris forme en 1999 lorsque Renault a racheté le constructeur roumain Dacia, dont le site de Pitesti bénéficie d'une localisation géographique avantageuse, au cœur des marchés de l'Europe centrale et orientale.

Ce projet visait à répondre à une demande exprimée par une partie de sa clientèle, pour laquelle l'achat d'une voiture représentait une part trop importante de ses revenus. Les voitures historiques de la marque étaient peu adaptées aux marchés émergents en matière de prix. À titre d'exemple, l'achat d'une voiture en Roumanie équivalait à l'achat d'une résidence principale en Europe occidentale. La Logan est donc un produit spécifiquement conçu pour ce marché.

b) Historique

Avec l'acquisition de Dacia par Renault en 1999 – faisant suite à une étroite coopération démarrée durant les années 1970 – Renault renforce sa présence sur les marchés automobiles à forte croissance.

Cette présence est jugée indispensable pour atteindre l'objectif que s'est fixé le groupe : vendre 4 millions de véhicules en 2010. Dacia est ainsi le pôle de développement majeur du groupe Renault en Europe centrale et orientale.

Après trente ans de coopération avec Dacia, qui fabriquait des véhicules Renault sous licence, Renault est entré en 1999 à hauteur de 51 % dans le capital du constructeur automobile roumain. Cette participation a été progressivement augmentée pour atteindre 99,3 % du capital en 2004.

Le groupe Renault a réalisé 489 millions d'euros d'investissements sur cinq ans pour la modernisation de Dacia : remise à niveau de l'outil industriel de Pitesti, amélioration radicale de la qualité, formation du personnel, renouvellement de la gamme, etc.

Le projet Logan, qui rompt avec la gamme de véhicules jusque-là dérivée d'anciens modèles Renault, illustre la collaboration de Dacia avec les équipes d'ingénierie du groupe réunies au Technocentre (France). La Logan est le premier véhicule du programme X90 qui permet à Dacia de s'imposer sur les nouveaux marchés où l'automobile commence à se démocratiser. Les pays émergents représentent en effet les principaux gisements de croissance pour les dix ans à venir. Sur le marché roumain, la part de marché de Dacia atteint déjà près de 45 %. L'arrivée de la Logan, lancée en 2004, devait lui permettre d'améliorer sa position.

Sans fioriture, ni formes complexes, la Logan reflète bien l'esprit avec lequel elle a été conçue. Elle rassemble le meilleur de la technologie Renault tout en se concentrant sur l'essentiel. De plus, la Logan dispose d'une garantie de trois ans ou 100 000 kilomètres pour rassurer ses clients et pour démontrer que Dacia croit en la fiabilité de ses produits. Le concept lui a rapidement valu la sympathie du public de l'Europe entière et bien sûr des Français.

La Logan est commercialisée à partir du 9 juin 2005 en France dans le réseau Renault, du 16 juin en Espagne et du 17 juin en Allemagne. Elle est lancée entre octobre 2005 et janvier 2006 dans cinq autres pays d'Europe occidentale : Belgique, Suisse, Pays-Bas, Italie et Autriche. Dans ces huit pays, Logan est proposée en série avec l'ABS, deux airbags frontaux et des appuis-tête à toutes les places. La gamme est identique dans tous les pays et son prix de vente varie principalement en fonction des taxes locales et des coûts de transport. La Logan fait de son prix un véritable atout. À partir de 7 500 euros en France, elle constituc une offre dont le rapport/prix/prestations/habitabilité est inégalé sur le marché.

Chiffres clés

PRODUCTION

Total véhicules produits		Ventes totales	
2007	**2008**	**2007**	**2008**
222 914 véhicules	242 384 véhicules	230 294 unités	257 854 unités

VENTES À L'EXPORT ENTRE 2004 ET 2008 PAR PAYS

France	Allemagne	Ukraine	Algérie	Turquie	Italie	Espagne	Serbie	République Tchèque	Bulgarie
104 911 unités	51 159 unités	29 782 unités	32 682 unités	34 679 unités	14 602 unités	22 855 unités	15 484 unités	9 033 unités	8 756 unités

Fin 2009, le programme X90 c'est cinq modèles, proposés selon les pays, sous les marques Dacia (principalement en Europe, à l'exclusion de la Russie) ou Renault (majoritairement en Amérique du Sud) : Logan, la berline tricorps par laquelle tout a démarré en 2004, puis le break Logan MCV (2006), Logan Van (2007), Logan Pick-Up (2008) et enfin Sandero, un bicorps dont le design moderne vise à conquérir une clientèle plus jeune. X90, c'est aussi huit usines de montage avec une capacité de 955 000 véhicules et trois projets annoncés ou concrétisés (Afrique du Sud, Inde et Maroc).

2. DIAGNOSTIC DU MARCHÉ

Le parc automobile mondial est passé de 50 millions de véhicules dans les années trente à presque 900 millions en 2005. Le marché mondial de l'automobile a démarré sa véritable phase de croissance à la fin des années soixante, seule la crise financière de 2008 a récemment freiné les ventes d'automobiles. Dès 2009, les immatriculations de voiture neuves sont reparties à la hausse, dopées à la fois par une baisse générale des prix, des plans de soutien massifs à l'industrie automobile (comme la mise en place de la prime à la casse en France) et le développement de nouveaux marchés.

Or, cette croissance est loin d'être homogène. Le marché français est relativement stable : les volumes de vente sont passés de 2 millions de véhicules en 2003 à plus de 2,2 millions en 2009 (meilleure année depuis 2001). Globalement, le marché automobile français est considéré comme à maturité et de renouvellement. Les variations à la hausse ou à la baisse sont généralement liées à des éléments conjoncturels. En 2008, le prix moyen de vente d'une voiture a connu une baisse de 1 056 euros pour atteindre 18 962 euros, soit le niveau de 2004. Cette tendance se retrouve sur l'ensemble des marchés occidentaux. Le marché européen de l'ouest stagne ainsi depuis plus de dix ans avec environ 14,5 millions de véhicules vendus. La croissance se fait maintenant en Europe orientale sur des marchés comme la Pologne ou la Roumanie.

La croissance du marché mondial se concentre donc essentiellement sur de nouveaux marchés. À titre d'exemple, le marché chinois a connu une augmentation de plus de 300 %, passant ainsi de 1,1 million de véhicules particuliers vendus en 2002 à plus de 4,7 millions en 2007. Des évolutions comparables sont observées sur des marchés comme l'Inde, qui a connu une croissance des ventes de plus de 120 % sur la même période. Ces évolutions très contrastées d'une zone géographique à l'autre s'expliquent par le nombre de véhicules par habitants. La moyenne en 2007 était de 610 véhicules par millier d'habitants dans les pays du G7, de 491 pour la France, et de *seulement* 27 en Chine et 8 en Inde.

C'est dans ce contexte mondial que s'inscrit le programme Logan : des marchés historiques arrivés à maturité et des marchés émergents en pleine croissance.

a) Analyse de l'offre

Le marché mondial automobile est très concurrentiel. De nombreux groupes automobiles représentant des marques multiples cherchent à la fois à maintenir leurs volumes de vente sur leurs marchés historiques et à profiter de la croissance des pays émergents.

La concurrence

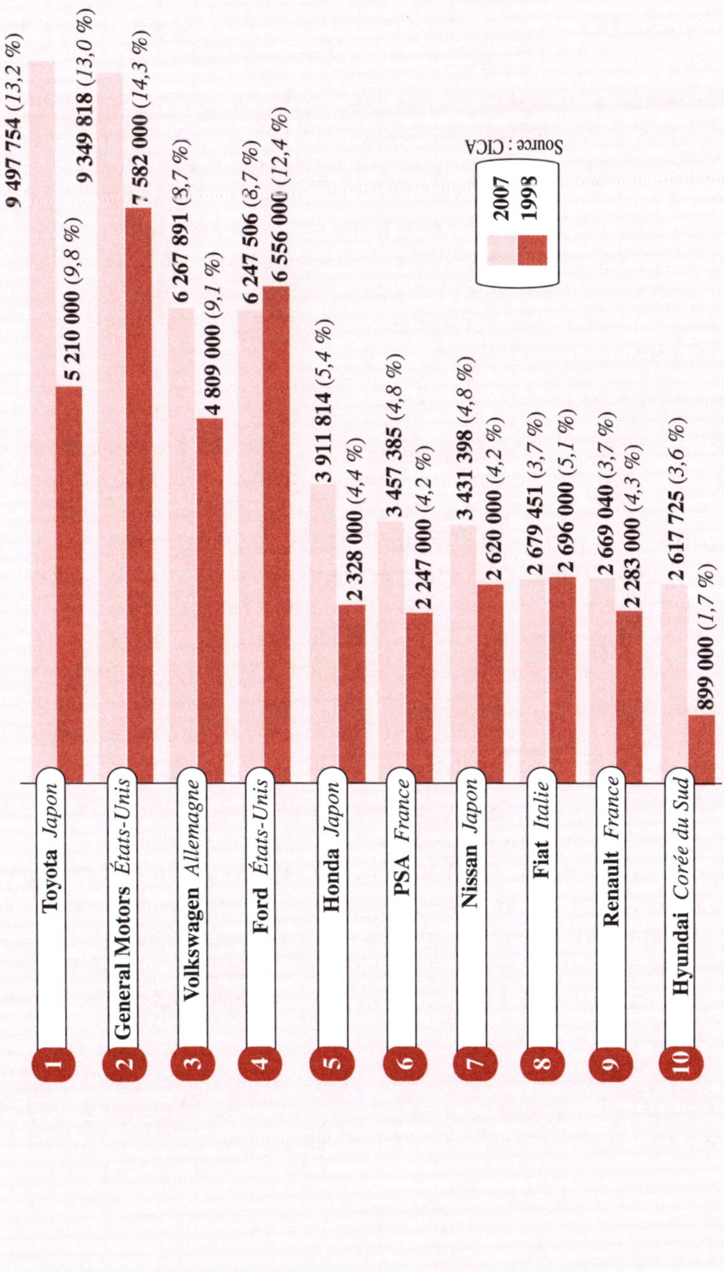

Le marché automobile mondial très concentré correspond à une situation oligopolistique. Les dix premiers constructeurs mondiaux trustent près de 70 % du marché mondial. Chaque constructeur base sa stratégie sur plusieurs marques afin de couvrir au mieux l'ensemble des marchés. Chaque marque propose plusieurs modèles, eux-mêmes adaptés aux différents segments de clientèle visés. L'automobiliste européen a ainsi le choix entre plusieurs milliers de modèles différents.

De nouveaux acteurs locaux se développent en s'appuyant sur la croissance de leurs marchés domestiques. Ainsi, l'entreprise indienne Tata Motors fondée en 1945 veut, elle aussi, surfer sur l'engouement des automobilistes pour un véhicule *low cost*. Le véhicule a été lancé en mars 2009 sur le marché indien au prix presque incroyable de 2 000 dollars. Il devrait arriver en Europe en 2011 à un prix estimé de 5 000 euros, soit un tarif encore plus attractif que celui proposé par Dacia. La pression concurrentielle n'est donc pas prête à faiblir dans le secteur automobile.

La distribution

La distribution automobile, du fait de la technicité des véhicules et de la nécessaire préservation d'une image de marque spécifique, passe par des réseaux dédiés. En premier lieu, nous trouvons le réseau primaire qui regroupe les succursales (points de vente qui appartiennent au constructeur sur des zones généralement considérées comme stratégiques) et les concessions (ils représentent la marque sous la forme d'un contrat établi sur une durée de cinq ans). L'essentiel des ventes de véhicules neufs passe par ce réseau primaire. En fonction des pays, nous pouvons également trouver un réseau secondaire composé d'agences qui contractualisent avec le réseau primaire constituant, ainsi, des points relais sur le secteur de la succursale ou de la concession.

Nous assistons depuis dix ans à un mouvement de concentration dans l'univers de la distribution automobile sous l'impulsion des constructeurs. La concession familiale disparaît petit à petit au profit de groupes à la fois multisites et multimarques. Les constructeurs disposent ainsi d'un nombre d'interlocuteurs plus limité et moins dépendant de la santé économique d'une zone géographique. Les concessionnaires trouvent dans cette nouvelle organisation une relative indépendance vis-à-vis des constructeurs.

La distribution automobile reste cependant clairement dominée par les fabricants de véhicules. Cette volonté de maîtriser l'ensemble de la distribution pèse lourd sur les comptes des constructeurs.

Le groupe Renault

Le groupe Renault est aujourd'hui placé en 9e position dans le classement des constructeurs automobiles mondiaux concernant le nombre de véhicules vendus. Cette place est à relativiser au regard des relations qui existent entre le constructeur français et le Japonais Nissan. Les deux entreprises sont alliées par des participations croisées depuis 1999. Nissan intervient dans le capital de Renault à hauteur de 15 % et Renault chez Nissan pour 44 %. C'est une société de management stratégique, mise en place le 28 mars 2002, qui dirige le groupe : Renault-Nissan BV.

Renault n'a pas limité sa stratégie d'alliance à Nissan. La marque au losange a repris la branche automobile de Samsung en 2000, permettant ainsi à Renault Samsung Motors (RSM) de s'implanter sur le marché sud-coréen.

Dans l'usine de Busan, après un redémarrage industriel important, RSM s'impose comme exemple dans ce pays d'habitude très fermé aux investisseurs étrangers. Trois modèles de véhicules dérivés de modèles Nissan sont mis sur le marché. Renault couvre près de 15 % du marché coréen, avec les véhicules SM3, SM7 en haut de gamme, ainsi que SM5.

Avec son implantation dans 118 pays, Renault est considéré comme un groupe généraliste et multimarque. Le groupe assoit sa dimension mondiale sur son alliance avec Nissan, sans oublier son acquisition de Dacia en Roumanie et un partenariat stratégique signé avec le leader Russe AvtoVAZ (Lada) en février 2008. Derrière Toyota, GM, Volkswagen et Ford, Renault-Nissan est le cinquième acteur mondial en volume de production.

b) Analyse de la demande

Les consommateurs/acheteurs

Comme nous l'avons déjà évoqué précédemment, la demande est peu homogène à la fois du point de vue des segments et des zones géographiques.

En Europe occidentale, nous sommes sur un marché de renouvellement. Il reste peu de non-consommateurs relatifs, les relais de croissance reposent donc essentiellement sur la capacité à fidéliser la clientèle historique et prendre des parts de marché à ses concurrents. À ce niveau, la stratégie d'innovation est essentielle. Or, elle engendre d'importants coûts, de recherche et développement mais aussi de marketing, dont la rentabilité reste aléatoire dans un marché à la fois mature et instable. Par ailleurs, force est de constater que les consommateurs se détachent de plus en plus de la voiture comme produit de positionnement social pour privilégier des véhicules à la fois fonctionnels et économiques. Par ailleurs, les temps de développement et d'industrialisation entraînent un décalage naturel entre l'identification des besoins des automobilistes et la mise sur le marché d'un nouveau véhicule. Renault en a fait les frais avec son 4×4 Koleos.

Le marché de la voiture d'occasion est également conséquent. Il se vend en moyenne deux voitures d'occasion pour un véhicule neuf. La mise sur le marché de modèles comme la Logan constitue une véritable alternative pour les acheteurs de véhicules d'occasion.

La croissance de la demande mondiale se concentre donc sur des marchés émergents avec une demande de premier équipement. Sur ces marchés, le potentiel reste particulièrement attractif avec un nombre de non consommateurs relatifs très élevé. À ce niveau, l'enjeu est de proposer des véhicules accessibles aux nouvelles classes moyennes. Les gammes des constructeurs mondiaux sont souvent inadaptées sur le plan technique mais surtout en matière de prix.

Nous pouvons également évoquer le cas des acheteurs. Une partie des véhicules est achetée dans le cadre des flottes d'entreprise. Les difficultés économiques actuelles incitent les entreprises à toujours plus de sobriété concernant leurs parcs automobiles.

Les prescripteurs

Les journalistes automobiles et la presse en général jouent un rôle particulièrement important dans le cadre de la commercialisation d'un nouveau modèle. Les articles de presse, les notes attribuées, les comparatifs de produits jouent un rôle essentiel. Le consommateur potentiel se renseigne principalement *via* les journaux ou sites spécialisés. Un article négatif peut ainsi l'inciter à ne pas aller plus loin dans son processus d'achat. À l'inverse, une présentation positive du véhicule constitue à la fois une communication gratuite et un facteur de motivation pour le consommateur. Nous comprenons mieux pourquoi les services relations presse des constructeurs sont particulièrement importants. Un journal comme l'hebdomadaire *Autoplus*, qui s'arroge près de 80 % de la part de marché de la presse automobile vendue en France en kiosque avec un tirage moyen de 322 000 exemplaires, est une référence incontournable.

c) Analyse de l'environnement

Nous nous référons au modèle PESTE afin d'analyser le macro-environnement, détecteur des éléments et tendances susceptibles d'influer la performance de l'entreprise.

Les facteurs politico-légaux

Les pouvoirs publics imposent aux constructeurs, *via* des réglementations, la prise en compte de caractéristiques spécifiques. Ainsi, différentes normes préalables à la mise en circulation des véhicules sont imposées aux constructeurs.

L'implantation commerciale et/ou industrielle de Renault sur d'autres continents avec un chiffre d'affaires important n'est pas sans risque pour sa situation financière. En effet, il suffira qu'un pays adopte une position particulièrement protectionniste ou qu'une instabilité politique ne permette guère la continuité d'une stratégie pour que la situation financière soit en danger. Par ailleurs, des réglementations évolutives et plus drastiques peuvent contrecarrer les plans de l'entreprise.

L'Union européenne soutient le secteur, aujourd'hui en phase de maturité, et engage les constructeurs à innover dans le secteur de l'écologie, en concevant des véhicules qui émettent moins de CO^2, respectueux de l'environnement. Certains États, comme la France ou l'Allemagne, ont clairement soutenu le marché automobile à la fois au travers d'aides directes aux constructeurs et par la mise en place de primes à la casse.

Enfin, des décisions politiques comme la mise en place de bonus/malus liés aux émissions de CO^2 des véhicules modifient la structure des ventes. Les consommateurs privilégient, de fait, les véhicules peu polluants, généralement de taille plus petite. Le segment dit « inférieur », représenté par exemple par la Twingo et la Clio, se développe au détriment des autres. Ce n'est pas sans conséquence sur les marges des constructeurs qui sont naturellement plus faibles sur les modèles d'entrée de gamme.

Les facteurs économiques

Les performances de l'entreprise Renault sont essentiellement liées à la situation économique des pays où elle est implantée. Si, par malheur, une situation économique dégradée prévaut dans un pays, Renault peut connaître des difficultés de recouvrement. La crise financière et économique actuelle touche de plein fouet le secteur automobile, en très grande difficulté. Renault n'échappe pas à la règle et a enregistré des pertes historiques en 2008 et 2009.

La hausse des prix de matières premières peut être considérée comme le facteur le plus pénalisant auquel doivent faire face les constructeurs. Outre les coûts énergétiques, la fabrication d'une voiture nécessite l'utilisation de matières premières telles que l'acier, les plastiques, le caoutchouc dont les prix se sont envolés. Dans un tel contexte, Renault comme d'autres constructeurs achètent ou rachètent des fonderies afin de se prémunir d'une éventuelle hausse du prix de l'acier..

Toutefois, tous les groupes ne sont pas égaux devant ces nouvelles contraintes. En effet, les constructeurs de voitures de luxe disposent de marges plus élevées que les autres. Dans un tel contexte, la stratégie *low cost* est donc particulièrement risquée.

Les prévisions attribuent au secteur automobile une croissance moyenne de 2,5 % par an d'ici 2015. Ainsi, de 69 millions de véhicules fabriqués en 2007 on passerait 84 millions en 2015. À cet horizon, c'est la Russie qui devrait dominer le marché européen. 65 % de la croissance mondiale profitera au BRIMC (Brésil, Russie, Inde, Mexique et Chine).

Les facteurs sociodémographiques

Bien connaître la demande pour pouvoir y répondre est le facteur préalable essentiel à l'optimisation des ventes. La multiplicité des cultures oblige les entreprises à faire face à des demandes très spécifiques.

Les caractéristiques des véhicules américains ou européens diffèrent totalement. C'est bien pourquoi Ford a créé en Allemagne, en 1967, sa filiale Ford Europe. Il s'agit d'une entreprise indépendante du siège de Detroit, elle répond à la demande spécifiquement européenne en concevant ses propres modèles. Ford estimait initialement que l'offre crée la demande. On voit bien aujourd'hui que cette théorie est obsolète ; c'est bien l'offre qui doit s'adapter à la demande. Les énormes cylindrées américaines se sont avéré totalement inadaptées au marché européen où le prix du carburant est bien plus élevé qu'aux États-Unis.

Nous pouvons identifier les principales zones géographiques suivantes auxquelles correspondent des types de véhicules spécifiques :

- aux États-Unis : SUV (*Sport Utility Vehicle* : véhicule de loisirs, tels que les tous-terrains et autres breaks surélevés apparentés), berlines, pick-up. Mais, crise oblige, le marché évolue vers des voitures de taille plus modeste ;
- en Europe : citadines, berlines, etc. ;
- au Japon : K-cars (mini-voitures destinées exclusivement au marché japonais et à fiscalité spécifique), berlines, etc. ;
- dans les pays émergents : citadines, berlines et petites voitures accessibles aux classes moyennes en très forte progression mais disposant d'un budget voiture limité.

Les caractéristiques socio-démographiques et certains segments du secteur automobile sont étroitement liés. Les familles nombreuses achèteront les monospaces, les commerçants auront besoin d'utilitaires, tandis que les citadines conviendront particulièrement aux personnes actives. L'être humain moderne vit « accompagné » par la voiture, dès l'âge du permis où généralement il achètera une voiture d'occasion. Une fois établi dans une vie professionnelle stable, il s'orientera vers la voiture neuve, qu'il choisira plus grande avec l'arrivée des enfants dans la famille. Dès lors que la démographie augmente et, avec elle, le nombre de véhicules, il faut aménager le réseau routier. Dans certains pays, comme l'Inde, les infrastructures routières ont du mal à absorber la croissance du parc automobile.

Les facteurs technologiques

Du point de vue de l'évolution mécanique, notons l'importance capitale des filières sport de chaque marque qui accordent une place primordiale à la recherche et permettent des améliorations substantielles aux véhicules.

Outre les innovations technologiques inhérentes au produit automobile, l'informatique permet de proposer de nouvelles prestations, par exemple, l'intégration de prises USB ou autres prises iPod.

Les acteurs du secteur subissent de fortes pressions. Contrairement aux idées reçues, il n'y a pas à court terme de rupture technologique sur le produit automobile mais une accélération considérable de l'évolution du secteur et une multiplication des contraintes. La nécessité de développer des véhicules plus propres avec en point de mire le véhicule électrique constitue l'enjeu majeur des prochaines années.

Les facteurs écologiques

Le parc automobile européen est responsable d'un taux d'émission moyen de 158 grammes de CO^2 par kilomètre parcouru. Le parlement tente d'imposer la fabrication de voitures propres en établissant de nouvelles contraintes réglementaires afin d'atteindre en 2012 une émission maximale de CO^2 de 130 g/km. Les constructeurs automobiles seront tenus de s'y conformer.

La voiture électrique est au cœur des préoccupations de Renault comme de l'ensemble des constructeurs. Son objectif est de vendre 20 000 véhicules électriques en 2011 pour atteindre en 2012 100 000 unités.

Nous pouvons résumer la pression concurrentielle dans le secteur automobile en référence aux cinq forces de Porter :

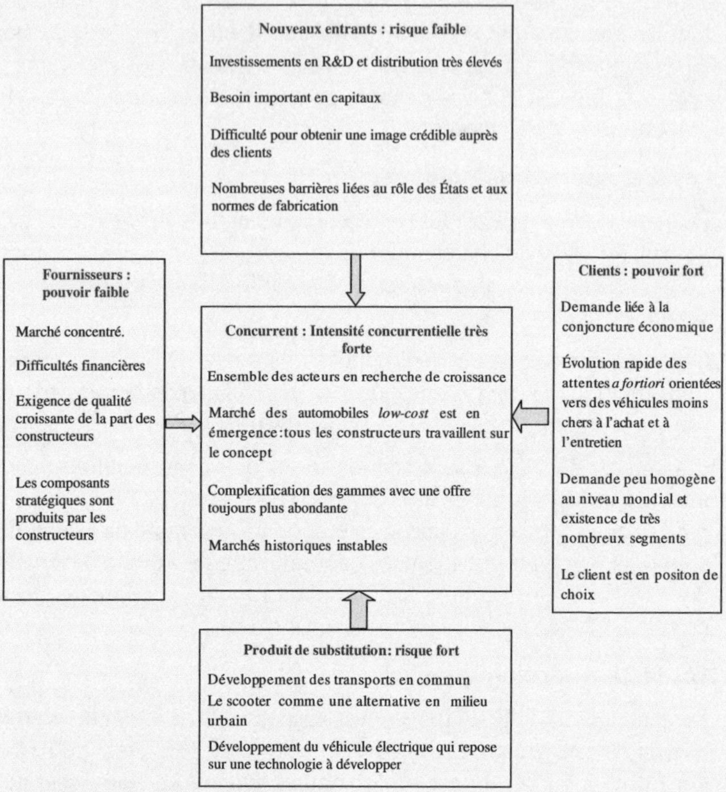

3. DIAGNOSTIC INTERNE

Nous allons faire le bilan de la situation du groupe Renault en 2004, c'est-à-dire avant la mise sur le marché de Logan. Nous réaliserons notre diagnostic en dégageant les forces et les faiblesses concernant le marketing mix du groupe.

a) Produit

Points forts

Renault est la première marque Française avec 28.4 % du marché en 2004 (y compris les ventes de véhicules utilitaires).

Le constructeur dispose d'une gamme à la fois large et profonde permettant de couvrir les besoins de la majorité des automobilistes.

Renault a su clairement innover depuis les dix dernières années en matière de concepts avec le succès de son monospace Scenic. Notons également les succès de Twingo qui a su séduire les jeunes comme les seniors avec une durée de vie étonnante sur le marché et de l'Espace qui reste la référence sur son segment.

Renault a su également mettre en avant son savoir-faire technologique à la fois en matière de sécurité (la presque totalité de la gamme a obtenu la note maximale de 5 étoiles au test Euro NCAP).

L'alliance avec Nissan (échange de compétences et utilisation de plateformes communes) a permis le développement de synergies et d'économies d'échelles.

L'arrivée prochaine de la Logan doit permettre de mieux répondre à la demande de pays émergents.

Points faibles

La multiplication des modèles intermédiaires comme la Modus lancée en septembre 2004 dont le positionnement et la rentabilité restent discutés. La multiplication des modèles pèse sur les frais fixes sans forcément développer les parts de marché.

La part de marché en France de Renault baisse régulièrement.

L'essentiel des ventes et plus de 50 % de la rentabilité du groupe sont encore réalisés sur le marché français. Cette situation est particulièrement risquée.

La marque est de moins en moins présente dans le haut de gamme avec l'échec relatif de la VelSatis.

La perspective de la mise sur le marché d'une offre *low cost* peut venir dégrader l'image de marque.

L'offre *low cost* présente un risque de cannibalisation des modèles d'entrée de gamme.

b) Prix

Points forts

Renault propose une gamme de prix particulièrement large avec des véhicules entrée de gamme (Twingo) et une offre haut de gamme (Espace et VelSatis)

Points faibles

La complexification des produits entraîne une hausse régulière du prix moyen de vente.

Les coûts de fabrication des modèles actuels sont peu compatibles avec les attentes des pays émergents.

c) Distribution

Points forts

Le réseau de distribution permet une excellente couverture du territoire national.

Le réseau de distribution international bénéficie de l'alliance Renault-Nissan, en augmentant la mise en place du nombre de points de vente.

Points faibles

La distribution dans certains pays reste cependant confidentielle et nécessite de lourds investissements.

d) Communication

Points forts

Un budget de communication particulièrement élevé. Renault est régulièrement le premier annonceur français.

La présence en Formule 1 et les différentes victoires de la marque en compétition améliore la notoriété et l'image de la marque au niveau international.

Points faibles

La multiplication des marchés et des modèles nécessite une adaptation des stratégies publicitaires en fonction des spécificités culturelles de chaque pays, ce qui entraîne une augmentation et une dilution de l'investissement publicitaire.

L'arrivée d'une offre *low cost* de la marque Renault dans certains pays rend difficile le maintien d'une image de marque cohérente au niveau international.

Les performances de Renault en Formule 1 n'entrent pas en résonance dans l'esprit des consommateurs.

Nous pouvons à présent synthétiser le diagnostic en référence au modèle SWOT.

Forces	Faiblesses
Stratégie d'innovation	Risque de dégradation de l'image par les produits *low cost*
Synergie et économies d'échelle grâce à l'alliance.	Possibilité de cannibalisation de la gamme par les modèles *low cost*
Renault, pionnier potentiel sur le marché *low cost* en Europe	Groupe encore dépendant du marché français

Opportunités	Menaces
Marchés émergents porteurs sur le secteur de l'automobile Modification du rapport à la voiture dans les pays développés : moins social et plus fonctionnel	Concurrence acharnée Environnement économique et politico-légal incertain

4. DÉFINITION DE LA CIBLE

Il convient de distinguer deux cœurs de cible : un pour les pays émergents et un pour les marchés d'Europe occidentale

a) Dans les pays émergents

Le programme Logan vise plusieurs pays. La Roumanie, dans un premier temps, mais également la Russie où le Maroc. La cible, dans ces pays, regroupe les classes moyennes en développement. Pour elles, l'accès à un véhicule neuf tricorps est la consécration de leur nouveau statut social.

En Inde ou au Brésil, les acheteurs de Logan sont plus aisés et son prix de vente n'est pas forcément le plus bas du marché. L'idée est donc de proposer sur ces marchés le meilleur rapport prix-habitabilité. La cible de la Logan est donc particulièrement large dans ces pays, ce qui doit lui permettre d'atteindre des volumes de vente importants.

b) En Europe occidentale

Logan permet à une catégorie de la population qui jusqu'alors possédait une berline compacte d'occasion achetée entre 7 500 et 10 000 euros d'accéder au véhicule neuf.

Les acheteurs de berline (de la taille d'une Mégane) d'occasion sont jeunes (en général moins de 45 ans), leurs revenus moyens se situent autour de 1 700 euros par mois. Le choix d'un véhicule d'occasion est surtout dicté par des motivations économiques et un besoin de mobilité familiale. La berline d'occasion est à ce titre le véhicule principal. Avec un budget serré, ces automobilistes sont particulièrement attentifs aux coûts d'entretien et aux éventuels frais de réparation des véhicules.

Beaucoup d'interrogations subsistent concernant l'accueil qui sera réservé à la Logan en Europe occidentale ainsi que sur sa capacité à convaincre des consommateurs habitués à des voitures de plus en plus complexes.

5. DÉFINITION DE LA STRATÉGIE GLOBALE ET DU MARKETING-MIX

La stratégie est globale en tenant compte de nécessaires adaptations locales. Les ingénieurs du programme X90 ont dû faire face à un double défi : proposer une berline familiale à un prix jusqu'ici inégalé tout en la dotant d'une fiabilité à toute épreuve. La Logan doit également être mesure de s'adapter à des conditions climatiques et de roulage diverses. À titre d'exemple, le moteur doit pouvoir démarrer à très basse température et le véhicule doit disposer d'un chauffage efficace en Russie. À l'inverse, le refroidissement et l'air conditionné sont essentiels dans les pays comme l'Iran. En Inde, le propriétaire est rarement le conducteur, le système de climatisation doit donc être particulièrement performant aux places arrière.

La stratégie de marque varie d'un pays à un autre. Dans les régions où Renault est déjà bien implantée, la Logan est vendue sous la marque Dacia. Dans ce cadre, Dacia est considérée comme une marque complémentaire à la marque Renault. Dans tous les autres pays, la Logan est un outil de conquête et de croissance pour la marque au losange. Elle est, dans ce cas, commercialisée sous la marque Renault. Une seule exception est à noter avec la vente de la Logan au Mexique sous la marque Nissan, déjà bien implantée dans le pays.

a) Le produit

Simple et fiable, Logan n'en reste pas moins un véhicule présentant toutes les garanties en matière de sécurité. Le véhicule propose à la fois une grande habitabilité (5 adultes) et une grande capacité de coffre (510 litres). La Logan est quasi identique dans tous les pays afin de jouer à plein sur l'effet volume. Seules les adaptations locales évoquées précédemment dérogent à la règle afin de coller au mieux aux attentes des différents marchés.

Enfin, en offrant une garantie de trois ans sur la Logan, Renault veut fidéliser sa nouvelle clientèle et, peut-être, parvenir à lui vendre un modèle plus haut de gamme dans quelques années.

b) Le prix

Logan vise clairement une stratégie de domination par les coûts qui s'appuie sur une politique d'achat stricte mixant l'intégration locale et un approvisionnement global (*global sourcing*). La production se veut au plus proche des marchés afin de limiter au maximum les frais de transports tout en bénéficiant d'une main-d'œuvre locale compétitive.

Les économies visent ainsi tous les domaines : conception (réutilisation de pièces de véhicules de la gamme Renault), fabrication, achats, marketing et logistique.

Avec un prix d'attaque à 5 000 euros, la Logan est imbattable dans sa catégorie. Ce prix ne se fait pas au détriment des marges. Logan est *low cost* mais pas *low margin* et doit contribuer à la profitabilité du groupe. Dans certains pays comme en Inde, le véhicule est proposé à partir de 428 000 roupies (environ 7 400 euros) car il est positionné moyen de gamme.

Le prix de base est de 7 500 euros en Europe occidentale du fait des coûts de transport et de la nécessaire adaptation du véhicule aux normes locales. Ce prix n'en reste pas moins particulièrement attractif.

c) La distribution

Si le prix et le produit se veulent relativement cohérents dans l'ensemble des 59 pays où la Logan est maintenant commercialisée, la distribution se veut adaptée aux spécificités de chaque pays.

La distribution en Europe occidentale passe par les points de vente Renault ; au Mexique, c'est Nissan qui se charge de sa commercialisation *via* son réseau Nissan. En Inde, un accord est passé avec le constructeur indien Mahindra. C'est le réseau historique de Dacia qui la commercialise en Roumanie. En Russie, la Logan est commercialisée par un réseau de 81 concessionnaires Renault et de 112 points de vente visant à s'imposer dans la totalité des villes de plus de 300 000 habitants.

d) La communication

L'argument de vente majeur reste le positionnement prix et est l'élément central de la stratégie de communication. L'idée est donc de limiter au maximum les investissements publicitaires afin de maintenir la logique *low cost*. Logan fait parler d'elle et les médias, en vantant son prix attractif et ses qualités de confort et de robustesse, se chargent d'attirer le client.

Bibliographie

BASSET G., CLIQUET G., FADY A., *Management de la distribution*, Dunod, 2006.

BREE J., *Le comportement du consommateur*, Dunod, 2009.

DARPY D. et VOLLE P., *Comportements du consommateur*, Dunod, 2007.

DESMET P., ÉVRARD Y., PRAS B., ROUX E., *Market : Fondements et méthodes des recherches en marketing*, 4e édition, Dunod, 2009.

DION D. et SUEUR I., *La distribution*, Dunod, 2006.

FILSER M., GIANNELLONI J.-L., VERNETTE É., *Études marketing appliquées – De la stratégie au mix : analyses et tests pour optimiser votre action marketing*, Dunod, 2008.

GANASSALI S., *Les enquêtes par questionnaire avec Sphinx*, Pearson Education, 2009.

GIANNELLONI J.-L. et VERNETTE É., *Études de marché*, 2e édition, Vuibert, 2003.

HALLA S., HIMBER T., SOULEZ S., *Exercices de marketing : Marketing stratégique, Comportement de l'acheteur et gestion de la relation client, Marketing opérationnel*, Lextenso Editions, 2008.

JOURDAN P. et JOLIBERT A., *Marketing Research*, Dunod.

LAMBIN J.-J., MOERLOOSE (DE) C., *Marketing stratégique et opérationnel : du marketing à l'orientation-marché*, Dunod, 2008.

LEHU J.-M., *L'encyclopédie du marketing*, Éditions d'Organisation, 2004.

LENDREVIE J., BAYNAST (DE) A., EMPRIN C., *Publicitor : Communication 360° off et on line*, Dunod, 2008.

LENDREVIE J., LEVY J., LINDON D., *Mercator : Théories et nouvelles pratiques du marketing*, Dunod, 2009.

VERNETTE É., *L'essentiel du marketing*, Éditions d'Organisation, 2008.

Index

N

O

P

Q

R

S

T

V

Y

054737 - (II) - (1,5) - OSB 80° - LAS - RAN

Achevé d'imprimer sur les presses de
SNEL
Z. I. des Hauts Sarts - Zone 3
Rue Fond des Fourches 21 – B-4041 Vottem (Herstal)
Tél +32 (0)4 344 65 60 - Fax +32 (0)4 286 99 61
octobre 2010 – 52309

Dépôt légal : mai 2010

Imprimé en Belgique